中国经济文库 · 应用经济学精品系列（二）

· 本书得到“财政部和农业农村部：国家现代农业产业技术体系”资助

席桂萍◎著

中国蜂产业经济发展研究

Study on the Economic Development of Apiculture Industry in China

中国经济出版社
CHINA ECONOMIC PUBLISHING HOUSE
北 京

图书在版编目（CIP）数据

中国蜂产业经济发展研究/席桂萍著．--北京：
中国经济出版社，2021.7

ISBN 978-7-5136-6517-9

Ⅰ．①中… Ⅱ．①席… Ⅲ．①养蜂业-产为发展-研
究-中国 Ⅳ．①F326.33

中国版本图书馆 CIP 数据核字（2021）第 130650 号

责任编辑　叶亲忠
责任印制　马小宾
封面设计　华子图文

出版发行　中国经济出版社
印 刷 者　北京九州迅驰传媒文化有限公司
经 销 者　各地新华书店
开　　本　710mm×1000mm　1/16
印　　张　15.5
字　　数　240 千字
版　　次　2021 年 7 月第 1 版
印　　次　2021 年 7 月第 1 次
定　　价　88.00 元
广告经营许可证　京西工商广字第 8179 号

中国经济出版社 **网址** www.economyph.com **社址** 北京市东城区安定门外大街 58 号 **邮编** 100011
本版图书如存在印装质量问题，请与本社销售中心联系调换（联系电话：010-57512564）

前言

蜂产业是中国现代农业的重要组成部分，也是农牧业绿色发展的纽带，集经济、社会和生态效益于一体，在满足群众生活需要、促进农业绿色发展、提高农作物产量、维护生态平衡、助力脱贫攻坚等方面发挥着重要的作用。中国是传统的养蜂大国，养蜂历史悠久，蜜源植物丰富，蜂群数量与蜂产品产量均位居世界前列，但却非蜂业强国，表现在养殖规模小、生产技术水平低、缺少龙头企业带动、缺乏有效监管等方面。随着经济和社会的发展，蜂产业发展出现了很多新的问题和困难，主要体现在：一是蜂农老龄化程度极其严重，养蜂业发展后继无人情况日益突出；二是蜜蜂授粉尚未得到社会各界的重视，与国外蜂产业发展模式相比存在巨大差距；三是蜂农比较分散，组织化程度低；四是蜂产品质量参差不齐，假冒伪劣产品充斥市场；五是蜂产品的国际竞争力有所下降。诸多问题的存在对蜂产业的发展产生了极其不利的影响。如何促进蜂产业高质量持续稳定发展，将蜂产业发展成为优质、创收、竞争力强的特色农业产业，成为一个亟须解决的问题。本书的研究目的就是针对中国蜂产业发展过程中遇到的问题，用经济学、管理学相关理论与方法探讨与其发展相关的理论、问题与政策，对促进蜂产业持续健康发展具有重要的理论意义与实践意义。

第一，本书基于经济学的相关理论，认为农户生产行为理论、公共产品与外部性理论、可持续农业理论、生态农业理论是研究中国蜂产业经济发展的理论基础。目前中国养蜂生产采用的是以家庭经营为主的分散式小规模生产经营模式，蜂农在生产过程中的要素投入、技术选择、风险规避等行为均与普通的农户生产行为保持一致。蜂产业通过蜜蜂为植物（农作物）授粉做出了显著的经济贡献、社会贡献和生态贡献，因此，蜂产业具有准公共产品属性和正外部性。蜂产业通过蜜蜂授粉对维持生物多样性同样也做出了不可或缺的重要贡献，是农业可持续发展的物质前提。而蜜蜂授粉替代激素授粉和人工授粉，是生产绿色无公害农产品的重要技术保障之一，也是推进生态农业建设的重要途径。

第二，本书基于蜂农固定观察点的连续跟踪调查数据分析了中国蜂产业的发展现状，发现中国蜂农养殖蜜蜂的主要目的已由单一获取蜂产品向提供授粉服务方向转变，提供蜜蜂授粉的蜂农户数逐渐增多，授粉的作物对象主要有草莓、苹果、樱桃、油桃、梨、西瓜、甜瓜等。使用蜜蜂授粉依存度方法，基于2017—2019年的农作物产值数据，估算出了这三年平均每年中国蜜蜂授粉的经济价值为4651.81亿元，由此可见，蜜蜂授粉对农业生产做出了较大的贡献。伴随设施农业的发展与生态农业的发展导向，农业生产对蜜蜂授粉的需求将会逐渐增加，蜜蜂授粉产业具有巨大的发展潜力和市场空间。但中国的生产方式还比较落后，蜂产业又是一个风险较大的产业，落后的生产方式与较大的产业风险均对蜂产业的可持续发展造成不利的影响。国内有部分地区对蜂产业风险补偿做了尝试和探索，实施效果较好，蜂农参加养蜂保险的意愿比较强烈。

第三，本书研究了蜂农的养蜂收入问题。运用成本收益法对蜂农的成本、收益及其构成比例进行分析，发现蜂农在养殖每群蜂的总成本之中，人工成本所占比例最大，其次是蜂饲料与运输费用，因此，提高养蜂生产机械化水平、减少劳动力投入将是未来蜂产业生产的发展方向。从蜂产品的平均收益构成来看，蜂蜜是蜂产业的主产品，其次是蜂王浆，授粉收入占比最小，原因在于出租蜂群或销售蜂群用于作物授粉的蜂农较少。转地放蜂、大规模养蜂、养殖中蜂的养蜂户成本利润率相对较高。扩大养蜂规模、接受技术培训、加入合作社、减少灾害的发生率能够显著提高蜂农的养蜂收入，这四个因素与授粉行为、蜂农的文化程度及产品价格是导致蜂农收入存在差距的主要影响因素。

第四，本书研究了蜂产品的销售及市场状况。蜂农销售蜂产品基本都是采用传统的销售模式，即直接零售或者通过卖给合作社、蜂产品加工企业、商贩（收购商）间接销售共四种方式进行销售。随着电子商务的快速发展，蜂产品电商也应运而生。蜂产品电商销售的基本模式有蜂农网上自行开店、社交商务销售、短视频平台或直播带货、借助专业合作社间接线上销售共四种模式。国内蜂产品生产企业数量较多，但缺乏有影响力的品牌，产品大多雷同，低水平重复。应充分发挥中国蜂产品的优势，避免劣势，为市场供给质量上乘的蜂产品系列，突破传统的营销模式，利用多渠道、多种新颖的营销方式扩大蜂产品的市场销路。

第五，本书研究了国内部分地区通过发展蜂产业实现脱贫的典型案例。通过分析蜂产业在扶贫攻坚战中发挥的作用，总结了典型地区发展蜂产业扶贫的成果与经验，为将蜂产业扶贫项目成功模式与做法在其他地区大范围推广、探索精准扶贫新思路、巩固脱贫成果、防止重新返贫提供参考。

基于上述研究内容，本书提出了如下政策建议：积极发挥政府引导作用，加快发展现代养蜂业；对蜂产业的发展道路予以正确引导，加快推进由获取蜂产品向为农作物授粉方向转变；培育蜂产业新型经营主体，构建蜂产品质量安全控制体系；加大科研投入力度，建立产学研结合的技术研发体系；与电商快速发展相契合，创新蜂产品销售新模式；总结不同地区发展蜂业脱贫项目的经验，探索精准扶贫新思路。

目前，国内外关于蜂业经济的研究成果较少，中国蜂业经济研究的基础数据资料也比较缺乏，本书所使用的大部分数据都是课题组成员通过实地调查获得的一手调查数据，受数据资料及调查范围的限制，定量统计分析结果可能与全国实际情况存在小范围的偏差。另外，受时间、个人能力等条件的限制，本书的研究内容大部分还局限于对蜂产业发展经济的浅层研究，研究深度有待进一步加强。研究结果难免有不当之处，恳请相关领域的专家和读者不吝赐教、批评指正。书中有部分内容分析仅限于定性的描述，这方面还存在较大的研究空间。实证分析中所使用的研究方法是一些较为传统的模型回归方法，没有使用较新的分析工具，这些都需要在后续的研究中进一步改进和完善。

席桂萍
2021 年 3 月

目 录

第1章　绪论

1.1　研究背景

养蜂业是农牧业绿色发展的纽带，集经济、社会和生态效益于一体，在满足群众生活需要、促进农业绿色发展、提高农作物产量、维护生态平衡、助力脱贫攻坚等方面发挥着重要作用（农业农村部，2018）。一方面，蜂产业通过蜜蜂为农作物授粉，保证了大多数植物生命的延续和种群的繁衍，在提高农作物产量、改善农作物品质、保护生物多样性、维持生态平衡等方面发挥着不可或缺的重要作用。全球大约75%的农作物通过昆虫授粉可以显著提高产量、增加人们日常生活膳食的多样性，促进人们的身体健康（Klein et al.，2017）。我国多数农作物、水果、蔬菜的生产或制种过程也都离不开蜜蜂授粉这一关键环节。另一方面，在蜜蜂传花授粉的同时，还可以获得蜂蜜、蜂花粉、蜂王浆、蜂胶等营养丰富的、对人们身体健康有益的蜂产品。中国是世界养蜂大国，无论是蜂群数量，还是蜂产品产量及出口量均位居世界领先水平。FAO网站与《中国统计年鉴》公布数据显示，2017年中国蜂群饲养量为925万群，约占世界蜂群总量的10.17%，2017年中国年产蜂蜜54.3万吨，其中，蜂蜜出口量约占总产量的23.81%，为我国出口创汇做出了巨大贡献。同时，中国幅员辽阔，蜜粉源植物丰富，几乎所有省份都有养蜂这一产业。发展蜂产业对增加农民收入、打赢脱贫攻坚战、实现乡村振兴战略也具有十分重要的意义。

鉴于蜂产业的重要作用，习近平主席曾批示“蜜蜂授粉的‘月下老人’作用，对农业的生态、增产效果似应刮目相看”。政府部门如农业农村部对蜂产业的发展也极为重视，相继制定并出台了《农业部关于加快蜜蜂授粉技术推广促进养蜂业持续健康发展的意见》和《蜜蜂授粉技术规程（试行）》两个重要文件，同时，制定了《全国养蜂业“十二五”发展规划》，为下一步蜂业发展指明了方向。为了提升养蜂业机械化水平，促进养蜂业持续健康稳定发展，农业部办公厅于2013年出台了关于促进发展养蜂业机械化的通知，2018年，农业农村部办公厅、财政部办公厅又发布了《关于实施蜂业质量提升行动的通知》（农办牧〔2018〕40号）。在各级政府部门的支持下，近年来，我国蜂产业快速发展，蜂群数量及蜂产品产量都呈现增长趋势（如图1-1、图1-2所示），蜂产品加工业也快速兴起。然而，伴随着我国经济和社会的发展，蜂产业发展出现了很多新的问题和困难，主要体现在：一是蜂农老龄化程度极其严重，养蜂业发展后继无人情况日益突出。二是蜜蜂授粉尚未得到社会各界的重视，与国外蜂产业发展模式相比存在巨大差距。三是养蜂规模较小，组织化程度低。目前，中国的养蜂业几乎都是依靠蜂农以家庭为主的小规模分散经营，生产条件简陋，生产方式落后。四是蜂产品质量参差不齐，假冒伪劣产品充斥市场，对蜂产业的发展产生了极其不利的影响。如何促进蜂产业的持续稳定发展，将蜂产业发展成为优质、创收、竞争力强的特色农业产业成为一个亟须解决的问题。

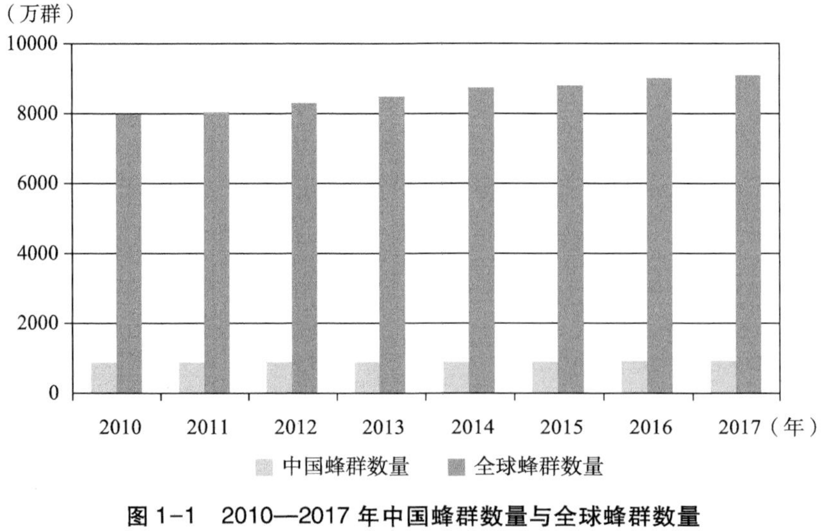

图1-1　2010—2017年中国蜂群数量与全球蜂群数量

资料来源：FAO网站数据。

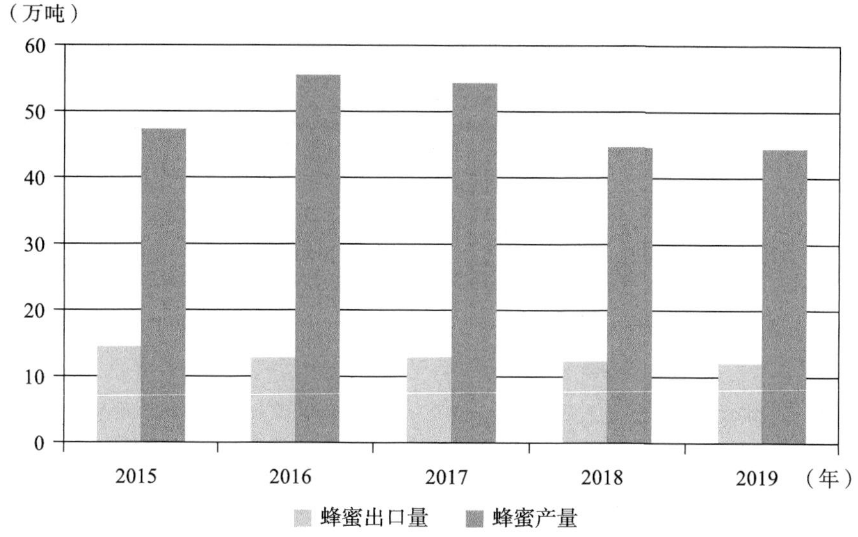

图 1-2　2015—2019 年中国蜂蜜总产量及出口量

资料来源：《中国统计年鉴》（2020）。

1.2　研究目的与意义

为促进社会经济可持续发展，确保居民饮食安全和粮食安全，夺取全面建设小康社会的新胜利，国家出台了“十二五”规划纲要，规划纲要中充分体现了国家确保我国各产业均衡发展的政策导向和对农业产业在政策上的显著倾斜。农业农村部、财政部依托现有中央和地方科研优势力量和资源，启动建设了以 50 个主要农产品为单元、以产业链为主线、从产地到餐桌、从生产到消费、从研发到市场各个环节紧密衔接、服务国家目标的现代农业产业技术体系。其中蜂产业技术体系备受重视，蜂产业技术体系建设将成为我国发展现代农业的重要支撑力量。蜂产业技术体系自 2008 年启动至今已运行了 12 年，蜂产业技术体系经济岗研究团队根据农业部科教司产业技术处的统一部署，在蜂产业技术体系的各个岗位科学家和试验站站长的大力支持下，在蜂业经济研究方面取得了较为丰硕的成绩。本书主要的研究目的是针对中国蜂产业发展过程中遇到的现实问题，用经济学、管理学的相关理论与方法探讨与其发展相关的理论、问题与政策，以期为促进我国蜂产业持续健康发展做出一定的贡献。

本书的理论意义和实践意义为：

（1）在对蜂产业相关理论进行详细、系统梳理的基础上，研究我国蜂产业的历史和发展现状，揭示中国蜂产业的生产特点及目前蜂产业发展中存在的问题，寻求解决我国蜂产业发展难题的有效途径。

（2）针对蜜蜂授粉对社会的重要贡献，对蜜蜂授粉经济价值的估算方法进行梳理、评价，并对近三年来中国蜜蜂授粉的经济价值进行评估。在此基础上，以河南省为例，对蜜蜂授粉的潜在市场需求量进行估算，为政府制定蜜蜂授粉支持政策、促进蜜蜂授粉产业发展提供决策依据。

（3）对蜂农的收入水平进行研究，实证分析蜂农养蜂生产的成本与收益构成、影响蜂农收入水平的因素，不同收入水平蜂农之间的收入差距及其原因，为政府制定相关政策、提高蜂农收入水平提供决策参考。

（4）针对目前蜂农销售蜂产品的特点、模式进行分析，提出销售模式优化策略。结合农产品电子商务快速发展的趋势，提出蜂产品电商销售的四种模式及实现路径，以顺利实现蜂产品的多渠道销售，为破解蜂产品销售困境、促进蜂农增收提出可行的对策建议。

（5）研究国内部分地区通过发展蜂产业实现脱贫攻坚的典型案例，分析蜂产业在扶贫攻坚战中发挥的作用，总结蜂产业扶贫成果与经验，为将蜂产业扶贫项目成功模式与做法在其他地区大范围推广、探索精准扶贫新思路、巩固脱贫成果、防止重新返贫提供参考。

（6）在以上分析的基础上对中国蜂产业可持续发展提出合理的政策建议。

1.3 文献综述

1.3.1 国外研究现状

1.3.1.1 关于蜂产业重要性及其贡献方面的研究

蜂产业虽然在农业中所占的比例不高，但其所发挥的作用却非常重要，越来越多的学者认识到蜜蜂与农业生产之间存在着相互依存的关系。

关于蜜蜂授粉能够显著增加作物产量、改善品质方面的研究较多。如 Kedar Devkota 等（2016）的实验结果表明，如果野生授粉者数量下降，蜜蜂将会成为荠菜作物的主要授粉者。研究证实，蜜蜂是满足荠菜生产的良好授粉者，能够显著提高荠菜作物的产量和质量。Md Ruhul Amin（2020）的研究表明，孟加拉国多种栽培作物都高度依赖蜜蜂授粉。充分的授粉可以提高种子的产量、质量和发芽能力。此外，蜂蜜和蜂蜡是养蜂业的副产品，也是良好的创收来源。Tura Bareke 等（2019）的研究证明了蜜蜂授粉在提高一些作物的产量和质量方面的作用。由于蜜蜂授粉，作物的产量增长率为 33.5%~84%。然而，不明智的农药应用导致蜜蜂死亡成为埃塞俄比亚农作物管理中存在的主要问题，这是由于社会公众在授粉对农作物产量的价值贡献方面认识不到位。因此，应重视对蜜蜂和其他昆虫授粉者的法律保护，特别是保护蜜蜂免于农药中毒，制定授粉者保护政策，作物授粉的思想应纳入国家作物生产战略计划。

还有一些学者认为在贫困地区发展养蜂业可以提高农民收入，减少贫困。Yusuf 等（2017）在研究中指出，在世界上很多地区，养蜂业被成功地用于解决普遍贫困问题。在最近的 15 年，发展养蜂业来解决脱贫的倡议已经在南非广泛实施。Anu Joshi Shrestha 等（2016）的研究证实，在兴都库什—喜马拉雅地区，当地农民获得的收入极其有限，发展小规模的商业养蜂能大大提高农民收入，促进民生保障。为了促进养蜂业的发展，他们提出了应加强蜂蜜生产销售的价值链管理，包括水平方向和垂直方向的价值链。基于养蜂业面临的风险而发起的一些保险项目也在试点推行中，如美国农业部已从 2010 年开始对部分地区开展蜂产业保险试点项目；欧洲的 Buckfast 蜂业联盟也在积极地推行蜂业保险；加拿大 2011 年推出的冬季不可控原因造成的蜂业损失保险项目，主要针对气象原因和病虫害造成的损失；在澳大利亚，养蜂者可以获得的保险有公众责任险、财产险、收入险和个人人身意外伤害险等。Lietaer（2009）较为系统地论述了通过蜜蜂授粉可以保护森林、维护森林生态系统与减少贫困。因此建议蜂农与林场的股东（包括政策的制定者）考虑蜜蜂养殖的商业化，将其列入国家森林发展计划及其他的发展计划中。在尼日利亚，蜂蜜的生产被证实在提供就业与减少贫困方面有积极的作用，Dan Babatunde 等（2007）的实证研究结果显示：蜜蜂种群数、劳动力和固定资产的投入对蜂蜜产量的增加有显著影响，建议政府部门应出台政策鼓励更多的当地农民加入养蜂业，并为养蜂者提供信用贷款，从而实现减少贫困与促进农村发展的目标。Aurora 等（2011）实证分析了在罗马尼亚西北部地区，获得财政支持与企业的导向、竞争性战略有很大关系，因此获得欧盟的基金支持对于发展养蜂业及当地农业有积极的决定性作用。Bodescu 等（2009）提出，政府应将养蜂业授粉供应者的地位予以合法化并给予必要的支持，支持的方式有给授粉供应者投资以刺激蜂群数增加、给授粉服务一定的补偿，以及投资资助蜂业的科学研究等。Brian Mazorodze（2020）研究了养蜂业对津巴布韦 Honde Valley 地区农村收入的贡献，试图探讨养蜂业作为 Honde Valley 地区农民替代生计战略的作用。通过实证研究发现户主性别、获得信贷的机会、受抚养人比例、教育水平和拥有土地的规模是影响该地区农村收入的重要因素。关于调查变量、协方差的分析结果表明，养蜂农户的人均收入明显高于非养蜂农户，在此背景下，养蜂业可以作为农村社区的替代生计。

另外，最近已有学者开始研究在城市社区中，蜜蜂授粉与人类之间的关系了。David M. Lowenstein 等（2014）以芝加哥为例，研究了城市中人类、蜜蜂与授粉服务之间的关系。他们认为，虽然城镇化已成为全球的发展趋势，但是人类对于城市地区的生物多样性和生态系统服务配置模式却知之甚少。在城市中，无论是对小规模的城市农业还是对原生花园而言，蜜蜂群落及其所提供的授粉服务都是很重要的。为了更好地理解这个重要的生态问题，David M. Lowenstein 等以芝加哥的 25 个社区为例，研究了蜜蜂群落及其对新花源的反应，以及蜜蜂提供授粉服务的潜力。Andrew Potter 等（2015）研究了授粉服务对旧金山都市农业的影响。都市农业可以通过减少生态足迹、保护生物多样性、改善城市生活质量，提高城市的可持续性。鉴于都市农业的环境价值、经济价值和社会价值，了解和维持都市生态系统服务就变得非常重要了。蜜蜂授粉作为一项生态系统服务功能，其对都市农业的贡献是极其显著的。Andrew Potter 等学者的研究结果与 David M. Lowenstein 等学者的研究结果类似。Andrew Potter 等的研究表明，不用考虑城市中花园面积的大小、花园的历史、周围环境的地面覆被等因素，通过发展都市农业，在城市地区也可以支持足够的授粉服务，花卉资源密度是影响授粉服务的主要因素。David M. Lowenstein（2015）研究了野蜂授粉与城市景观之间的作用。在城市中，住宅区的花卉植物能够维持野生授粉昆虫的生存，他们设计了一个“移动花园”的实验。研究结果发现，授粉者数量的增加直接导致了所有植物果实和种子产量的增加，不同种类的野蜂对不同的花源造访频率是不一样的，比如，黄瓜授粉与小蜜蜂（lasioglossum spp.）的造访相关，茄子的授粉与大黄蜂（bumble）的造访相关，而紫松果菊的授粉是由很多种类的授粉昆虫来完成的。研究结果表明，在城市中应该种植尽可能多的植物品种，从而维持野蜂物种的多样性，研究结果凸显了在城市中保护授粉昆虫的重要性。

还有些学者认为养蜂业是发展有机农业、保护森林、流域管理不可缺少的组成部分。Elias H. Bloom 等（2016）研究了有机农业的生物控制和授粉服务。他们认为保护授粉者对发展有机农业非常重要，传统农业是以牺牲生态系统服务，包括生物控制、授粉和土壤保护来谋求短期内提高产量的。有机农业产量通常会比传统农业稍微低一些，但是其生产投入却是显著减少了，生产利润大于传统农业。以后应对授粉者进行积极的保护，通过蜂产业的发展来促进有机农业的发展。W. Bosma 等（2017）的研究认为，发展养蜂业作为农民收入多样化来源的一种渠道，对保护森林起到了积极的作用。Tolera Kumsa Gemeda（2014）的研究区域位于埃塞俄比亚 Oromiya 地区的 Sasiga 和 Sagure 流域，该区域将整合改良养蜂技术作为社区流域管理的经济诱因。养蜂为当地居民提供了保持自然栖息地的经济诱因，是流域保护计划的理想活动。因此，当地实施这个项目的目的就是将改良养蜂技术作为流域保护的动力。Tolera Kumsa Gemeda（2014）的研究发现蜂农经过培训后，熟悉了改良养蜂技术的知识，这导致了蜂蜜产量的增加，蜂农通过养蜂活动保护了不同的蜜粉源植物，在达到最大的蜂蜜产量的同时有助于该地区水域的恢复和保护。研究表明，在流域地区改良养蜂技术是社区流域管理的一项重要的经济激励活动。通过生产蜂蜜、蜂蜡等产品发展了经济，同时也对流域进行了保护。因此，政府应提供必要的养蜂技术和投入支持，以确保蜂场生产，同时促进流域的恢复和保护。Vidushi Patel 等（2020）研究了蜜蜂对实现可持续发展的重要性。该项研究探讨蜜蜂对实现联合国可持续发展目标（SDGs）的贡献。他们认为蜜蜂可能对 17 个联合国可持续发展目标（SDGs）中的 15 个做出了贡献。因此，他们确定了蜜蜂在其中发挥重要作用的共同主题，并建议提高公众关于蜜蜂对可持续发展贡献的理解与认可，这对确保养蜂业稳定发展至关重要。

1.3.1.2 蜜蜂授粉及其经济价值评估方面的研究

在国外，蜜蜂授粉技术及应用推广已广泛普及，很多国家非常重视蜜蜂产业的发展和相应配套技术的研究，关于蜜蜂授粉经济方面的研究成果也相应产生，如 Randal R. Rucker（2001）从福利方面着手运用模型分析方法，通过考虑交易成本以及对蜂产品进行补贴的福利因素，对蜜蜂授粉市场和外部性同时存在的状况进行了研究，研究结果表明授粉市场的存在一定意义上是有效的，而且授粉费用的数额会随着其他经济因素的变化而变化。Randal R. Rucker（2003）对授粉市场进一步研究表明，随着授粉市场制度的演变，养蜂者在通过签订授粉合同获得收益的同时，应该把由于外部性而产生的潜在收益也考虑进去，即所谓的授粉“外部性收益内部化”。此外，Davis（2010）从生物经济学领域进行研究，模拟了养蜂者从一种正处于开花期的作物转换到另一种处于开花期的作物的放蜂经济行为，分析了蜜蜂的种群动态有助于解释授粉市场的季节性，通过生物经济模型预测了作物开花早期应收取的授粉费用，并认为冬季蜜蜂数量的减少部分原因是蜂蜜价格和授粉服务相对价格变化。

到目前为止，确定授粉服务价值的方法已经引起了很多争论，至今没有形成一致被接受的测算方法。由于授粉是对农业的一种生产投入，生产函数法是最合适的一种估算方法（Hein，2009）。替代成本法也被用于很多研究中，如 Allsopp、de Lange 和 Veldtman（2008）的研究，但这些研究都没有测算出授粉带来的真正福利。在发达国家，授粉服务已经商业化，有四种方法被用来估算商业授粉服务的价值：第一种方法是假定授粉服务的价值等于为授粉所支付的租金和费用，如 Rucker 等（2005）用该方法估算了美国每年蜜蜂授粉的价值为 15 亿美元。该方法没能够考虑消费者对保证授粉服务质量的支付意愿，同时也忽视了生产成本。第二种方法是计算所有依靠昆虫授粉的作物总价值。很多学者用过该方法（Levin，1984；Costanza et al.，1997），但这种方法是有问题的，因为它把作物的总价值都归于授粉（Gallai et al.，2009）。第三种方法对第二种方法进行了改进，即在作物总价值的前面乘一个代表作物对授粉依赖程度的系数。该方法被称作生物经济学方法，被 Robinson 等（1989）使用过。这种方法把作物的市场价值简单地归为授粉，忽略了其他投入所做的贡献。第四种方法是 Gallai 等（2009）使用的方法，他们使用生物经济学方法和 Klein 给出的授粉依赖系数，调查了全球授粉昆虫的减少对用于人类直接消费的作物的影响，从而计算出了世界不同地区授粉的经济价值。这些方法都没有认识到蜂蜜的供给会提高作物的价格，也会改变对授粉服务的需求，这些方法也引起了很多争议。Ashley Barfield 等（2012）使用改进的生产函数和生物经济学方法，应用局部均衡分析对“州”水平进行研究，调查了乔治亚州地区直接用于人类消费的作物并进行分类，经过测算，该地区授粉总的经济价值为 6.08 亿美元，通过估计作物脆弱性比率（CVR），表明在缺少授粉者的情况下，作物潜在的产量价值损失大约占 21.1%，授粉服务对整个州农场出场价值（Farm Gate Value）的贡献约为 5.4%。在发展中国家没有授粉管理的实践，评估农作物授粉的经济价值更具有挑战性，Kasina 等（2009）以肯尼亚西部卡卡梅加的小农场为例，估算了小农场系统蜜蜂授粉的经济效益。估算过程中采用了生产要素法，该方法属于揭示偏好法的一种，可用于评估生态系统服务的价值。研究结果表明，通过蜜蜂授粉，农田里大部分作物的产量都得到了提高，农产品的品质也得到了显著的改善，在被研究作物中，几乎 40%的作物（以每年净收益表示）的价值都来自蜜蜂授粉，而超过 99%的这种收益归功于野蜂的授粉。Kasina 等还讨论了要素生产法在发展中国家的适用性及缺陷。另外还有 Ványi 等（2011）使用被称为 HEEM（Honey-bee Economic Evaluation Model）的模型估算了匈牙利蜜蜂授粉产生的外部效益，每年大约 6000 万欧元，这个数字远远大于蜂产品的销售价值。Dawit Woubishet Mulatu（2020）采用了生物经济学方法，利用 2003—2013 年埃塞俄比亚年度农业抽样调查数据，估算了授粉的经济价值和因授粉者减少而造成的生产价值损失。该项研究是以埃塞俄比亚为例，填补发展中国家在经济估值和授粉服务测绘时空变化方面的研究空白。研究结果表明，这一时期授粉的平均经济价值约 8130 万美元。估计的作物脆弱性比率约为 8.4%，授粉服务约占农场阈值（total farm gate value）的 4.2%。他们估计的空间分析结果揭示了埃塞俄比亚地带性水平变化的离散模式，对授粉价值和脆弱性的估计及空间分析提供了重要信息，为确定不同机构和生态层面下合适的授粉者管理策略提供决策参考。研究结果对解决地方一级授粉者减少的问题也具有政策和管理方面的参考价值。

Garratt 等（2013）检验了授粉服务对英国两个重要的苹果品种（嘎啦

苹果和考克斯苹果）产量的影响。首先，通过大田对比试验定量计算出了授粉对苹果产量和质量的影响，进而使用扩展的生物经济学模型，估算出了昆虫授粉对英国苹果生产贡献的价值，并提出了改进授粉服务管理的对策建议。估算结果显示：昆虫授粉对英国苹果产业平均每年产生的经济价值为3670万英镑。使用该方法计算结果要比使用传统的依存度系数计算结果高出600多万英镑。研究还发现，昆虫授粉不仅能够提高苹果的产量，而且显著地改善了苹果的质量，具体体现在苹果的大小、形状以及苹果在市场上销售时候的等级划分。然而，昆虫授粉对不同品种苹果的影响程度是不一样的。昆虫授粉对嘎啦苹果的产量和质量都有显著影响，由此估算出英国苹果潜在的产值每年将会提高570万英镑。虽然，授粉者数量的持续下降将会对苹果产业造成严重的经济问题，但通过在较大范围内管理野外授粉者、增加人工授粉昆虫数量可以解决这一问题。进一步研究表明，当评估授粉服务对任何一种作物产生的经济价值时，应当考虑影响作物生产的所有参数，包括质量、品种和管理成本等，这样计算也有助于授粉管理者依据昆虫授粉的贡献来确定相应比例的投资。

Melathopoulos等（2014）对现在所使用的估算授粉经济价值的方法持有不赞同的看法。他们认为，当前，无论是从国家尺度还是从全球尺度，都不能准确地估算出野外授粉者对农业生产的贡献。首先，生态系统授粉服务仍然是从人工授粉者方面来进行考虑的，这与作物的授粉依存度相联系，而把这个参数作为一个固定不变的常数并没有反映出授粉者密度的变化。其次，当前各种估算方法在授粉者减少及其对农产品价格的影响等方面都做出了一些过分简单化的假定，尽管对保护野外授粉者做出的努力及野外授粉者对农业生产的价值贡献仍然被一些概念和经验限定在研究范围之外。他们提出了一种通过计算作物授粉赤字（crop's pollen deficit）来准确估算授粉服务经济价值的理论框架，该方法可以为保护授粉者提供更为公正的依据。然而，这种方法处于起步阶段，具体如何实施仍有待进行更深一步的研究。

1.3.1.3 养蜂业生产及其技术经济方面的研究

Rakesh Kumar Gupta（2014）认为，养蜂技术对蜂业生产至关重要，蜂业生产技术创新有助于提高蜂产品生产效率，减轻蜂农的体力劳动，使蜂农的工作相对舒适容易。虽然人类早在几千年之前就已经发现了蜂蜜并开始进行生产，但世界上很多地方仍然在使用传统古老的养蜂技术。因此，Rakesh Kumar Gupta（2014）提出在养蜂业中应该实施“包容性技术创新”。他认为：为了促进蜂产业的可持续发展，同时减少贫困，发展中国家需要进一步追求养蜂业潜在的技术创新，依靠创新导向型和促进包容性增长的相关政策实现经济转型和社会变革，而养蜂业的包容性创新被定义为为了满足减贫需求而与之相关的养蜂生产知识创新和相关技术创新。Amanuel Bekuma（2018）研究了埃塞俄比亚地区推广现代养蜂技术的影响因素。在该地区，一些政府和非政府组织通过向养蜂分部门提供现代蜂箱的技术开展了创收和推广工作，但该技术的采用和传播率却非常低。影响现代蜂箱技术应用的决定性因素大致可分为个人因素、经济因素和制度因素。该研究同时强调了进一步推广现代蜂箱技术的政策建议。Walellign Wotro 等（2018）研究了移动框架蜂箱技术采用的社会经济决定因素，并测量了它们的响应性。二元概率模型回归的结果表明，年龄、正规教育、传统养蜂经验、移动式蜂箱附件的可得性、畜牧饲养、收入和示范对移动式蜂箱技术的采用没有显著影响。而财富状况、市场准入、推广服务和培训对此有显著影响。部分效应分析表明，财富状况、市场准入、推广服务和培训对移动蜂箱采用决策的影响分别为 26.043%、23.876%、15.390% 和 29.982%。因此，不同的利益相关者在努力提高分部门的生产力和推广移动框架蜂箱技术时，应把重点放在这些决定因素上，以实现预期的目标。Dereje Tulu 等（2020）研究了埃塞俄比亚西南部的养蜂技术采用情况，包括养蜂人对养蜂技术的观点、技术采用率与技术采用的影响因素。大多数被调查者指出，高产、易于检查和蜂蜜质量是主要优势，而高成本、技术掌握难度大是采用改良养蜂技术的主要障碍。多变量 Logistic 回归分析结果显示，年龄、教育水平、技术认可、参观示范点、参与田间管理的时间、营销问题和获得信贷是采用改进养蜂技术的决定因素。蜜蜂的病虫害、养蜂设备的缺乏和信贷是导致蜂群潜逃和降低蜂蜜产量的主要制约因素。因此，采用适当的蜜蜂病虫害防治方法具有重要意义。此外，养蜂人应获得养蜂的材料设备和信贷服务，并应向他们提供适当的培训。Deborah Ruth Amulen 等（2019）通过量化当前生产资产（设备和知识）对农村收入流的影响，估算了乌干达北部养蜂人的生产潜力。研究结果表明，使用的蜂箱组合类型和数量影响养蜂收入。应用良好的管理技术、引入可靠的花蜜来源以应对既定的旱季挑战（蜜蜂潜逃），可以提高乌干达北部的养蜂生产力。

还有学者对蜂农的生产行为及蜂农进行的技术培训效果进行了研究。Josephson（2013）使用二元 probit 离散选择变量模型研究了埃塞俄比亚地区农民养蜂的行为及其影响因素，得出的主要结论为：从事养蜂生产的农民比不从事养蜂生产的农民拥有更高的家庭收入，目前从事养蜂的农民相对更富裕，并且他们一般经营的土地规模较大，同时种植更多品种的作物。农民的受教育水平对农民是否从事养蜂生产没有影响。Lal 等（2012）研究了 Kullu 和 Mandi 地区的养蜂培训对农民和当地农村青年人社会经济价值方面的影响。研究发现大多数接受培训的对象对培训效果表示满意，能够满足他们的需求，所有的被调查对象都对养蜂业在提高当地的经济和社会价值方面发挥着非常重要的作用予以认可。

在养蜂生产的技术经济评价方面，也有学者开展了相关研究。Aburime 等（2006）使用 C-D 生产函数测算了尼日利亚奥约州地区养蜂生产的技术效率为 54.9%，这意味着对养蜂人来说，通过增加投入和改进现有的技术来提高技术效率还有很大的潜力，因此需要研发新的生产技术来提高生产率，但提高技术效率通过增加已有的投入也能实现。两年后，Olarinde 等（2008）使用随机前沿生产函数方法，同样研究了该地区养蜂生产的技术效率决定因素。结果表明养蜂生产的平均技术效率为 85.4%，各个蜂场的技术效率差别不大。直接投入变量如蜂群数、其他设备与饲料会显著增加产量，所有变量的综合作用会大大提高蜂产品的产量。社会经济变量中已婚男性蜂农的蜂场产量最高，专职蜂农的技术效率大大高于兼职蜂农。所处环境本质上应保证资源的可获得性、产品的价格稳定以及掌握现代最新的养蜂技术。与 Olarinde 等的研究类似，Abdulai Abdul-Malik 等（2012）也使用了随机前沿生产函数方法，测算了加纳北部托隆—昆本吉区蜂农的养蜂生产技术效率。结果显示，决定技术效率的最重要的因素是蜂农的年龄、主要职业与蜂蜜生产者在社会组织中的资格地位，尽管养蜂生产一般被认为都是高效率的，但在资源使用和有利的环境方面仍存在提高的空间。N. M. Kuboja、A. C. Isinika、F. T. M. Kilima 等（2017）应用随机前沿模型对坦桑尼亚塔博拉和卡塔维地区小规模养蜂人的经济效益进行了评价。结果表明，养蜂利润取决于养蜂人的劳动成本及其所使用的其他材料的成本变化。降低这些成本可以显著增加养蜂业的利润。小型养蜂人经济效益较好，平均技术效率为92%。这意味着，在不改变利润边界的情况下，仍有8%的改进空间。与养蜂推广人员联系和跟进、获得关于改进管理做法的养蜂培训是影响小规模养蜂人经济效益的主要因素。因此，定期并及时地向养蜂人提供推广服务和技术培训可以改进他们的做法。Eman T. Alropy等（2019）使用随机前沿生产函数，对白蜜的生产技术效率进行了测算研究。研究结论显示，生产1吨蜂蜜的平均成本随着生产能力的增加而降低。当生产能力增加时，1埃及镑的平均总回报、净回报和投资回报都会增加。此外，随机前沿生产函数的分析结果表明规模报酬是递增的。极大似然估计的结果表明，技术效率低下有助于解释实际产量与最优产量之间的偏差问题。Chian Jones Ritten等（2018）研究了从事蜜蜂授粉服务企业的效率与规模效益。他们认为经济因素可能是导致美国蜂群供应量减少的原因之一，但还没有得到广泛的研究。研究采用数据包络分析（DEA）方法，对落基山北部地区参与授粉服务市场的蜂群的技术效率、规模效益及其影响因素进行了测算。研究发现，尽管25%以上的蜂场在技术上是有效率的，但蜂场规模报酬有的递增有的递减。规模较小的养蜂场（80群以下）的规模报酬不断增加，但缺乏资金可能会阻碍它们达到经济上可持续的种群水平。规模较大的养蜂场（超过1000个蜂群）报酬正在下降。这些养蜂人可能因经济动机来减少蜂群数量。研究者采用双自助法发现养蜂场的位置和非农就业对养蜂场的技术效率有影响。怀俄明州的养蜂场比犹他州或蒙大拿州更有效率。此外，参与非农就业提高了养蜂场的技术效率。通过非农就业和规模不经济提高效率的综合效应，可能在一定程度上解释了蜜蜂数量下降的历史原因。

Michael（2008）与Bianca（2011）分别分析了尼日利亚与罗马尼亚国家养蜂业生产与成本收益状况，研究认为养蜂业是一个利润较高的产业，应加以鼓励支持。Kedar Devkota等学者（2016）通过对蜂农做问卷调查及田间试验的方法评估了尼泊尔Chitwan地区蜂产品生产及蜜蜂授粉管理实践的经济价值。对养蜂生产数据计算分析结果显示：养蜂收入为平均每群蜂4475.23卢比，生产力为每人每天1506.30卢比，平均成本为每群蜂2526.66卢比，总利润为每群蜂1948.57卢比。养蜂的效益成本比率显著高，为1.8。几乎100%的样本蜂农养蜂的目的就是获取蜂蜜，至少20%的蜂农还生产其他蜂产品。大约50%的蜂农已经认识到了蜜蜂所提供的授粉服务，并且他们也开始思考授粉问题。Kedar Devkota等学者（2016）还使用柯布—道格拉斯生产函数计算了养蜂生产过程中的生产力及资源的利用效率。结果显示：如果其他因素保持不变，劳动力成本或者物质投入增加1%，蜂产品产量将会分别增加0.49%和0.47%。总投入的生产弹性为0.96，意味着如果总投入增加1%，蜂农可以增加0.96%的回报。B. Tesfaye等（2017）研究了埃塞俄比亚东南部Bale地区养蜂的饲养方式、发展趋势及养蜂发展的限制因素。调查数据显示，大多数受访者（占总调查者的98.26%）遵循传统的养蜂生产体系。目前，该地区养蜂业面临的主要挑战是：应用除草剂和杀虫剂对蜜蜂造成的伤害、存在蜜蜂的天敌、缺乏养蜂设备、蜜蜂饲料短缺、缺乏改良蜂箱、缺乏技术推广服务，分蜂（swarming）与蜂群死亡等问题。指出在Bale地区乃至整个国家范围，需要高度重视发展养蜂业、采用适用的养蜂技术才能使养蜂人受益。Verma T. C. 等（2018）研究了拉贾斯坦邦哈达提地区成功的养蜂人的社会、个人特征以及定地养蜂和转地养蜂的经济差别。研究发现他们大多是年龄较小的专业养蜂群体，大部分具有农业背景，他们把养蜂作为副业。然而，一些失业青年从事转地养蜂，他们却以养蜂为主要职业。转地蜂场的平均规模为192个蜂群，定地蜂场平均有78个蜂群。转地蜂场5年内平均产蜜量为40.97kg/群，定地蜂场的平均产蜜量为28.33kg/群。在2014—2015年，转地蜂场和定地蜂场的成本效益比分别为2.61和4。总体而言，2011—2015年的平均成本效益比率：定地蜂场为2.34，转地蜂场为3.36。随着蜂群数量的增加，养蜂人的净收益增加。Sudhanand Prasad Lal等（2018）以印度实施“绿色革命”的省份为样本区域，研究了该地区养蜂的效益、成本及制约因素。研究表明，养蜂业在该地区是有利可图的。Ebojei等（2008）研究了尼日利亚的蜂业组织化情况。在该国卡杜纳州成立了蜜蜂推广协会，该协会是一种非政府组织。Ebojei等对是否参与该协会的蜂农生产情况进行调研，分析结果显示参加协会的蜂农收入显著地高于不参加的蜂农收入，因此建议政府应给蜂农提供小额信贷，政府与非政府组织都应给蜂农提供更多的蜂机具，协会应更方便地帮助蜂农改进养蜂技术。

1.3.1.4 关于蜂产业发展及其影响因素分析的研究

Hasan Vural等（2010）分析了土耳其不同类型的蜂巢对蜂蜜产量的影

响，运用自回归分布滞后模型和误差修正模型，使用了1936—2005年共70年的时间序列数据，分析了社会经济因素（养蜂者的年龄、受教育年限、累计养蜂时间、家庭人口等因素）对养蜂业发展的影响。Meaze Gebreyohannes Berhane（2010）运用对比法对101个使用传统养蜂方法的蜂农和99个使用现代养蜂方法的蜂农进行对比研究，评价了改进的养蜂技术及管理方法对家庭收入、人均收入水平的影响。此外较早一些的研究还有Ravinder Sharma和Ranjeet Bhatia（2001）对定地养蜂和转地养蜂经济效益的对比分析，研究表明两种养蜂方式的成本不存在统计上的显著差异，但转地养蜂的净收益却明显地高于定地养蜂净收益。

蜜蜂对作物授粉能够保护和改进生态系统的服务功能。随着蜜蜂种群数量的下降，昆虫授粉越来越不能够满足农作物的授粉需求。尤其是在2007年，蜂群崩溃失调或蜜蜂突然消失（Colony Collapse Disorder，CCD）导致蜂群数量急剧下降，已经有很多昆虫学家和应用生态学家对蜜蜂授粉行为进行了研究。公认的观点为：导致蜂群数量下降的主要原因是杀虫剂的广泛使用、有害物质与寄生虫的传播以及与蜜蜂健康相关的其他因素（Gallai et al.，2009）。但经济方面的因素（如养蜂的投入产出价格问题等）却很少引起学者们的关注。Champetier等（2014）使用了由经济因素和生态因素共同组成的生态经济学模型来解释蜂群的动态变化问题，所使用的变量有蜜粉源植物的可获得性、蜂蜜价格、授粉服务的价格以及反映养蜂者行为的一些变量等。该研究模型为评估不同的生态、经济因素对蜂群数量下降的影响程度提供了分析基础。研究结果表明，蜜粉源植物的可获得性不仅对蜜蜂的生长，而且对蜂蜜的生产来说，都是一种限制性资源，该要素的减少会提高蜂蜜的价格，同时造成蜂群数量的下降。该模型也解释了蜜蜂生长的季节性问题，通过分析养蜂者的经济行为为解释冬季蜂群损失提供了一个新的分析视角。Champetier等（2014）还使用该模型研究了美国过去的60年间，不同的生物因素和经济因素对蜂群数量变化的影响程度。

由于蜂产业具有典型的正外部性和公共产品属性，很多国家都对养蜂业实施了政策支持，但Nazzi等（2014）却认为，对小农户进行物质方面的支持帮助虽然有助于减轻贫困，然而，给予连续不断的补贴支持却会影响相关发展项目的可持续性。他们使用了一种教育研究的方法，即把养蜂知识教育引入两个中学的课程体系中，检验了把知识作为一种手段对于促进养蜂业发展的潜在作用。研究结果认为，实施针对研究对象的需求而安排正确恰当的教育项目对于该项目的持续性（对养蜂者进行适当的教育培训）效果要优于纯粹的物质帮助（给予蜂产业直接的物质补贴）。

Alemayehu Weldearegay 等（2017）以埃塞俄比亚奥罗米亚地区的 Arsi、Sude Woreda 两地区共 90 户的家庭养蜂户为研究对象，评估了养蜂业的生产制度及其制约因素。养蜂业存在的制约因素是饲料短缺、害虫和捕食者、蜂群死亡、群势、恶劣天气和市场营销。与森林砍伐相关的蜜蜂饲料短缺是最主要的因素，在所有的限制因素中排第一位。被调查者表示有兴趣改进该地区的养蜂做法。因此，政府和非政府组织应支持管理蜜蜂区系，并提供现代化的养蜂设备来提高蜂蜜的生产力，这对于提高研究地区的养蜂产品产量是非常重要的。O. W. Kareem 等（2017）研究了尼日利亚奥森州地区推广改良养蜂管理方法的制约因素，研究结果显示，大多数受访者（78.5%）为男性，其中 70%的受访者年龄在 30~50 岁。所有被调查者当中受过中学以上教育的占 64%，只有 2%没有受过正规教育。大多数（36.5%）的受访者有 8~12 年的养蜂经验，养蜂者获得信息的主要来源是其他养蜂人。大多数（77%）受访者的年收入为 51000~100000 卢比，其养蜂资本的主要来源是个人储蓄。被调查者采用改良养蜂管理方法的程度为中等。在被调查者提到的 10 个制约因素中，缺乏蜂蜜采集加工中心的优先级指数最高，缺乏合作协会的比例最低。该研究建议，政府应通过为养蜂人提供必要的设备和加工设施，使养蜂业成为一个可持续的农业企业，以扩大技术推广、促进就业和蜂蜜生产。Christopher A. Thoms 等（2019）研究了蜂农对治疗蜂螨的态度，研究发现，蜂农对蜂螨的管理理念存在分歧，决策树分析显示了群体差异。对治疗持怀疑态度的人认为，管理工作意味着蜜蜂不应该受到干扰或受到化学物质的影响，而应该得到饲料来做它们的“正常工作”。支持治疗蜂螨的人认为，自己是蜜蜂的管家，并坚持管理意味着积极的蜂巢管理与保持蜜蜂的健康和活力。该研究阐明了养蜂管理工作对于社会生态学如何应对具有景观水平效应的富有挑战性的蜂螨管理和复杂的人类—环境生产系统至关重要。

Euclides Reuter de Oliveira 等（2019）利用动物生产的 Ambitec 方法，评估了巴西家庭农民在转向生产有机蜂蜜过程中的生态和环境影响。他们对 8 个家庭生产单位进行了评估，对 2012—2014 年的数据进行比较。数据通过问卷调查获得，其中对所研究的每一个变量都赋予代表实施技术所带来的变化的值。将环境与生态指标变量的变化系数插入后，通过称重矩阵构建的 Ambitec 电子表格自动计算影响系数。研究发现，在向有机蜂蜜生产系统过渡的过程中采用的技术对养蜂人产生了积极的社会环境影响和生态影响。

Kata Wagnera 等（2019）研究了坦桑尼亚的养蜂业发展问题，并分析了该地区的养蜂人成功的原因。研究目的是确定养蜂业成功发展的影响因素。该研究还评估了外部援助的类型和数量是否会影响养蜂业。结果发现，收入和食物供应是养蜂业的主要驱动因素，但这些因素的影响被受访者的文化背景和非洲蜜蜂对人类健康构成的感知风险所缓和。土地所有权、技术知识、初始资本投入和蜂箱盗窃是养蜂业的重要制约因素。正规的养蜂培训并没有提高产量，研究提出，大多数发展机构提供的培训不足以满足当地养蜂人的技术能力需求。建议成立协会以获取项目利益的要求会在社区中产生分歧，需要更加小心地处理。Emmanuel Bintaayi Jeil 等（2019）调查了加纳农村和城市周边地区的男性和女性养蜂生计的安全性。采用定性和定量相结合的方法，调查养蜂业的资源获取、策略、动机和生计结果。研究结果显示养蜂是男性主导的谋生活动。女性在拥有设备方面面临更大的挑战。来自政府和非政府组织的教育、培训与设备供应等机构支持是确保养蜂人从养蜂活动中获得最佳收益的关键。因此，为了扩大养蜂规模，鼓励更多的人参与到养蜂价值链中来，建议农业部应该对社区进行教育，特别是针对妇女进行教育，以促进养蜂业规模不断扩大。Kawan Sirwan（2019）以伊拉克库尔德斯坦地区苏莱曼尼亚省为例，对该地区的 89 名被调查者发放了结构化问卷进行调查，研究结果表明，充足的自然资源和气候条件是促进该地区养蜂业发展的主要因素，主要制约因素从非常重要到不太重要分别为营销、蜂群规模、病虫害、严酷的冬天、信贷机会、缺乏熟练的人力和培训机构等。

Asaminew Tassew 等（2019）采用了一种参与性情景规划方法，以了解养蜂业发展的驱动力、养蜂业未来可能的情景，探讨当地的适应性措施及其对埃塞俄比亚西北部农民生计的影响。结果表明，共有 19 个驱动因素有助于养蜂业的发展变化。在这 19 个驱动因素中，有 6 个驱动因素是相关性最强并且是当地可控的驱动力，这6个驱动因素分别是流域开发、毁林、农用化学品的使用、政府对养蜂业发展的重视程度、技术支持和农民的意识。对养蜂业未来发展进行情景模拟分析时，将2025年养蜂业可能出现的三种截然相反的情况设定为“压制性养蜂业”“进步养蜂业”“边缘养蜂业”三种情景。结果表明，到2025年，在“进步养蜂业”情景下，养蜂对农民的生计有很大贡献。在“边缘养蜂业”的情况下，养蜂对农民生计的贡献较少。如果养蜂系统处于“压制性养蜂业”状态，养蜂对农民生计的贡献极少。利益相关者检查了这些情景的合理性，并选择了“压制性养蜂业”作为最坏的情景，“进步养蜂业”作为最好的情景，“边缘养蜂业”作为照常情景，并制定了干预策略以实现将目前的养蜂状态转变为“进步养蜂业”的情景。研究表明，利益攸关方参与情景规划过程为了解养蜂动态变化、预测未来情景提供了相关领域的知识支撑。因此，在养蜂研究领域，相关利益攸关方采取的干预措施，需要在广泛的系统范围内运用特定的方法着重解决各种复杂的驱动力问题。

1.3.1.5 蜂产品市场方面的研究

近年来，关于蜂产品市场方面的研究成果较多。Jason Andrew Seagle（2008）以Eco-Morazan蜂产业合作组织为例，分析了资源受限的约束给当地蜂产品加工企业的发展带来了很大的困难，并针对萨尔多瓦东北部地区三种不同类型的保障计划分别分析了其对应的成本、收益和市场潜力。Assefa Abebe Geza（2009）对蜂产品的市场链进行了研究，主要分析了蜂产品的成本及利润构成，结果表明，家庭主要养蜂者的受教育水平、前期的蜂蜜市场价格及产量是影响该地区蜂蜜市场供给的极为显著的因素。大部分被调查的养蜂者认为对养蜂生产影响最大的因素是干旱、病虫害、蜂机具的缺乏、蜂群死亡、市场问题、饲料短缺和养蜂技术不足，并基于这些研究结论提出了提高蜂产品市场供给的建议和措施。Tessega Belie（2010）认为对于埃塞俄比亚阿姆哈拉地区来讲，养蜂设备的不足、使用杀虫剂和除草剂造成的蜜蜂中毒、饲料短缺、干旱和养蜂知识技能的不足是当前该国蜂产业发展面临的主要约束。Amanuel Zewdie等（2017）研究了蜂蜜市场的效率，目的是分析蜂蜜的生产成本结构，确定产品的盈利能力，并对蜂蜜营销的结构和绩效进行评价。在调查期间，该地区蜂蜜销售的主要市场参与者是采蜜者、零售商和消费者。此外，大量生产的蜂蜜直接从采蜜者手中输送给消费者（占 56.61%）。采蜜者（honey collectors）和零售商在营销中心向最终消费者销售蜂蜜时，大约 28.47%的总销售毛利率被添加到蜂蜜价格中。在总销售毛利率中，采蜜者毛利率为 13.15%，零售商为 15.32%。Tizazu Toma 等（2017）从养蜂户家庭层面分析了蜂蜜市场供应的决定因素。研究结果表明现代蜂箱的数量、信贷的使用、培训的参与和延长接触的天数这四个变量对蜂蜜的市场供给有显著的正向影响。因此，需要加强农民合作社建设，促进以负担得起的价格提供使用现代蜂箱的条件，提供信贷，包括一揽子培训，并加强对采蜜者的推广服务。

Bianca 等（2011）研究了罗马尼亚西北部地区的蜂蜜市场情况，主要研究结论为：蜂蜜产量的逐年变化取决于天气状况、政府制定的措施、市场上的商业策略及通过转地获得的产量；价格信息主要与天气状况、是否禁止进口及蜜蜂的疾病相关；购买力的下降和价格的升高并不导致蜂蜜需求的减少，蜂蜜的消费量受文化、习惯及个人购买动机的影响。Mogni 等（2007）运用交易成本经济学与集体行动理论对阿根廷的蜂蜜产业链进行了分析，探讨了阿根廷蜂业发展面临的问题与不足。其认为存在一个价格链协调机制，该机制会对部门的竞争力、增值策略与产品差异化方面产生影响。Amir Mohamadi-Nejad 等（2013）使用定性价格模型（qualitative pricing model）估计了伊朗的蜂蜜价格，认为蜂蜜的物理化学特性对市场价格有很大的影响，因此，蜂蜜的口感、成分对市场价格产生显著的影响，其他产品特性如包装、颜色和不同的产品类型对市场价格产生负的影响。Girma 等（2014）研究了埃塞俄比亚西南部地区蜂农签订蜂蜜销售合同对蜂农收入水平的影响。研究结果显示，与不签订合同的蜂蜜生产者相比，生产者与销售商签订合同有助于提高蜂蜜的质量，进而提高蜂蜜的价格，由此能够提高蜂农的收入水平。Adriano 等（2011）使用空间计量经济学的研究方法分析了巴西蜂蜜价格的影响因素，他们把社会经济、技术、管理及地理位置等方面的因素作为解释变量，建立经典的线性回归模型与空间计量经济模型，结果显示，影响巴西蜂蜜价格的主要因素为生产方式、获得基金与否、产量、市场竞争程度及蜂农的受教育水平。

营销渠道的选择是最重要的农场家庭决策之一，农民出售他们的农产品对家庭收入有很大影响。Kassa Tarekegn 等（2017）运用多变量 Probit 模型对埃塞俄比亚南部 Chena 地区蜂蜜生产者的市场选择决策决定因素进行了分析。统计分析表明，大多数样本蜂农把自己生产的蜂蜜卖给了合作社。计量经济模型结果显示：从长期来看，家庭养蜂户是基于收入最大化、保证投资安全的目的而进行营销决策的。模型结果还揭示了研究地区蜂蜜生产者在进行蜂蜜市场营销渠道选择决策的时候，影响因素有蜂蜜的销售数量、与客户的联系次数、养蜂经验、离最近市场的距离、每个销售渠道的市场信息、合作关系、对购买者的信任程度等因素。Mekonnen 等（2018）对阿达贝尔加地区蜂蜜营销的生产效率进行了分析。研究目的是考察蜂蜜的销售渠道，以提供从蜂蜜的来源到最终的蜂蜜交易流程的系统知识。研究发现，17.5%的养蜂人将蜂蜜用于家庭消费，81.5%的养蜂人销售蜂蜜。阿达贝尔加地区没有区级和村级市场中心出售蜂蜜，蜂蜜营销者主要是年轻人、已婚人士和不识字的养蜂人。该地区蜂蜜价值链的主要参与者是生产者、Tej House、消费者和批发商。生产者主要是向 Tej House、批发商和消费者供应蜂蜜的小农。建议营销人员接受有关蜂蜜营销知识的教育，将养蜂人与市场链联系起来。Tizazu Toma 等（2017）运用"结构—行为—绩效"（SCP）模型对 Shebedino 地区的营销效率进行了研究。结果表明，该地区蜂蜜市场结构为强寡头垄断，四家企业的集中度为 58.18%。蜂蜜市场行为效率低下，因为一些商人是价格制定者，价格受到个别公司的影响。从营销利润率分析可以看出，较多的利润流向了中间商。因此，从市场结构、行为和绩效分析的结果可以看出，虽然 Shebedino 地区以蜂蜜产量高而闻名，但其蜂蜜营销体系是低效的。

Kassa Tarekegn 等（2017）对埃塞俄比亚南部切纳地区蜂蜜生产者市场出口选择决策的决定因素进行了研究。研究认为，营销网点的选择是农户销售产品最重要的决策之一，对家庭收入有很大的影响。多元 Probit 模型回归结果表明，研究区的大多数家庭将蜂蜜卖给合作销售点。计量经济模型分析的结果表明，家庭层面的营销决策是一种长期最大化收入的策略，蜂蜜销售量、扩展接触频率、养蜂经验、与最近市场的距离、各销售点的市场信息、合作成员关系、对购买者的信任等因素决定了研究地区蜂蜜生产商的市场选择决策。建议扩大基础设施的平等可及性，在潜在生产区建立蜂蜜收集中心，增加推广联系的频率，并组织更多的养蜂人加入蜂蜜合作社。Liam 等（2019）研究了欧盟蜂蜜市场的主要竞争力指数，并单独关注意大利的表现。结果表明，欧盟蜂蜜出口竞争力不强，进口导向明显。另外，对分类数据的分析显示，欧盟东部地区目前是重要的蜂蜜生产国，也是蜂蜜出口业绩和专业化程度最高的地区。意大利的行为与欧盟其他国家类似，在这种产品的贸易方面，与罗马尼亚或西班牙等产量更高的国家或高度专业化的德国相比，意大利处于相当不利的地位。

Chian Jones Ritten 等（2019）研究了蜂蜜市场上出现的假冒伪劣商品对消费者购买蜂蜜支付意愿的影响。研究发现，当消费者得到有关虚假蜂蜜信息时，他们为本地无欺诈蜂蜜支付溢价的意愿增加了 27 个百分点。研究结果表明，通过传递蜂蜜真实信息并保证消费者购买蜂蜜不受欺诈，生产商可以潜在地增加收入并减少食品欺诈的盛行。研究结果进一步表明，消费者的年龄和对不同蜂蜜特性的偏好也会影响他们购买当地蜂蜜的溢价率。Wim Reybroeck（2014）认为：世界上的蜂产品多是在发展中国家生产的，发达国家却是最大的消费者。然而，发展中国家出口的蜂蜜价格比他们当地的蜂蜜价格还要低，因此，出于经济原因，发展中国家出口的蜂蜜正面临着与它的真实性有关的问题，这一国际贸易正承受着巨大的压力，解决蜂产品的质量问题已成为当务之急。

Tizazu Toma Dilebo（2019）研究了蜂蜜生产和销售的机会与限制因素，研究结果表明，农民对本地养蜂知识的掌握情况、农业生态状况、政府组织和其他一些非政府组织的支持、蜂蜜的国内市场可用性、高产量和易于许可等因素是蜂蜜生产和销售的有利因素。天气状况的变化、害虫和食肉动物的存在、农作物种植过程中使用的一些农药、蜜蜂潜逃、缺乏现代养蜂设备、缺乏养蜂科学知识、妇女在该部门的参与程度低、蜂蜜的季节性和价格波动则被认为是影响蜂蜜生产与销售的制约因素。Betela Beyene Barena（2019）研究了埃塞俄比亚的蜂蜜生产力和营销状况。埃塞俄比亚是非洲主要的蜂蜜和蜂蜡生产国。研究发现，蜂蜜和蜂蜡的生产力、质量和市场营销能力都应该得到提高。该综述文章还试图解决关于蜂蜜的生产力和营销量，以及埃塞俄比亚蜂蜜生产和营销的限制与机会的问题。养蜂部门的收入很少，主要是由于养蜂生产率低、产品质量较差，另外，市场准入有限，迫使生产者不得不以低价在当地销售。蜂蜜生产经常被推广为一种穷人的创收活动，因为它对农村社区的许多成员来说是可以获得的，启动成本中几乎不需要土地或劳动力。使埃塞俄比亚的蜂蜜生产无法充分发挥其市场潜力的因素是：蜂蜜生产技术落后（包括传统的蜂箱）、蜂蜜质量较差、缺乏资金支持（如获得贷款）。因此，政府在农业商业化的政策层面对养蜂部门的关注支持，能够刺激小规模农户和贸易商对蜂蜜生产、生产力、加工和销售的密集参与程度。

1.3.2 国内研究现状

国内学者在蜂业经济方面的研究主要集中于蜂产业发展现状与趋势、蜂产业在授粉与扶贫等方面的重要性、养蜂生产及成本效益的技术经济分析、蜂产业支持政策、蜂产品市场与贸易等五个方面。

1.3.2.1 关于蜂产业发展现状与趋势方面的研究

中国养蜂业发展现状方面。国内关于蜂业发展现状方面的研究基本上都是定性的描述分析，大多数学者（袁宝国等，1997；李海燕等，2007；刁青云等，2010）都肯定了蜂产业在我国经济社会中的地位和作用，如提高农作物产量、改善农作物品质、增加农民收入、有益于人类健康、保护生物多样性、保护生态环境和增加出口创汇等。2010年农业部颁布的《农业部关于加快蜜蜂授粉技术推广促进养蜂业持续健康发展的意见》中也肯定了养蜂业的重要地位和作用。然而，中国养蜂业的小农分散经营模式与国外养蜂业发达国家相比却存在很多问题，如生产方式落后、规模化程度低、蜜粉源植物减少、蜂农老龄化、组织化程度低、蜂农收入较低、蜜蜂授粉产业发展滞后、存在蜂产品质量问题等，国内学者（闫继红等，2005；宋心仿，2010；刘进祖等，2005；孙玮琳等，2009）针对这些问题做了定性的分析并提出了一些建议和对策。还有一部分学者（娄德龙等，2020；韦小平等，2020；江武军等，2020；杨帆周等，2020；李志鹏，2020；施金虎等，2019；李奎等，2018；赵红霞等，2017）从省际区域的角度分别分析了山东、贵州、江西、陕西、甘肃、浙江、广东等省份蜂产业的发展状况，针对存在的问题进行研究并提出了推动该省蜂业可持续发展的建议。傅琳琳等（2019）以浙江江山蜜蜂产业为切入点，通过构建江山蜂业全产业链实践模型，系统总结了江山蜂业全产业链高质量运用模式及发展经验。

也有一些学者从国家的角度对我国蜂产业的发展状况进行了研究，研究主要目的在于发现蜂产业发展的制约性问题。陈玛琳等（2014）基于2012 年全国 10 省市 570 户蜂农的调研数据，从养殖规模和养殖方式、蜂农基本特征、技术推广情况、蜂农成本收益分析及蜜蜂授粉发展情况五方面分析我国蜂产业的现状，使用 SWOT 分析方法罗列出了我国蜂产业的优劣势、发展机会及存在的威胁，解析我国蜂产业的发展前景，为蜂产业的可持续发展提供参考。李瑞珍等（2015）也运用 SWOT 分析方法对我国蜂业的运行现状、发展瓶颈进行分析。他们的研究认为我国蜂业优势明显，蜜蜂授粉可使农作物增产，但存在行业集中率低、重产品轻授粉、缺乏有效政策扶持等劣势。国家的战略导向、低碳消费理念、全面深化改革为蜂业的发展创造良好机遇。然而，蜂业正面临着生态环境恶化、养蜂成本提高、蜂农老龄化、国际贸易竞争力下降的威胁。张柳等（2019）从产量动态、产业结构、生产效率和生产效益四个方面分析我国蜂产业现状，提出我国蜂产业的转型升级需要从提升产品质量，形成产业集群；吸引年轻人才，提高从业人员水平；加强利益联结，创新经营机制；结合市场需求，培育新产业新业态等四个维度推进。

1.3.2.2　蜂产业在授粉与扶贫等方面的重要性研究

在养蜂业发达国家，通过授粉所获得的经济收入是养蜂者收入的主要来源，近两年，农业部高度关注蜜蜂授粉，先后三次发文积极宣传和推广蜜蜂授粉技术，国内也有一些学者研究了授粉问题。吴杰等（2014）结合国内外当前蜜蜂授粉产业的研究进展情况，从蜜蜂授粉对农作物产量和品质影响、蜜蜂授粉的经济价值、政府部门对蜜蜂授粉产业支持及我国蜜蜂授粉产业存在问题等方面展开阐述，并对我国蜜蜂授粉产业的发展提出了相关建议。张社梅等（2014）较为深入地剖析了蜜蜂授粉与高效生态农业互促共进的机理，最后从加大宣传示范力度、加快先进适用授粉技术的研发、促进配套的服务体系建设以及完善蜜粉源植物保护、推进授粉农产品市场认证机制等方面提出了加强蜜蜂授粉业与高效生态农业互促发展的政策建议。杨甫等（2008）分析了北京蜜蜂授粉产业亟待解决的问题，王凤鹤等（2007）研究了各种授粉技术，安建东等（2011）研究了全球农作物蜜蜂授粉概况，并分析了中国农作物蜜蜂授粉的现状、存在问题及应对措施。李位三等（2009）对安徽省 5 个县进行了统计调查，分析结果表明，蜜蜂授粉成本是农业生产成本中最低廉的生产要素之一，并能节约大批人工授粉劳动力和其他费用。但是，目前对蜜蜂授粉效果进行科学的评价仍是一个薄弱环节，国内学者对此研究得较少，从已有文献看，除了邵有全等（2006）对蜜蜂授粉效果的三种评价方法（产值比较法、公式计算法和百分比法）进行了研究外，仅有刘朋飞等（2011）采用蜜蜂依存度估价法，定量评估了2006—2008年中国36种主要授粉农作物蜜蜂授粉的经济价值，结果表明，蜜蜂授粉对中国农业生产具有显著的促进作用，研究时段内被研究对象授粉的年均价值高达3042.20亿元，是中国蜂业总产值的76倍，相当于中国农业总产值的12.30%，农业生产对蜜蜂授粉的需求很大。孙翠清等（2010）使用改进的生物经济学法测算出2008年中国蜜蜂授粉的经济价值为2548.90亿元，蜜蜂授粉创造的经济价值占农业总产值的比重为9.09%，蜜蜂授粉的经济价值大约是蜂产品产值的32倍。李瑞珍等（2014）利用蜜蜂依存度市场估价法、替代成本法等方法对我国蜜蜂产业的内部和外部效益进行深入估算。结果发现蜜蜂产业的外部效益远远大于内部效益，蜂产业在保障粮食安全、推动农业的可持续发展、提高人们的身体素质和建设生态文明方面具有重要意义。

也有学者对国内的种植户在采用蜜蜂授粉技术方面做了相关研究。蔡琳雅、张社梅（2017）通过对四川省三个猕猴桃主产县市200户种植户的问卷调查和统计分析，发现猕猴桃种植户相关知识和技能不足、蜂源匮乏且供给不稳定、农药对蜜蜂伤害大、支持政策不到位等是蜜蜂授粉技术推广中面临的主要问题。陈丽等（2019）采用Logit模型分析了农户对蜜蜂授粉技术的采用意愿及影响因素。研究表明，农户年龄、性别、学历、是否有外出务工经历、是否拥有新型职业农民证书、猕猴桃种植地离县城的距离、是否有蜜蜂授粉技术指导、了解蜜蜂授粉技术程度、是否认为蜜蜂授粉技术能改善生态环境、是否认为蜜蜂授粉技术能够提高产量、是否认为蜜蜂授粉技术提高果品质量、蜜蜂授粉技术成本是否高于人工授粉等因素对农户蜜蜂授粉技术采纳决策有显著影响。

李海燕等（2013）提出要提高蜜蜂授粉在中国农业生产中的作用需要同时注重蜜蜂资源的保护和推动蜜蜂授粉服务的市场化。通过对山东、福建的实证分析发现，农户保护蜜蜂的意愿较高，租用蜜蜂授粉的意愿较低。孙翠清等（2017）研究了蜜蜂有偿授粉在梨树生产中推广的阻碍与对策，提出了解决我国梨树商业性蜜蜂授粉的对策，如扩大梨农种植规模、培育商业化蜜蜂授粉供应主体和中介组织、建立信息平台、做好蜜蜂授粉的宣传推广工作等。

近年来，不少学者研究了蜂产业在助推脱贫攻坚中的贡献。曾蜜等（2020）对江西省石城县发展养蜂产业扶贫进行了研究，通过技术指导和培训，赠送养蜂用具、优质蜂种蜂王及蜂药等途径进行养蜂产业扶贫，取得了一定成效。绝大部分养蜂贫困户饲养蜂群数量增加并有比较高的养蜂纯收入，说明科技对养蜂扶贫具有正向促进作用。其他学者也针对不同省份蜂产业扶贫情况做了研究（龚文广，2018；张天琪等，2017；王建梅等，2013），证实发展养蜂是脱贫致富的捷径，对全国蜂业的进步和发展都具有重要意义。另外也有部分学者认为，发展中蜂产业对脱贫攻坚的成效比较显著，如郭亚惠等（2020）分析了湖北省中蜂养殖扶贫模式及成效，为中蜂产业助推精准扶贫探索新思路提供参考；顾佩佩（2020）对浙江省丽水市发展中蜂产业帮助蜂农增收进行了研究。陈锐等（2019）基于对“平武中蜂+”产业扶贫模式的系统分析，认为技术和服务是“平武中蜂+”产业扶贫模式的重要支撑，政府制度设计则是重要的方向保证。

1.3.2.3　养蜂生产及成本效益的技术经济分析

白糖、蜂药、蜂机具和运输费是养蜂生产的主要投入要素，投入要素价格的变化直接导致养蜂成本的变动，关于近年来白糖价格的大幅上涨对养蜂生产带来的不利影响，刁青云等（2010）对湖北、江苏和安徽三省做了调查，研究表明，糖价的暴涨已经对养蜂业产生了极其负面的影响，直接影响到养蜂者的利益和养蜂积极性，一些蜂农甚至弃蜂转行。然而，刘朋飞等（2011）对北京市密云、昌平和门头沟地区的62户蜂农进行了问卷调查，结论却与上述观点不完全相同。刘朋飞等的研究发现，糖价上涨过快是造成该地区蜂农养殖成本大幅增加的最主要原因，在一定程度上对养蜂生产造成了不利影响，但是，养蜂成本上升并没有减少蜂农的养蜂收入，原因一方面是蜂蜜的收购价格同时也大幅上升，另一方面是蜂蜜产量的大幅提高。胡元强等（2007）于2005—2007年调查了浙江省缙云县80家蜂场的养蜂生产情况，研究结论认为：影响蜂场经济效益的因素主要分为外部因素与内部因素两类，外部因素包括蜂产品的收购价格、现代化的交通条件、信息沟通手段、准确的气象预报与政府的扶持等，内部因素包括科学技术的普及、蜂农素质的提高、经营管理能力等。余艳锋等

（2010）首先对江西省蜜蜂养殖成本收益及影响因素进行了分析，发现江西蜂业发展受传统养殖方式、科研水平、人为干扰等因素的影响，江西大多区域饲养意蜂，饲养规模与成本收益成正比，饲养 100 群以上的蜂农单位收益较高，饲养 50 群以下的蜂农单位收益较低。其次是对养蜂技术效率的研究。覃淑杰等（2014）、刘剑等（2015，2019）、张社梅（2016）也针对养蜂生产成本收益及生产率方面做了类似的研究。柯福艳等（2011）运用随机前沿生产函数模型，对中国家庭养蜂的技术效率进行了测量研究，结果表明：蜂农参加资本主导的养蜂专业合作社不能提高蜂农的养蜂技术效率，非成熟蜜的比重过高会降低蜂农的养蜂技术效率，蜂农的受教育程度、养蜂收入占家庭总收入的比重及其在村中的相对收入地位对养蜂技术效率产生同向影响。同时发现中国家庭养蜂整体技术效率不高，地区间差异较大。

在影响养蜂生产因素方面，许丽灵等（2018）基于社会认知模型分析框架，采用有序 Probit 模型，分析了蜂农对天气变化的感知度及其影响因素。结果显示，蜂农对于天气变化的敏感性感知、严重性感知较强，适应功效感知、自我效能感知较弱，感知到的适应成本较高；蜂农对免费天气变化信息的获取、获取渠道的多少、与其他蜂农交流的频率以及养蜂人数等均会影响蜂农对天气变化的感知，其中，免费天气信息的获取对蜂农敏感性感知、适应性功效感知、自我效能感知以及适应成本感知影响最为显著。张社梅等（2013）以浙江省 3 家种蜂场为研究对象，对不同组织架构和运作模式下种蜂场运作的经验启示进行了总结，研究认为以企业经营为主体、政府的引导和扶持为支撑，并依靠科技创新不断培育适应市场需要的新品种，提升核心竞争力，是种蜂场顺利发展的关键所在。

1.3.2.4 蜂产业支持政策方面的研究

由于养蜂业具有公共产品属性，养蜂业的发展离不开政府的支持。孙翠清等（2013）就政府出台的蜜蜂运输绿色通道政策进行了评价，研究发现这一政策的实施对于减少转地蜂农的过路费效果明显，并且这一政策的实施效果逐年加大，转地蜂农对蜜蜂运输的绿色通道政策满意度较高。针对地方层面出台的养蜂业支持政策（北京、浙江、江西和海南的部分地区已经制定并实施了一系列的养蜂业扶持政策）研究相对较少。李海燕等（2011）研究了北京地区的养蜂支持政策，2009 年和 2010 年，北京市连续两年出台《全市养蜂业发展扶持办法及实施细则》，每年拿出专项扶持资金 300 万元，成效明显。此后，李瑞珍等（2019）对北京市实施的蜂业政策包括授粉蜂群补贴、规模养蜂补贴、蜂业扶贫工程、对新型经营主体的支持、蜂业气象指数保险等蜂业扶持政策进行分析，这些政策实施后成效显著。胡元强（2012）分析了浙江省实施的养蜂业支持政策，浙江省建立了省养蜂风险救助资金和阳光信息工程，认为这些政策有利于提高蜂农产业化、组织化程度。在江西省，被授予"中华中蜂之乡"和"中华中蜂种质资源保护和利用基地"的上饶县把中蜂产业作为农业的支柱产业来抓，对到上饶县投资的蜂业企业在税收、土地等方面给予政策优惠，积极争取各项资金，利用《巩固退耕还林成果专项规划（2008—2015 年）》的资金，对规模养殖户进行资金和物化补贴，鼓励规模养殖（余艳锋等，2012），对于提高蜂农养蜂积极性、扩大蜂群规模起到了积极的促进作用。孙翠清、赵芝俊（2014，2016，2018）分别研究了美国的蜂蜜价格支持政策及蜂业支持政策，分析结果表明，美国的蜂业支持政策可分为五类：以稳定养蜂者收入为目标的蜂蜜价格支持政策、以保护国内蜂蜜生产者利益为目标的蜂蜜贸易保护政策、以减轻养蜂灾害损失为目标的蜂业保险和紧急援助政策、以解决蜂业病虫害和蜂群消失问题为目标的科研支持政策以及以监管养蜂生产环节为目标的养蜂注册与检疫政策。结合中国蜂业政策现状，提出了中国蜂业支持政策体系要从开发政策性蜂业保险并辅以养蜂风险救助、加大财政对蜂业补贴力度、加强对蜂业科研的支持、加强养蜂生产环节控制等方面来完善。

在蜂产业扶持政策建议方面，高芸、赵芝俊（2014）研究认为，实施养蜂车购置补贴是促进蜂产业发展的突破口，可以有效应对运输、饲料、雇工成本持续上升等问题，吸引年轻人加入养蜂行业，提高养蜂业的机械装备水平。同时实施养蜂车购置补贴也是目前最可行、最合理且经济的外部性内部化手段。4 年后，高芸、赵芝俊（2018）又对蜂农购买养蜂车的意愿进行了分析，结果表明：即使蜂农愿意购买养蜂车，也将面临短期内经济压力大、安全生产风险和劳动强度增加、饲养管理复杂等多方面的困境。补贴实施后，养蜂车使用率仍然没有明显提高，关键在于在售养蜂车功能与中国蜂业生产需求不匹配。建议转地养蜂设备设计更加针对省时、省力目标，重点开发饲喂、巢础检查、取蜜、取浆、脱蜂环节的养蜂机具和车载设备研发，提高蜂农的养殖规模和收益。建议补贴额度控制在车辆购置成本的30%左右。研究可为改进完善养蜂车购置补贴政策以及促进蜂业机械化提供参考依据。

1.3.2.5 蜂产品市场与贸易方面的研究

由于蜂产品具有出口创汇优势，有不少学者（慧兴辉，2010；杨慧芳，2009；宋勇，2011）对蜂产品贸易进行了研究。杨慧芳（2009）分析了中国蜂产品出口贸易存在的四大特点：具有较强的市场生命力、产品出口主体多数已改制成为股份制企业、中国蜂产品呈现多元化格局、外销价格偏低；继而阐述了中国蜂产品出口贸易面临着严峻的形势，主要原因一是蜂产品药物残留问题损害了中国蜂产品的形象，二是出口成本不断增加，三是国际市场准入门槛越来越高。在此基础上又分析了中国蜂产品出口贸易存在的问题及原因，并对振兴中国蜂产品出口贸易提出了对策。张纯（2002）从实证角度分析了六大主要蜂蜜产销国的蜂蜜生产、贸易与消费情况。顾国达等（2003）分析了近20年来中国在世界蜂蜜生产和贸易中的地位变化，定量分析了中国蜂蜜出口的国际竞争力，并提出了提高中国蜂蜜出口竞争力的对策措施。王云峰等（2006）运用近似线性需求系统模型（LA-AIDS）分析了中国蜂蜜在日本市场的贸易地位与竞争策略。应瑞瑶等（2005）分析了中国蜂蜜出口到美国的状况，并且测算了中国蜂蜜出口美国的“区域现实性对称比较优势指数”。朱俊波（2008）分析了中国蜂蜜出口面临的技术性贸易壁垒及对中国蜂蜜出口贸易所产生的影响。高芸（2012）利用出口集中度、出口量和出口额波动、出口价格对比等贸易指标和分析方法，总结了近年来中国蜂蜜出口的特点及中国蜂蜜在国际市场上的地位。徐国钧等（2016）选用蜂蜜出口贸易引力模型对2010—2014年我国蜂蜜出口贸易的影响因素进行实证分析，结果表明，我国与出口国之间的距离、出口国的GDP、出口国的人口数量、我国与出口国之间的双边贸易汇率、我国人口数量对我国蜂蜜的出口影响显著。徐国钧等（2019）利用剩余需求弹性模型，实证测算了中国蜂蜜在日本、英国等6个国家的国际市场势力，同时测算出在这6个目标市场中中国主要竞争对手的国际市场势力。李瑞珍等（2015）利用SCP模型对蜂产品进行市场分析，研究发现蜂产品市场结构、行为、绩效三者两两之间的相关程度均较高；蜂产品市场集中率较低，产品差异化程度小，进入壁垒较低但退出壁垒较高；蜂产品市场营销手段薄弱，出口蜂蜜的显示性对称比较优势指数（RSCA）从 1990 年的 0.86 下降为 2012 年的 0.05，新产品研发力度有待加强。

在全球蜂蜜生产贸易研究方面，徐国钧等（2020）在测算 2008—2017 年中国、马来西亚、美国、德国和法国蜂蜡出口的单价、质量升级指数、市场占有率（IMS）、显示性对称比较优势指数（RSCA）和贸易竞争力指数（TC）的基础上，综合分析了这 5 个国家蜂蜡出口的竞争力及其发展趋势。高芸、赵芝俊（2020）对中国蜂蜜的进口情况和特征进行了分析，认为进口蜂蜜仅占我国蜂蜜消费量的 0.85%，不会对中国蜂产业造成冲击，但进口蜂蜜与国产蜂蜜的平均价格差明显增大，会影响消费者的选择。

在中国蜂产品市场研究方面，蜂产品质量安全问题是近年来研究的热点，国内该方面的文献相对较多。如冯强等（2011）对中国蜂产品质量安全存在的主要问题做了综合性的概述并提出了解决方案，指出只有加大研发力度，从源头解决质量问题，才能使蜂产品得到更进一步的发展。赵静（2002）、秦希杰（2005）、李赛男（2009）等都做了类似的研究。另外，赵静等（2010）提出了构建中国蜂产品质量追溯系统的研究框架及实施建议。王芳等（2010）运用 Logistic 模型研究了蜂农的质量安全认知水平，研究发现，造成蜂产品质量安全问题的主要原因是相关体系和制度的不健全，产业组织化对蜂产品质量安全的作用为负，政府及制度等宏观因素对蜂农的质量安全行为具有显著影响。王芳等（2011）还研究了蜂产品生产加工企业的质量安全动因及影响因素，研究表明，大部分企业具有蜂产品质量安全的供给意愿，供给动因受多种因素共同影响。高芸、赵芝俊（2017）使用国内 5 个城市蜂蜜市场 2012—2015 年跟踪调查得到的价格信息数据进行研究，提出建立从原料蜜收购到终端市场的优质优价机制、建立产品信息透明机制、提高顾客对蜂蜜保健功能认知度等蜂蜜定价策略。徐国钧等（2018）实证分析了消费者对蜂蜜网购意愿的影响因素。李瑞珍等（2018）对蜂蜜的“柠檬市场”问题进行经济学分析，认为蜂蜜的市场结构、城乡二元结构和市场监管方面的问题是蜂蜜“柠檬市场”现象发生的主要原因，应在产品、价格、渠道、促销等方面完善相关举措。

1.3.3 文献述评

从国外学术研究成果来看，国外学者对于蜂业经济领域的研究较为丰富，蜂产业的重要地位逐渐得到了社会各界的认可，蜂产业产生的社会经济效益也逐渐引起了专家学者们的关注，研究内容涉及蜂业生产、蜜蜂授粉的经济价值贡献、蜂业技术经济、蜂产品市场及支持政策等方面，研究方法不仅采用了一般经济学的分析方法，如经典计量经济分析、空间计量分析、定性分析及案例分析等方法，还综合了生态学、生物经济学等其他学科的研究方法。

从国内学术研究成果来看，国内学者关于蜂业经济的研究起步较晚，研究成果正在不断丰富，在蜂业经济研究领域方面，从大方向上看，国内学者与国外学者研究的方向基本相同，但由于中国蜂业经济的特殊性，国内学者结合中国蜂产业发展实际情况，还做了一些与中国蜂业发展实际密切相关的课题研究，如在中蜂保护区建设、蜂产业精准扶贫、养蜂车购置补贴、蜂农技术需求、蜂农专业合作组织状况、养蜂生产风险等方面的研究。尤其是2008年国家现代农业产业技术体系（蜂）启动运行以来，在蜂业经济岗位科学家赵芝俊研究员的带领下，蜂业经济研究团队以实地调研为基础，以现代经济学理论与分析方法为手段，以解决实际工作中遇到的问题为目标，取得了较为丰硕的成果。在已有研究文献的基础上，随着我国蜂产业的不断发展，结合中国蜂产业的发展情况，蜂业经济研究团队的研究工作将会不断深入，研究内容将更加丰富。

本书首先将基于蜂农固定观察点调研数据、联合国粮农组织（FAO）官方数据、《中国统计年鉴》等数据，研究中国蜂产业的生产特点、存在的风险及防范措施，蜜蜂为农作物授粉的经济贡献及市场需求量；其次分析蜂农的收入水平及影响因素、蜂产品的销售模式；最后运用案例分析法研究了蜂产业在助力脱贫攻坚战役中发挥的作用及效果。本书对中国蜂产业的经济发展状况做出了较为系统的研究，以期为中国蜂产业经济持续健康发展做出力所能及的贡献。

1.4　研究内容与技术路线

本书将分为 9 章内容进行研究。除了第 1 章“绪论”外，其他各章主要研究内容如下：

第 2 章是对中国蜂产业经济发展进行研究的理论基础。首先，中国养蜂生产采取的是以家庭经营为主的分散式小规模生产经营模式，因此，农户生产行为理论是重要的理论基础。其次，由于蜜蜂授粉具有公共产品属性和正的外部性，公共产品理论与外部性理论也是对蜂产业经济进行研究的重要理论基础。最后，鉴于蜂产业通过蜜蜂授粉对维持生物多样性做出了不可或缺的重要贡献，是农业可持续发展的物质前提，因此应该在可持续农业、生态农业的理论框架下研究其经济发展问题。

第 3 章简要梳理了中国蜂产业的发展历史，同时结合统计数据分析了中国蜂产业的现状。了解蜂产业的历史、摸清蜂产业发展的现状对于把握我国蜂产业的基本格局与发展趋势具有重要的意义。本章内容简要回顾了中国古代养蜂、近代养蜂和现代养蜂三个阶段的发展历程，同时对目前中国蜂群数量、蜜源植物资源、蜂产品产量及出口竞争力等方面进行了分析评价。

第 4 章对中国蜂产业的生产特点与风险补偿进行了实证分析。分析中国家庭养蜂生产的特点及中国蜂产业的发展困境，指出了蜂产业未来的发展方向。同时对蜂产业存在的风险及国内部分地区对蜂业生产风险进行补偿的做法进行了探讨，并初步调查研究了蜂农的参保意愿情况。

第 5 章对蜜蜂授粉的经济价值估算方法进行梳理评述，为中国蜜蜂授粉的经济价值评估提供有益的借鉴方法，并使用依存度估算法对最近三年中国蜜蜂授粉的经济价值进行评估，最后，以农业大省河南省为例，定量测算了蜜蜂授粉的潜在市场需求量。研究结论对于正确认识蜜蜂授粉的重要性、加快普及推广蜜蜂授粉技术、提高种植户与政府官员及社会各界对养蜂业的关注与重视具有重要的实践意义。

第 6 章对蜂农的养蜂收入问题进行了研究。首先，运用成本收益法对蜂农的成本、收益及其构成比例进行了分析研究，并对不同放蜂方式、养殖规模、养殖品种的成本收益情况进行了对比分析。其次，通过建立多元回归模型，对影响蜂农收入水平的因素进行了实证分析。最后，基于河南省 2017 年的蜂农固定观察点问卷数据，分析了河南省蜂农养蜂收入差距及影响因素。在此基础上，提出了提高蜂农收入的对策建议。

第 7 章对蜂产品销售问题进行了研究。首先，研究了蜂农销售蜂产品的四种传统渠道及其存在的问题，并提出了优化蜂蜜销售渠道的策略建议。其次，针对疫情防控的背景，研究了蜂产品的电商销售模式与路径选择。最后，基于 2019 年郑州市蜂产品市场蜂蜜销售的调查数据，对市场上蜂蜜的种类、价格、质量、销量等情况进行分析，并运用 SWOT 分析方法，对蜂产品的市场销售前景进行了分析与展望。

第 8 章对通过发展蜂产业项目实现脱贫成效显著的几个具有代表性的案例进行研究。分析实践中通过发展蜂产业脱贫的几种常见模式及其成效，探索总结蜂产业扶贫成果经验，为将蜂产业扶贫项目成功模式与做法在其他地区大范围推广、探索精准扶贫新思路、巩固脱贫成果、防止重新返贫提供参考。

第 9 章为研究结论与政策建议。总结本书主要的研究结论，提出促进中国蜂产业持续健康发展的政策建议，同时指出本书存在的不足之处与进一步的研究方向。

本书研究的技术路线如图 1-3 所示。

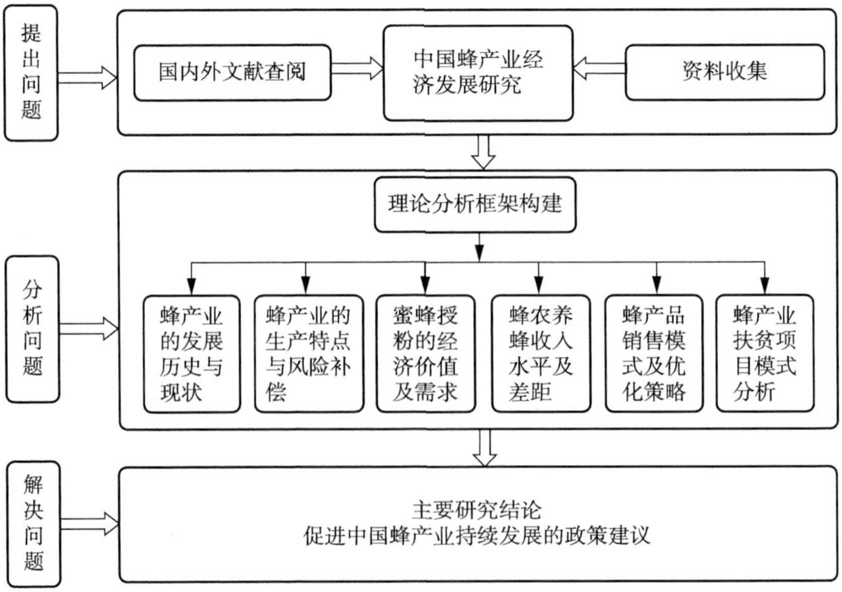

图 1-3　本书研究的技术路线

1.5　研究方法

本书采用了理论与实证相结合的研究方法。理论分析用于本书第 2 章，运用农户生产行为理论、公共产品理论与外部性理论、可持续农业与生态农业等理论构建了蜂产业经济研究的理论框架。实证分析用于本书的第3~8 章内容，实证分析主要采用统计分析、案例分析和经济模型分析方法。其中，统计分析用于本书的第 3 章、第 4 章、第 6 章、第 7 章，案例分析用于第 5 章与第 8 章。在第 4 章与第 6 章中使用了经济模型分析方法，分别使用了二元 Logistic 模型与多元线性回归模型对蜂农参与养蜂生产保险的意愿、蜂农养蜂收入的影响因素进行了实证分析。

1.6　研究可能的创新与不足

1.6.1　可能的创新

目前，国内对蜂产业经济方面的研究成果较少，对蜂产业经济发展进行系统研究的成果更少，本书从研究命题选择的角度来看具有创新性。从研究内容上看，本书紧密结合当前中国经济发展的实际情况，所研究的蜜蜂授粉的经济价值与市场需求对发展现代农业具有重要的指导价值。所研究的蜂产品销售模式及优化对解决蜂产品滞销问题、提高蜂农收入具有非常重要的现实意义。通过对蜂产业脱贫模式及其成效进行研究，总结蜂产业扶贫成果经验，对于探索精准扶贫新思路、防止重新返贫更具有参考价值。所提出的政策建议较为翔实并具有可操作性。

1.6.2　不足之处

受蜂产业数据资料可获得性的限制，研究所使用的大部分数据来自蜂产业技术体系自 2009 年以来建立的蜂农固定观察点数据，由于时间及调查范围有限，数据未必全面准确，定量统计分析结果可能与全国实际情况存在小范围的偏差。另外，受时间、个人能力等条件的限制，本书的研究内容大部分还局限于对蜂产业经济发展研究的浅层，研究深度有待进一步加强。文中有部分内容分析仅限于定性的描述，还存在较大的研究空间。实证分析中所使用的研究方法是一些较为传统的模型回归方法，没有使用较新的分析工具，这些都需要在后续的研究中进一步改进和完善。

第2章　理论基础

2.1　农户生产行为理论

目前，国内外对农户还没有一个统一的定义。“户”是以家庭为计量单位的集合，是一个以血缘为基础的社会组织，具有资源集中利用、集体决策、共同生产、利益共享等特点，是农民生产、生活、交往的基本组织单位。在研究农业问题时，以“户”为单位进行研究非常具有意义（Albert Ellis，2006）。对于农村地区，亲缘关系相对城市更加紧密，“农户”作为最基本的生产单位，是微观经济的主体，是一个从事农业生产的基本经济单位，具有生产、消费、文化传承等多种经济、社会属性。农户的生产行为是指在一定的经济环境、社会、文化、政治资源环境约束下，农户为实现一定目标而展开的一系列与生产相关的经济行为选择。主要包括农户的要素投入行为、技术选择行为、风险规避行为等。关于农户行为理论的研究，国外有很多学者进行了研究，并形成了不同的流派。

2.1.1　自给小农学派

自给小农学派是由苏联经济学家 Chayanov（1923）提出的。他将农户行为与企业行为进行对比，认为二者在目标、成本利润核算方式、生产模式等方面都存在显著的差异，农户行为具有独特性，主要体现在三个方面：第一，农户生产经营一般以“户”为单位，即属于家庭式生产经营，由于农户不存在劳动力雇佣市场，所以其生产劳动力就是家庭成员；第二，农户生产的主要目标是满足家庭生活需要，即以自给为主要目的，而企业是以利润最大化为研究目的，所以农户最终目标是家庭消费最大化；第三，由于农户生产的特殊性，其劳动力投入无法用工资进行衡量和价值化，很难计算生产成本，另外，农户的投入与产出有时候不分，例如养殖畜禽类所产粪便，可以作为种植作物的肥料，所以，Chayanov 认为小农户、小规模家庭农场的运行目标以劳动力的供给与满足农产品的消费为决定因素，而不是简单的、绝对的利润和成本之间的权衡。这一理论也称为“劳动—消费均衡论”。Chayanov 的自给小农理论具有明显的时代特征，现代小农生产的目标已经发生了改变。

2.1.2 理性小农学派

古典经济学理论将农民视为“经济人”或“便士农民”“理性农民”。舒尔茨（Theodore W. Schultz）在其 1964 年出版的经典著作《改造传统农业》中继承了这种理论。舒尔茨认为，农民经济与资本主义经济在本质上没有区别，其生产目的是获取价值。舒尔茨精辟地论述：农民的经济行为，绝非西方社会一般人心中那样懒惰、愚昧，或没有理性。事实上，他们是在“传统农业”（即在投入现代机械动力和化肥以前）的范畴内，有进取精神并对资源能做最适度运用的人。传统农业可能是贫乏的，但效率极高，它渐趋接近于一个“均衡”水平。在这个均衡水平下，“生产要素的使用较少有不合理的低效率现象”。舒尔茨认为，农民作为“经济人”，毫不逊色于任何资本主义企业家，并主张用分析资本主义企业的经济学原理来解释农户的经济行为。波普金（S. Popkin）在其《理性的小农》（1979）一书中提出了中心假设——农户是理性的个人或家庭福利的最大化者，并指明“我所指的理性意味着，个人根据他们的偏好和价值观评估他们选择的后果，然后做出他认为能够最大化他的期望效用的选择”。由于以上两者的观点接近，学术界将其概括为“舒尔茨—波普金命题”。该学派的特点是强调小农的理性动机。该学派的主要论点是：在传统农业时期，农户使用的各种生产要素投资收益率很少出现明显的不平衡。在这种经济组织中，农户的行为完全是有理性的。传统农业增长的停止，不是来自农户进取心的缺乏、自身努力不够以及自由和竞争不足的市场经济，而是来自传统边际投入下的收益递减。改造传统农业所需要的是合理成本下的现代投入，一旦现代技术要素投入能保证利润在现有价格水平上的获得，农户会毫不犹豫地成为最大利润的追求者。因此，改造传统农业的方式不应选择削弱农户生产组织功能和自由市场体系，而应在现存组织和市场中确保合理成本下的现代生产要素的供应。

2.1.3　有限理性小农学派

西蒙（Herbert Simon）认为人的理性是有限的，所谓“有限理性”是指介于非理性和绝对理性之间的一种受限理性。西蒙认为人类的行为中理性和非理性同时存在，要达到完全理性，就必须符合以下三个条件：①每一个人做决策时必须了解影响决策的每一个因素；②每一个人做决策时必须能够完全估计到每一种可能的结果及其发生的概率；③每一个人都有能力对每一种结果的偏好程度进行排序。事实上是没有人能够达到以上三个条件的，因此“完全理性”的人不存在，信息的局限性导致了人类决策和行为的非理性。他还指出了传统研究中简单运用利润最大化模式进行分析的局限性，主张恢复效用模式对传统农户进行分析。与舒尔茨的观点不同，他认为小农的理性是一种有限理性。后来，斯科特（James C. Scott）进一步认为农民经济的主导动机是“回避风险，安全第一”。

2.1.4　历史学派

1985 年，黄宗智在其著作《华北的小农经济与社会变迁》中，提出了一个新的小农命题——“拐杖逻辑”。他认为，中国小农家庭的收入主要分为两部分：一部分是农业家庭收入，另一部分是非农佣工收入。在“拐杖逻辑”中，非农佣工收入就是家庭农业收入的拐杖。中国农村存在着一种“半无产化”的现象，即农村劳动力不可能大量独立分离出来成为“无产—雇佣”劳动力，因此，多余的劳动力不能形成一个独立的新阶级。由于不能形成独立的新阶级，这些多余的劳动力只能继续走小农经济。1986 年，黄宗智在其出版的《长江三角洲小农家庭与乡村发展》一书中，对农户家庭劳动力的投入有了新的解释。他认为农户一方面对投入的边际报酬概念不明确，另一方面受到种植规模的限制，在生产边际报酬比较低的情况下仍然投入劳动，这种情况也受到农户家庭劳动力获取容易、农村劳动力剩余较多等方面的影响。在此基础上，黄宗智总结中国 20 世纪中期的农业情况，认为农业是“没有发展的增长”，即“经济在以单位工作日边际报酬递减为代价的条件下扩展”，此时农产品属于“劳动过密型的商品化”。

2.1.5 农户生产行为理论在蜂产业中的应用

目前，中国的养蜂生产主要是采用以农户家庭结构为主体的一家一户单独分散生产模式，大规模的养蜂场极少。一般的养蜂生产方式都是以家庭农户为单位进行生产经营的，每户一般是蜂农独自一人、父子两人或夫妻二人共同劳动，从事养蜂生产。养蜂农户一般不雇佣工人，只有在劳动量较大的个别短时间内，如转场时雇佣工人搬运蜂箱，一旦忙过这段时间，仍然是靠养蜂户家庭经营。因此，在考察分析中国的养蜂生产情况时，应基于农户生产行为的理论框架，对蜂农的生产行为做出研究。

2.2 公共产品理论

2.2.1 公共产品的内涵与特征

经济社会生产的产品大致可以分为两类，一类是私人物品，另一类是公共物品。所谓私人物品是只能供个人享用的物品，如食品、住宅等。而公共物品是与个人所有和享用的私人物品相对而言的一种产品。公共产品理论在西方经济学中的发展已经有二百多年了，公共产品的概念最初由兰度尔提出，后经萨缪尔森、奥尔森、布坎南等经济学家的研究不断发展。现代经济学广泛接受的关于公共产品的定义是1954年由经济学家萨缪尔森给出的定义，他在1954年发表的《公共支出的纯理论》一文中提出了公共产品的严格定义：公共产品是所有成员集体享用的物品，社会群体成员可以同时享用该产品，每个人对该产品的消费都不会减少其他社会成员对该产品的消费。或者说，公共产品是指那种无论每个人是否愿意购买它们，都能使社会每个成员获益的物品。界定一种物品或服务是否为公共产品，一般是根据其是否具备公共产品的两大基本特征来进行识别的。

从理论上讲，公共产品具备两个基本特征：消费的非排他性和消费的非竞争性。所谓消费的非排他性是指只要有人提供了公共产品，不论其他人的意愿如何都不能排除其他人对该产品的消费。如果想排除其他人从公共产品提供中受益，要么是在技术上不可行或极其困难，要么是排除的成本过于昂贵而缺乏可行性。所谓消费的非竞争性是指某物品在增加一个消费者时，边际成本为零，或者说一个人对于某一产品的消费并不排斥别人同时对它的消费，并且增加一名消费者的消费并不排斥别人同时对它的消费。例如国防就是公共产品，它带给人民安全，公民甲享受国家安全保障时一点都不会影响公民乙对国家安全保障的享受，并且人们也无须花钱就能享受这种保障。治安、教育、医疗、环保、市政建设等公共服务均属于公共产品。

公共产品的非竞争性和非排他性特点会使人产生“搭便车”心理，人们不会去购买公共产品。一方面，公共产品的成本往往大大超过个人从公共产品中得到的好处，这使得个人不愿购买公共产品。另一方面，个人的购买决策以其本人的边际效用与边际成本相等为依据，而不考虑其他人从这个产品中的得益，因此即使个人愿意购买公共产品，它的提供量也会大大低于效率需求量，市场提供公共产品将引起公共产品的供给不足（即效率损失）。因此，研究公共产品的供给问题具有重要的理论意义。公共产品理论提出了一个政府机制应该怎样做的规范化标准，并为实践中的财政机制变化指明了方向、提供了评判依据。公共产品理论还在解决市场失灵、优化资源配置、调节收入分配、缓解社会矛盾、统筹城乡发展等方面起着不可忽视的作用。首先，公共产品或服务是市场机制发生失灵的重要领域。公共产品的有效供给体现了公共部门的资源配置职能，市场经济体制下，许多公共部门的经济活动都与公共产品或服务有关。其次，农业领域（包括农业科技服务）存在大量的具有公共产品属性的经济活动，其相应的政策制定和制度供给必须以公共产品理论为指导。在通常情况下，需要政府部门通过直接提供、付费或者支付部分费用，给予补贴等方式提供公共产品。

2.2.2　准公共产品的概念与特征

通常意义上的公共产品，即严格意义上的纯公共产品，必须具备消费的非排他性和消费的非竞争性。然而，在生活中很难找到同时具有这两个特性的产品，有许多产品要么具有非排他性却不具有非竞争性，要么具有非竞争性却不具有非排他性，这就很难将其归为纯公共产品范畴，但也不能将其归为私人产品范畴。一般依据公共产品的两个识别标准，将不同的物品或服务划分为纯公共产品、准公共产品与私人产品三类。同时具备消费的非排他性和非竞争性的物品就是纯公共产品，两个都不具备的是私人产品，介于纯公共产品与私人产品之间的属于准公共产品。准公共产品一般是指具有有限的非排他性或有限的非竞争性的产品。在现实生活中，同时具有消费的非排他性和消费的非竞争性的真正纯公共产品很少，大多数物品都可以被看作介于私人产品与纯公共产品之间的准公共产品，如公园、城市绿地等。

2.2.3 蜂产业的准公共产品属性

蜂产业的准公共产品属性通过蜜蜂对植物的授粉服务得以体现。在自然界各种授粉昆虫中，蜜蜂对植物的授粉效率是最高的。蜜蜂授粉作为大多数作物生产过程中不可缺少的重要生态环节之一，能够使作物产量增加，品质改善并且能够提高后代的生活力。在现代农业系统中，许多粮食作物、瓜果蔬菜和牧草作物的生产都密切依赖于蜜蜂的授粉服务。目前，中国养殖蜜蜂的方式主要是个体蜂农以家庭经营的模式进行饲养，其主要目的是获取蜂产品，然而在蜂农野外放蜂的过程中，有意无意地形成了蜜蜂对周围植物的授粉服务，由于蜜蜂可以在以 3 公里为半径的范围内随意飞行，进行传花授粉，任何一种正在盛开的作物花朵都有机会得到蜜蜂的造访，都能够无条件地免费享受蜜蜂的授粉服务，无法限制受益者的免费消费，也不能根据作物种植者是否支付了费用来决定他是否具有享受蜜蜂授粉服务的资格，任何人都可以享受而不需要经过其他人或组织的许可，因此，蜜蜂的授粉服务具有消费的非排他性。

另外，蜜蜂的授粉服务在一定程度上也具有消费的非竞争性。之所以说“在一定程度上”，是由于只有在蜜蜂的数量足够多，足以满足农作物授粉需求的情况下，蜜蜂的授粉服务才完全具有消费的非竞争性，此时，假如蜂场附近多增加一个果园，也不会减少原有果园对蜜蜂授粉服务的消费。然而，在最近的几十年中，由于农业的集约化生产、单一的栽培技术、寄生虫与疾病、杀虫剂的使用、城镇化与野外授粉者栖息地的减少等，由野蜂和人工饲养的蜜蜂所提供的授粉服务呈现出逐渐下降的趋势（Hein，2008）。当前中国的蜂群数量无法有效满足农业生产需要，农业生产对蜜蜂授粉的需求很大（刘朋飞等，2011）。在这种情况下，对于蜜蜂授粉服务而言，当新增加一个消费者需要与原消费者同时分享蜜蜂的授粉服务时，势必会造成原有消费者的授粉需求不能得到满足，会影响原有消费者对蜜蜂授粉服务的消费，即他们不能同时享受蜜蜂授粉服务的消费。因此，本研究认为根据目前中国养蜂业的发展现状，蜜蜂的授粉服务具有消费的不完全非竞争性。

基于以上对蜜蜂授粉服务消费的非排他性与不完全的非竞争性分析，本研究认为中国的养蜂业具有准公共产品的属性。

2.3　外部性理论

2.3.1　外部性的概念与特征

外部性也称为外部效应、外部成本。不同的经济学家对外部性给出了不同的定义，归结起来可分为两大类：一类是从外部性的产生主体角度来定义；另一类是从外部性的接受主体来定义。前者如萨缪尔森和诺德豪斯的定义“外部性是指那些生产或消费对其他团体强征了不可补偿的成本或给予了无须补偿的收益的情形”。后者如兰德尔的定义：外部性是用来表示“当一个行动的某些效益或成本不在决策者的考虑范围内的时候所产生的一些低效率现象；也就是某些效益被给予，或某些成本被强加给没有参加这一决策的人”。用数学语言来表述，所谓外部效应就是某经济主体的福利函数的自变量中包含了他人的行为，而该经济主体又没有向他人提供报酬或索取补偿。换句话说，外部性是指某一个行为主体实施的一项行为，不仅给他本人带来成本和收益，而且还可能给其他的经济主体施加成本和带来收益。外部性表明一个行为主体的收益与成本不完全一致，行为人只享受了直接的私人收益并且只承担了私人成本，外部成本和外部收益则构成了社会成本和社会收益的一部分。其中，对其他受影响者有利的外部影响被称为正的外部性或外部经济；对其他受影响者不利的外部影响被称为负的外部性或外部不经济。或者说，正的外部性是指私人收益小于社会收益，由于生产者承担了全部的成本却只获得了部分收益，正的外部性一般会导致生产供给不足；负的外部性是指私人成本小于社会成本，生产者只承担部分成本但却获得了全部收益，因此会导致过量的生产和过量的消费。

2.3.2 蜂产业的正外部性分析

蜂产业是一个典型的具有正外部性的产业，为其产业外部的微观经济主体带来了显著的收益，但养蜂生产的所有成本均由养蜂者自己承担，蜂产业所获得的收益小于其为社会产生的全部收益，因此，蜂产业是一个典型的正外部性产业。

蜂产业对其产业外部主体所产生的外部效益首先表现在通过蜜蜂的无偿授粉给农作物种植者带来外部效益方面的贡献。美国农业部统计数据显示，人类所必需的三分之一的食物都是来自昆虫授粉的蔬菜水果类作物，其中蜜蜂承担了80%的授粉工作。在中国，蜂农饲养蜜蜂只是为了获得直接的经济效益，即蜂产品收益，但是蜜蜂的授粉活动却同时给果农、菜农等作物种植者带去了极大的好处，他们所获得的蜜蜂授粉收益完全是一种间接的正的外部效益，蜂农却无法得到相应的补偿。其次，养蜂业通过蜜蜂授粉对生物多样性与生态平衡进行无偿的维持。蜜蜂通过采集花蜜花粉等食物对植物进行异花授粉，保证了种子植物的不断繁衍，并实现了植物基因的漂流和转移，最终促进植物遗传多样性的形成。而且通过蜜蜂授粉能够帮助植物顺利繁育，增加种子数量和活力，从而修复植被，改善生态环境，维护生态平衡。随着自然界野生授粉昆虫数量的大量减少，蜜蜂授粉的生态贡献更加凸显。最后，养蜂业的正外部性还表现在促进农村劳动力就业、增加农民收入方面。因养蜂生产不占耕地，不与农业争水、争肥，只需利用农田的边缘地带、林下、道路两旁等闲散区域摆放蜂箱，投入少量的资金就能为蜂农带来较好的经济效益。尤其是在中国的山区、半山区，植被覆盖广阔，蜜粉源植物丰富，一年四季均有花开，当地农民利用这种资源优势发展养蜂生产，可以解决农村剩余劳动力就业问题，促进农民增收。

2.4 可持续农业理论

2.4.1 可持续农业的概念

“可持续发展”一词最早出现在 1980 年由国际自然与自然资源保护同盟（IUCN）在世界自然基金会的支持下制定发布的《世界自然资源保护大纲》一书中，该书对可持续发展首次系统地提出了“既要使目前这一代人得到最大的持久的利益，又要保持其潜力，以满足后代的需要和愿望”的明确解释。它强调了生物资源以及生命支持系统的保护开发与可持续利用。农业和农村可持续发展是“可持续发展”概念在农业及农村经济发展领域的延伸，代表着一种全新的农村及农业发展观。

可持续农业的概念，最早由世界银行于 1981 年提出，到 20 世纪 80 年代中期才逐渐得到公认。鉴于世界人口不断增加，化学农药对环境造成的污染日益严重，全面机械化对资源消耗加剧，水源质量下降，还出现了水土流失严重和生态退化等问题，为了寻求对策，在“可持续发展”思想指导下，提出了可持续农业这种新型的农业生产模式。可持续农业的核心是“可持续”，是指不会耗尽资源和损害环境的农业生产体系。开发这种新的农业生产模式，是为了在保持农业生产水平与农民纯收入水平的同时，减少农业生产对环境的影响；在生态环境可接受的条件下满足未来对食品和纤维需求的同时，保持自然资源基础。因此，可持续农业与环境保护有着密不可分的关系，它是一种长远、合理利用自然资源与改善环境，使农业和农村经济得到可持续、稳定全面发展的综合农业生产模式。

1988 年，美国农业部和环境保护署对农业可持续发展提出如下定义：所谓农业可持续发展，是指应用当地固有的技术，为长期达到以下目标，力求植物和家畜生产构成一个综合的生产体系。这些目标是：①满足人们对食物和衣料的需要；②提高农业生产所依赖的环境和自然资源质量；③对不可再生资源和农场内可利用的物料最有效地利用，同时在适当场合下对生物循环和自然管理方法进行综合调控；④维护农业生产主体的经济活力；⑤提高农民和全社会总体的生活质量。1990 年 10 月，美国国会通过的《1990年食品、农业、资源保护和贸易法》对可持续农业做了如下定义："可持续农业是一种因地制宜的动植物综合生产系统。在一个相当长的时期内能满足人类对食品和纤维的需要；提高和保护农业经济赖以维持的自然资源和环境质量；最充分地利于非再生资源和农场劳动力，在适当的情况下综合利用自然生态周期和控制手段；保护农业生产的经济活力；提高农民和全社会的生活质量。"联合国粮农组织（FAO，1991）对可持续发展农业提出的定义是"可持续农业是一种旨在管理和保护自然资源基础，调整技术和机制变化的方向，以确保获得可持续满足当代及今后世世代代人们的需要，能保护和维护土地、水、植物和动物遗传资源，不造成环境退化，同时在技术上适当，经济上可行，而且社会能够接受的农业"。

2.4.2 可持续农业的特点

可持续农业的特点是"三色农业"。即以生物工程、工厂化为特点的白色农业；以开发海洋和内陆水域为特点的蓝色农业；以安全生产、营养、无污染、无公害产品为特点的绿色农业。可持续农业发展要求实现瞻前顾后、环顾左右的农业资源的最优化配置，要求实现农业结构的最优化、高度化和效益最大化，实现农业生态效益持续提高和改善。可持续农业要求实现农业结构的最优化，为了实现可持续发展农业所要求的最优化农业结构，必须把传统农业改造成为可持续发展的现代农业。作为更高层次的现代农业的可持续发展农业，也要求农业的专业化。从传统农业向可持续发展的现代农业转变是一个农业创新的过程。在不损害生态环境、不牺牲未来发展能力的前提下，通过农业技术创新、结构变革和制度创新等手段，来实现对农业资源的合理利用，提高农业的生产力，增加农民的收入，改善其生活质量。

2.4.3 可持续农业理论在蜂产业中的应用

蜂产业通过蜜蜂授粉为维持生物多样性做出了巨大贡献，生物多样性是人类实现可持续发展尤其是农业可持续发展的物质前提。所谓生物多样性，是指生物及其环境形成的生态复合体以及与此相关的各种生态过程的综合，包括动物、植物、微生物和它们所拥有的基因以及它们与其生存环境形成的复杂的生态系统（蒋志刚等，1997）。农业生产实际上是生物多样性（即生物资源）的利用过程，农业不可能完全离开地球生物多样性为人类发展提供生命支持系统。农业是在物种、遗传和生态系统三个层次上发生发展的。首先，生物多样性不仅为人类提供了粮食、水果、家禽、水产品等基本食物，还为人类提供了木材、纤维、橡胶、油脂、蚕丝等众多工农业原料。其次，农业生态环境中的众多生物如捕食性动物、植食性动物、植物病原菌、微生物等是维持农业持续发展的基础。再次，生物多样性对稳定和改善环境起着重要作用。如大面积的森林可以保护水源，防止水土流失，减轻自然灾害的危害程度，还可以防风固沙，调节气候。绿色植物以及大量的微生物可吸收和分解环境中的有机废物和污染物，起到净化环境、减少污染物毒害的作用。最后，生物多样性与中药材、特种养殖动物及其医疗保健有着密切的关系，大部分药物都来源于种类多样的植物、动物和微生物。

生物多样性也是人类社会赖以生存和发展的基础。它不仅提供了人类生存不可缺少的生物资源，也构成了人类生存与发展的生物圈环境。多种多样的生物是全人类共有的宝贵财富，生物多样性为人类的生存与发展提供了丰富的食物、药物、燃料等生活必需品以及大量的工业原料；生物多样性维护了自然界的生态平衡，并为人类的生存提供了良好的环境条件；生物多样性是生态系统不可缺少的组成部分，人们依靠生态系统净化空气、水，并丰腴土壤。科学实验证明，生态系统中物种越丰富，它的创造力就越大。自然界的所有生物都是互相依存、互相制约的。每一个物种的绝迹，都预示着很多物种即将面临死亡。生物多样性减少，必将恶化人类的生存环境，限制人类生存与发展机会的选择，甚至严重威胁人类的生产与发展。保护和拯救生物多样性，目的是使它们向当代人提供最大的利益，并保持满足后代需要的潜力，实现人类社会的可持续发展。

蜜蜂授粉对维持生物多样性的贡献主要体现在以下四个方面：第一，蜜蜂具有采集专一性，在特定时段内，一只蜜蜂往往只偏向于访问同种花的花朵，传播花粉。第二，同种植物不同植株之间的花粉传播会导致等位基因的相互交流和等位基因之间的多种遗传组合，产生更多的遗传多样性。第三，不同植株之间的基因交流，特别是存在一定的空间距离，但遗传距离相距较远的植株之间的花粉传播，会在其子一代产生明显的杂交优势，杂交优势能够提高植物的生活力和抗病力。第四，植株本身固定更多的太阳能，从土壤中吸收转化更多的营养物质，产生更加丰富的果实和种子，为其生物链上游的动物提供更为丰富的食物，可以提高特定生态系统内动物的成活率和繁殖率，促进动物的繁荣，提高物种的多样性。然而，随着社会的发展和工业化进程的加快，人类所处的自然环境发生了很大的变化，突出表现在人口迅猛增加、生态环境呈现破碎化、环境污染、外来物种入侵等方面，此外，随着农业生产的集约化程度增加、规模化种植以及杀虫剂的普遍使用，野生授粉昆虫数量因栖息地被破坏逐年锐减，生物多样性受到了严重影响。而发展蜂产业无疑是解决生物多样性下降问题的一个有效途径。近年来，《生物多样性公约》已经明确承认授粉是维持生物多样性的一个重要驱动力，同时也是生态系统服务的一项非常重要的功能。

2.5 生态农业理论

2.5.1 生态农业的概念

“生态农业”一词最早兴起于1924年的欧洲，源自鲁道夫·斯蒂纳（Rudolf Steiner）主讲的“生物动力农业”课程。伴随着经济发展和人们思想的进步，20世纪30年代生态农业得以进一步发展，到了20世纪60年代，在世界范围内反思环境问题和生态危机的严峻背景下，生态农业概念在学术界引发讨论。直到20世纪90年代初期，生态农业得到多数国家的重视，不同程度地直接给予政策或者资金支持，生态农业在世界范围内得到长足发展。目前，生态农业建设与发展较成功的主要代表有日本的“环境保全型”农业、瑞典的高效生态农业、以色列的节水农业、古巴的特色生态农业等。在20世纪50年代以前，中国农业发展水平基本上属于自给自足的传统农业，50年代后，逐渐开始向现代农业过渡，到70年代末80年代初，尽管中国农业发展吸收国外农业技术，使用农药、化肥等现代化生物技术，在一定程度上促进了我国农业的进步，但是化肥和农药的过量使用也导致了农业环境污染严重，自然环境恶化。针对这些问题，我国生态学、农学专家学者开始探索农业发展的方向，并进行相关的实践活动，我国的生态农业也随之兴起。

生态农业是指在保护、改善农业生态环境的前提下，遵循生态学、生态经济学规律，运用系统工程方法和现代科学技术开展集约化经营的农业发展模式，是按照生态学原理和经济学原理，运用现代科学技术成果和现代管理手段，以及传统农业的有效经验建立起来的，能获得较高的经济效益、生态效益和社会效益的现代化农业。它要求把发展粮食与多种经济作物生产，发展大田种植与林牧副渔业，发展大农业与第二、第三产业结合起来，利用传统农业精华和现代科技成果，通过人工设计生态工程，协调发展与环境之间、资源利用与保护之间的矛盾，形成生态与经济两个良性循环，促进经济、生态、社会三大效益的统一。

2.5.2 生态农业的特点

生态农业具有综合性、多样性、高效性与持续性四个方面的特点：①综合性。生态农业强调发挥农业生态系统的整体功能，以大农业为出发点，按“整体、协调、循环、再生”的原则，全面规划，调整和优化农业结构，使农林牧副渔各业和农村一二三产业综合发展，并使各业之间互相支持，相得益彰，提高综合生产能力。②多样性。生态农业针对我国地域辽阔，各地自然条件、资源基础、经济与社会发展水平差异较大的情况，充分吸收我国传统农业精华，结合现代科学技术，以多种生态模式、生态工程和丰富多彩的技术类型装备农业生产，使各区域都能扬长避短，充分发挥地区优势，各产业都能根据社会需要与当地实际协调发展。③高效性。生态农业通过物质循环与能量多层次综合利用和系列化深加工，实现经济增值，实行废弃物资源化利用，降低农业成本，提高效益，为农村大量剩余劳动力创造农业内部就业机会，保护农民从事农业的积极性。④持续性。发展生态农业能够保护和改善生态环境，防治污染，维护生态平衡，固碳减排，提高农产品的安全性，变农业和农村经济的常规发展为持续发展，把环境建设同经济发展紧密结合起来，在最大限度地满足人们对农产品日益增长的需求的同时，提高生态系统的稳定性和持续性，增强农业发展后劲。

我国农业发展一方面要适应资源环境的硬性约束，另一方面要满足人们对高质量健康农产品的刚性需求，要确保农业农村经济、生态、社会综合效益，发展绿色生态农业是必然抉择。简言之，发展绿色生态农业，一是治理农业生产复合性污染，改善产地生产条件和生态环境，实现农业生态安全的迫切需要；二是保障农业资源和环境资源可持续开发利用，实现环境资源安全的迫切需要；三是高效与高品质并重，保证国民健康安全、保障国家粮食安全的战略需要。可以说，发展绿色生态农业既是一项农业发展战略、一项生态环境保护战略，更是一项乡村振兴战略。

2.5.3 生态农业理论在蜂产业中的应用

“民以食为天，食以安为先”，随着人们生活水平的提高，在温饱问题得到解决以后，消费者对食品安全越来越重视。消费者对以健康、绿色为特色的生态农产品的需求越来越迫切，生态农产品的市场需求量越来越大。近年来，设施农业的快速发展能够满足人们一年四季对新鲜蔬菜水果（如黄瓜、西红柿、草莓、西瓜等）的食用需求，然而，由于设施农业的密闭性特点，几乎没有自然授粉昆虫，也无法借助风力进行传花授粉，要使温室或者大棚内的蔬菜、水果能够顺利授粉坐果，通常情况下，授粉工作是依靠人工喷施植物激素来进行的，工作量的加大以及授粉效果的差异性会明显造成产量的减少，给农民收入带来毁灭性打击。此外，人工激素点花授粉容易出现畸形果、空洞果，导致果实品质低劣，有时还会出现激素中毒事件。更为重要的是，使用激素会产生药物残留，不仅危害人类健康，而且会破坏土壤环境，降低土壤肥力，影响后续农作物的种植生产。随着人们对食品安全的关注度逐年提高，人们越来越崇尚追求纯天然、绿色的农产品，植物激素的使用受到了人们的质疑。而采用蜜蜂授粉技术则可以解决这一难题，已有诸多实验证明，通过蜜蜂授粉能够显著提高农作物产量、改善农产品的品质，是推进生态农业建设的重要途径。另外，通过蜜蜂授粉替代激素授粉可以减少化肥和农药的使用，对生态环境也具有保护作用，是生产绿色无公害农产品的重要技术保障之一。

在欧美等蜂业发达的国家，蜜蜂授粉技术已得到广泛应用，蜜蜂授粉已经形成了一个独立的产业，有专门的蜜蜂授粉服务机构为农业生产提供授粉蜂群租赁服务，形成了以蜜蜂授粉为主业、蜂产品生产和销售为副业的蜂产业发展模式。在中国，商业化、专业化的蜜蜂授粉服务还很少，更没有形成独立的产业，蜜蜂授粉的商业化还处于起步阶段，仅有大棚草莓、西红柿等少数设施农业品种以及个别地区室外种植的苹果、梨等果树开始实施蜜蜂授粉，随着政府部门对蜜蜂授粉技术的重视及蜜蜂授粉推广工作的逐步开展，蜜蜂授粉将会是未来生态农业的一个发展方向。

2.6　本章小结

本章研究了中国蜂产业经济发展研究的理论基础。首先，目前中国养蜂生产采用的是以家庭经营为主的分散式小规模生产经营模式，因此，应该在农户生产行为理论的框架下对养蜂生产环节进行经济分析。其次，结合公共产品理论分析了养蜂业所提供的授粉服务具有消费的非排他性与不完全非竞争性，认为养蜂业具有准公共产品属性；结合外部性理论分析了蜜蜂的无偿授粉具有给农作物种植者带来外部效益、对生物多样性与生态平衡进行无偿维持的显著贡献。加上发展养蜂业能够促进农村劳动力就业、增加农民收入等特点，认为养蜂业具有显著的正外部性。最后，结合可持续农业理论、生态农业理论，认为蜂产业通过蜜蜂授粉对维持生物多样性做出了重要贡献，是农业可持续发展的物质前提。而蜜蜂授粉替代激素授粉和人工授粉，是生产绿色无公害农产品的重要技术保障之一，也是推进生态农业建设的重要途径。

第 3 章　中国蜂产业的发展历史与现状

3.1　中国蜂产业的发展历程[①]

据 20 世纪 80 年代之前的考证，蜜蜂在地球上的出现比人类还要早。20 世纪 80 年代初，山东临朐县发现了中生代蜜蜂化石，证明至少在 2500 万年前，我国大陆就已经有蜜蜂出现。我国最早关于蜜蜂的记载出现于公元前 16 世纪至公元前 11 世纪，殷商甲骨文中有“蜜”字的记载，公元前 11 世纪的《诗经》首记“蜂”字，说明中国蜂业至今已有 3000 多年的历史。

中国是中华蜜蜂（简称中蜂）的发源地。随着生产力的提高和科学技术的进步，经历原始采集蜜蜂和人工饲养蜜蜂两个阶段，逐渐形成了中国蜜蜂的传统养殖模式。近代，随着引进西方蜜蜂及活框养蜂技术的发展，养蜂生产进入一个快速发展阶段，但在连年战争和病害的摧残下，蜂业发展几经波折，直到 1949 年中华人民共和国成立，中国蜂业才开始进入真正意义上的发展阶段。70 多年来，在国家有关方针、政策的指引下，中国蜂业发生了巨大的变革，取得了举世瞩目的成就，为实现蜂业现代化开辟了广阔前景。按照发展历程，中国蜂业发展可以分为古代养蜂、近代养蜂和现代养蜂三个阶段。

3.1.1　古代养蜂

古代养蜂阶段是中国发展历史最为漫长的阶段，从人类开始采集野外蜂蜜开始，一直到 1840 年结束。在这一阶段中，人们由以原始方式猎取野生蜂产品，逐渐过渡到以粗放的野外方法猎取野生蜂产品，并对蜂产品进

---

① 本部分内容参考了李海燕等．中国蜂产业发展的历程与现状分析［J］．中国蜂业经济研究，2013（1）：1-18.

行简单加工与利用，最后不断驯化蜜蜂，养蜂开始普及；由被动地遭受蜂蜇和设法回避蜜蜂，到逐渐意识到可以使用蜂蜜祛除人体的某些疾患，进而产生了最古老的蜂蜜疗法。这一阶段可以分为三个时期。

3.1.1.1　启蒙阶段——原始采集和利用

中国养蜂业的发展最初起源于蜂产品的原始采集。原始社会时期，人类以采集天然植物和渔猎为主，野生蜂巢也是采集对象。蜜蜂处于野生状态，岩穴、树洞是天然蜂窝。原始人从野生动物掠食蜜蜡中受到启发，学会了从树洞、岩穴中寻取蜂巢，从最开始的掠夺式采集蜂蜡、蜂子逐渐过渡到有意识地利用蜂群再生能力，保留蜂窝，索取蜂蜡和蜂子。

随着生产力的发展和社会的进步，原始的野外养蜂开始萌芽。人们在漫长的采集野蜂实践中，开始尝试对树洞或其他地方所发现的蜂群略加照看，由采摘蜂巢发展到"原洞养蜂"。人们在采收蜂蜜、蜂蜡和蜂子的实践中，又学会了用泥草、牛粪等涂抹蜂窝洞口，并留一个小孔，让蜜蜂出入，最后在树干上刻痕为记，以示蜂窝有主，按时采收蜂产品。这一事实说明中华民族的祖先在当时已经产生了原始养蜂意识。这种采收蜂产品的方法，在云南部分少数民族中沿用至今。在这一时期，人们对蜂蜜、蜂子等天然蜂产品有了初步的认识，以食用为主。蜂蜜被用于孝敬老人和长者，营养价值很高的蜂子是帝王贵族的珍贵食品。对于蜂产品，除了食用外，人们还利用其祛除人体的某些疾病。人们在采集蜜蜡的实践中，首先认识到了螫针有毒，《诗经》中就告诫人们不能去激怒蜜蜂。后来，人们认识到蜂毒能治病。东周时已能利用蜂毒治病。《黄帝内经》记载了古代的蜂针疗法。

3.1.1.2　人工饲养初级阶段——移养

东汉时期（25—220年），中国养蜂进入了蜜蜂人工饲养阶段。有记载的中国第一位养蜂专家——姜岐出现在1世纪初。据《高士传》记载，姜岐隐居山林，"以畜蜂豕为事，教授者满天下，营业者三百人，民从而居之者数千家"。可见，当时教授养蜂已成为一门专门的学问。东汉的养蜂先行者已不满足于原洞养蜂，照看蜂群。为了便于割蜜，开始移养蜜蜂。移养是蜜蜂由野蜂变成家蜂的过渡阶段，他们砍下附有野生蜂窝的树干（即原始天然蜂窝），挂在屋檐下，蜂窝所放置的方向与原树干的自然姿势保持一致，移养蜜蜂无须管理，蜜蜂生活在半野生状态。至今云南怒族、傣族的人们饲养无刺蜂仍然沿用这种移养方法。魏晋南北朝时期（220—589年），已将移养后的半野生的蜜蜂诱养到仿制的天然蜂窝或代用的木桶蜂窝中，逐步向蜜蜂家养过渡。

随着生产的发展，人们对于蜜蜂的研究也逐渐多起来。东汉人已经开始观察蜜蜂和蜂房，对于蜜蜂主要生物学特性已有初步的认识。随着蜜蜂家养的发展，人们对于蜜蜂的生态学和生物学特性也有了进一步的了解。西晋人郭璞（276—324）在《蜜蜂赋》中首次记述了蜜蜂是社会性昆虫。他还描述了蜜蜂“营翠微而结落”“应青阳而启户”的筑巢条件和喜暖向阳的习性，认识到蜂蜜是蜜蜂“咀嚼华滋”，酿制而成。

在此阶段，蜂产品的加工和利用技术也有了较大的发展。对蜂产品的利用也已经发展到医药、印染、制烛等方面。西晋时期，已经能将混合的蜜蜡分开提炼，分别利用。蜂、蜜、蜡除了食用、药用外，已开始试制防衰、增白的美容剂。晋代女子直接用天然蜂蜜抹面。

3.1.1.3 人工饲养发展和成熟阶段——家庭养蜂

随着中国养蜂生产技术和科技力量的日趋成熟，传统人工饲养逐步发展成熟起来。进入唐代，家庭养蜂日渐发展，到了宋元时期，家庭养蜂较为普遍，养蜂业已具备相当规模。不仅有分散的副业养蜂，而且发展出专业养蜂场。到了明清时期，养蜂业日趋昌盛，一般农户养十余群蜂，专业养蜂户养数百群蜂，但80%的蜂蜜依然来自野外收蜂采蜜。唐代家庭养蜂技术开始发展，人们将蜂窝与燕巢并列于柱梁或悬于庭院前檐，并配有果树蜜源，人们对蜜蜂的生物学特点有了进一步的了解。韩鄂（唐末或五代初）在《四时纂要》把“六月开蜜”列为农家事宜，这是现存收编养蜂技术最早的农学著作，反映养蜂副业的发展已引起农学家的注意。

宋元时期是中蜂人工饲养的重要阶段，此时人们已对蜜蜂的生态学和生物学特性有了进一步的了解。这一时期养蜂技术日臻完善并且具有了很高的管理水平，史书对防治蜘蛛、蚂蚁、蛇、雀、蝙蝠、狐狸等天敌已经有了记载（刘基的《郁离子·灵丘丈人》）。

到了明清时期，人们对于蜜蜂生物学特性更有见地，已经认识到蜂须不仅是蜜蜂的触觉器官，还是它的嗅觉器官，对于蜂王的性别及新蜂王的由来等问题也逐渐找到了答案。明清时期，养蜂技术和蜂箱的改革也有了新的进展，在总结前人经验的基础上，总结出了一套“分蜂—召收—留蜂—镇蜂—防护—割蜜—藏蜜—炼蜡”的技术。家庭养蜂时期的蜂产品利用也达到了较高水平。唐代蜂产品的加工技术已有了重大的突破，特别是拓宽了蜂蜡利用的范围，唐代开始利用蜂蜡浇注，还利用蜂蜡藏书、印染。隋唐时期还比较盛行用蜂蜜酿制蜜酒，并利用蜜酒治病。宋代在蜂蜜加工方面又有了新的进展，有了蜜饯、果脯的加工技术。自唐代以后，从宫廷到平民百姓，都把花粉当作美味佳肴和美容化妆品，其加工方法也很多，而且该时期蜂疗也有了发展，明代方以智（1611—1671）所著《物理小识》中记载了药蜂针疗法，说明当时的蜂疗医术达到了新的水平。

3. 1. 2 近代养蜂

近代养蜂从 1840 年开始，到 1949 年止。鸦片战争后，随着西方文化和新技术的传入，西方蜜蜂和活框养蜂技术传入中国，并促进中蜂饲养技术的革新和推广。从此，中国蜂业进入了一个崭新的发展阶段。19 世纪末，国外一些养蜂文献被引入中国，其中《西国养蜂法》和《蜜蜂饲养方法》是最早的两本译著，从而使中国了解了世界养蜂业。1886 年后俄国人将黑蜂及活框饲养技术传入东北，即为现在的东北黑蜂，1900 年俄国人入侵新疆，东正教徒把高加索蜂带到伊犁和阿尔泰两地饲养，即后来的新疆黑蜂。1911 年张品南赴日本学习活框养蜂技术，并于 1913 年春购回 4 群意蜂及西方蜂具和著作回国，是中国近代养蜂事业的先驱。中国利用活框蜂箱饲养意蜂始于 1913 年的福建闽侯县，在 19 世纪 30 年代中后期传遍全国。

20 世纪 20 年代中后期蜂场开始增多，规模也日益扩大，20 世纪二三十年代，育王技术逐渐推广，因人工蜂王锐增，大大促进了近代蜂业的发展。蜂具的发明与仿制也取得了重要成就，养蜂协会、研究会、专业学校及各种类型的学习班应运而生，到 30 年代初掀起了一股养蜂热潮。1937 年以后，由于日本帝国主义入侵和连年内战，中国蜂业发展受阻，呈现停滞状态。

3.1.3 现代养蜂

现代养蜂从1949年开始一直到现在。1949年中华人民共和国成立后，我国蜂业发展虽然出现过一些困难和曲折，但成绩斐然，举世瞩目，特别是改革开放后，我国蜂业发展步入了高速发展的快车道。

新中国成立后，作为农村一项传统的副业，养蜂生产得到了国家的重视。新中国成立初期是我国养蜂业恢复发展时期，在社会主义改造过程中，养蜂生产经营体制形成了个体、集体和国营蜂场并存的局面。1958年1月国务院向各省、自治区、直辖市人民委员会批转了农业部、农垦部《关于全国养蜂工作座谈会的报告》，强调发展养蜂业不仅可以增加国家财富，蜜蜂授粉还能使农产品增产，建议根据条件积极发展养蜂业。对养蜂业给予免税、贷款等优惠政策，并积极稳定蜂产品价格，推动和发展养蜂科研教育事业，推广科学养蜂。1960年全国人大常委会朱德委员长视察了养蜂研究所并作了题词“蜜蜂是一宝。加强科学研究和普及养蜂，可以大大提高农作的产量和获得多种收益”，并给毛泽东主席一封亲笔信，称蜜蜂是农作物授粉的“月下老人”“养蜂是人类健康之友”，对养蜂业的发展起到了巨大的推动作用。但是，受“大跃进”“多快好省”的影响，我国蜂业发展的主导思想发生了偏颇，养蜂业基本转为蜂产品生产，随着对蜂产品开发研究的逐步深入，我国养蜂业一改单纯生产蜂蜜和蜂蜡的传统为综合生产多种蜂产品。1958—1977年，受自然灾害和社会因素影响，我国蜂产业曾一度遇到一些挫折，蜂群发展与产品产量有过波动，但整体上还是呈现稳步发展的态势。

改革开放后，各级政府对于蜂业发展十分重视，采取了一系列有效的措施，加强了国家对蜂业的宏观管理，这是我国蜂业在改革开放初期蓬勃发展的根本原因。1985年在北京召开了全国养蜂工作会议，针对蜂业存在的问题，会议提出“六五”期间我国养蜂生产和蜂产品经营的指导思想和基本任务是“坚持改革，加强管理，改进技术，提高质量，扩大内销，积极出口，有计划地发展”。同年10月，农业部颁布了《养蜂管理暂行规定》，以法规形式对蜂业加强管理。为贯彻会议精神，全国相继建立了9个省级养蜂管理站和198个县级养蜂管理站，其他各省、自治区、直辖市也配备了专职管理干部，加强对蜂业的管理和服务。在此阶段，我国蜂业的科研教育队伍日益壮大，蜂病防治和蜜蜂育种技术也取得了重大突破，蜂产品开发、蜂疗研究工作也取得了新成就。养蜂技术不断创新，出现了“数控养蜂法、平湖浆蜂”、蜂王浆高产技术等技术创新。1978年以后，养蜂生产经营管理体制发生了变化，国营和集体蜂场开始实行联产承包责任制，将蜂群承包到人或户，此时，蜂场的体制有国营、集体和个体，以个体蜂场为主。

20世纪90年代，我国处于由计划经济向市场经济转变的关键时期，蜂业发展也进入了缓慢发展的自我调整期。一方面，社会主义市场经济不断发展，计划经济时期阻碍蜂业发展的束缚被进一步放开，为蜂业发展提供了更广阔的空间；另一方面，我国正由计划经济向市场经济转变，蜂业相关制度建设滞后，导致全国养蜂管理极为松懈，很多养蜂管理部门消失。随着改革的深入，我国逐步由计划经济向市场经济转变，蜂业管理体制也应进行相应的改革。但是，进入20世纪90年代后，我国尚无新的适应市场经济的蜂业管理体制，全国蜂业管理极为松懈，原有的养蜂管理站也由于经费不足被合并甚至撤销，全国几十万名蜂农处于一盘散沙的状态。

20世纪末期，伴随着我国社会主义市场经济的深入，我国蜂产业也开始发生深层次、可喜的变化。进入21世纪以来，随着社会主义和谐社会的提出，国家对生态文明越来越重视，国家高度重视蜂产业的发展，陆续出台了一系列政策予以支持。我国蜂业也因此进入了全面、迅速发展时期。2005年养蜂业被正式写入《畜牧法》，2009年习近平主席批示：蜜蜂授粉的“月下老人”作用，对农业的生态、增产效果似应刮目相看。随后，2010年3月10日农业农村部出台《农业部关于加快蜜蜂授粉技术推广促进养蜂业持续健康发展的意见》和《蜜蜂授粉技术规程（试行）》两个蜜蜂授粉方面的重要文件，制定了新中国成立以来第一部《全国养蜂业“十二五”发展规划》。一直困扰转地放蜂蜂农的“绿色通道”问题已得到解决。2012年初，农业部、财政部联合印发《2012年农业机械购置补贴实施指导意见》（农办财〔2011〕187号），首次把养蜂专用平台加入补贴之列。2013年，农业部印发《关于促进发展养蜂业机械化的通知》，明确对养蜂业机械的补贴力度要进一步加强。国家对蜂产业的科研投入也不断增加，在“国家现代农业产业技术体系”项目中设置了“现代蜂产业技术体系”，该体系自2008年启动，至今已运行了13年。农业农村部对蜜蜂授粉高度重视，2017年农业部1号文件（农发〔2017〕1号）《农业部关于推进农业供给侧结构性改革的实施意见》中指出，“建设一批病虫害统防统治与绿色防控融合示范基地、稻田综合种养示范基地、蜜蜂授粉与绿色防控技术集成示范基地”。2018年，农业农村部办公厅、财政部办公厅发布《关于实施蜂业质量提升行动的通知》（农办牧〔2018〕40号），中央财政每年拨付资金5000万元，支持实施蜂业质量提升行动，助力特色畜牧业发展，推动养蜂业健康发展。在农业农村部、财政部的大力支持下，国家蜂产业技术体系的岗位科学家及综合试验站站长及其团队成员为我国蜂产业的健康、稳定、可持续发展做出了应有的贡献，取得了显著的经济效益和社会效益。养蜂业生产、加工、流通、检测各领域的技术规范日趋成熟，蜂产业发展呈现出一派欣欣向荣的景象。

3.2 中国蜂产业发展现状

3.2.1 中国蜂群数量与区域分布

中国是世界养蜂大国之一，2017年中国饲养蜜蜂达到925万群，占全球蜂群总量的10.03%。从2006—2017年中国蜂群数量变化趋势看（如图3-1所示），近12年蜂群数量呈现逐年递增趋势，其中，2006—2008年三年期间，蜂群数量增长较快，尤其是2008年蜂群数量比上年增长了2.35%。2008—2015年，蜂群数量处于稳定增长阶段，年增长率基本稳定在0.56%左右。之后进入短暂的快速增长，即2016年比2015年增加了2.56%，此后又进入稳定增长阶段。蜂群数量逐年递增可能与国家对蜂产业的扶持力度不断加大有关，在国家或地方蜂产业政策的大力支持下，蜂农养蜂生产信心增加，所以，蜂场规模逐步扩大，蜂群数量不断增加。

由于蜂群分布与蜂蜜供给量完全正相关，所以可以根据国内不同省份蜂蜜产量的排名情况考察中国蜂群的区域分布状况（见表3-1）。

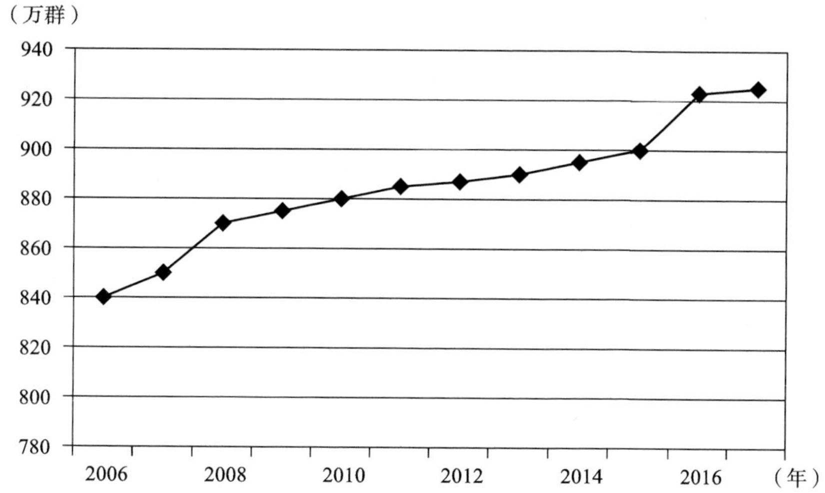

图 3-1　2006—2017 年中国蜂群数量变化趋势

资料来源：FAO。

表 3-1　2017—2019 年各省区蜂蜜产量排行榜

年份	2017		2018		2019	
排名	省区	蜂蜜产量（万吨）	省区	蜂蜜产量（万吨）	省区	蜂蜜产量（万吨）
1	浙江	16.4	浙江	6.6	浙江	6.6
2	河南	7.1	河南	6.1	河南	6.1
3	四川	5.8	四川	5.4	四川	5.5
4	湖北	2.8	广东	2.4	广东	2.6
5	广东	2.3	湖北	2.3	湖北	2.3
6	重庆	2.3	重庆	2.2	江西	2
7	黑龙江	1.9	安徽	2.1	安徽	1.8
8	安徽	1.8	新疆	2	广西	1.8
9	江西	1.5	黑龙江	1.9	新疆	1.8
10	福建	1.5	江西	1.8	黑龙江	1.7

资料来源：《中国统计年鉴》（2018—2020）。

由表 3-1 数据可以看出，2017—2019 年中国各省区蜂蜜产量排行榜中排行前 3 位的均是浙江、河南、四川 3 个养蜂大省，其蜂蜜产量遥遥领先于国内其他省区蜂蜜产量。其次是广东、湖北、安徽、江西、黑龙江，这

5个省区蜂蜜产量在2017—2019年也一直位于全国前十名之列。重庆、福建、广西、新疆这4个省区的产量不太稳定，在某些年份也会进入全国前十名之列。由此可见，目前中国蜂产业主要集中在我国华东地区、中部及西南地区，浙江、河南、四川3个省的蜂蜜产量占全国蜂蜜总产量的40%~50%。其中，河南省的中部、浙江省的西北部与四川省的西部是我国蜂产品的优势主产区。浙江省蜜蜂饲养量、蜂产品产量、产值和出口量已连续20多年位居全国前列，打造了“全国养蜂大县”江山、“中国蜂产品之乡”桐庐和“中国蜜蜂之乡”丽水等一批特色优势农业“金名片”，蜂业已经成为浙江省畜牧业的金字招牌。河南省还是我国的蜂产品加工与蜂机具生产大省，河南省长葛市已发展成为全国最大的蜂产品集散加工基地。四川省蜂产业发展较快，截至2019年5月，四川全省已建立1个国家级蜜蜂保种场和3个省级中蜂保护区，形成了以家庭蜂场为基础、专业合作组织为依托、蜂产品加工企业为龙头的蜂业产业化经营方式，养蜂专业合作社已达到100多家，同时，四川省正在积极推动养蜂向蜂产品生产和蜜蜂为农作物授粉并重转变，推动标准化养蜂生产，大力生产优质安全的蜂产品，最大化发挥蜜蜂的生态价值。

3.2.2 中国蜜粉源植物概况

中国地域广阔，北起黑龙江，南至曾母暗沙，纵跨纬度49°以上，东起黑龙江与乌苏里江汇合处，西至帕米尔高原，横贯62个经度，南北长达5500公里，东西宽为5200公里，南北温差较大，地域辽阔，优越的地理条件自然形成了丰富多样的蜂种资源和蜜粉源植物资源，为我国蜂产业发展提供了巨大的资源优势和发展潜力。我国主要的蜜粉源植物有油菜、洋槐、枣树、荆条、泡桐、益母草、紫云英、苜蓿、椴树、荔枝、龙眼、桉树、柑橘、枇杷、向日葵、荞麦等十多种。这些蜜粉源植物的区域分布及对应花期见表3-2。除了这些主要蜜粉源植物以外，我国还分布有辅助性蜜粉源植物，这些辅助性蜜粉源植物是指种类较多、能分泌少量花蜜和产生少量花粉的植物，如桃树、梨树、苹果树、山楂树等各种果树，以及瓜类、蔬菜、林木、花卉等，蜂农根据生产情况、蜜粉源分布及花期时间，制定自己每年的放蜂路线。

表 3-2　中国蜜粉源植物花期及地域分布情况

植物	花期	分布区域
油菜	2—3 月	东南部地区
	3—4 月	长江中下游
	6—7 月	黄河以北
	7—8 月	西北部、青藏高原
洋槐	4—6 月	黄河流域、淮河流域
枣树	5 月中旬至 6 月上旬	华北、西北地区
荆条	6 月上中旬至 7 月中下旬	东北、华北、西北等地区
椴树	7 月	东北地区，在完达山脉、大兴安岭、小兴安岭及长白山脉等地分布最集中
荔枝	2 月上旬至 3 月中旬（早熟品种）；3 月下旬至 4 月中旬（晚熟品种）	华南地区，广东、福建、广西最为广泛，四川、云南、贵州及台湾地区也有少量栽培
龙眼	3 月上旬至 6 月上旬	西南部至华南地区，在广东、福建等地分布最为集中
桉树	小叶桉树 6 月左右；大叶桉树 9 月初；速生桉树 9—10 月；柠檬桉 11 月至次年 1 月	福建、广西、云南、四川等地
柑橘	4 月中旬至 5 月上旬	浙江、福建、湖南、四川等地分布最为广泛
紫云英	1—2 月	广东、广西、福建、云南
	4 月左右	长江沿江地区
向日葵	7 月下旬	黑龙江、吉林
	8 月中旬	辽宁、内蒙古
	8 月下旬	天津
荞麦	8 月中旬	内蒙古、辽宁、陕西、甘肃、宁夏
	9 月中旬	河南
	10 月上旬	江西
	10 月下旬	广西、云南
棉花	7 月中旬至 9 月中旬	山东、河南、湖北、江苏、浙江、安徽、陕西、山西、四川、湖南、新疆等地
益母草	6—9 月	内蒙古、河北北部、山西、陕西西北部、甘肃等地
苜蓿	5—7 月	甘肃、新疆、内蒙古
枇杷	10—12 月	福建、浙江、江苏、湖南、湖北、四川等南方地区
泡桐	4—5 月	长江以南地区、华中地区

资料来源：根据养蜂相关书籍、其他公开资料整理所得。

3.2.3 蜂产品产量变化趋势

中国是养蜂大国，也是世界上的蜂产品生产大国。蜂蜜是最主要的蜂产品，中国蜂蜜的产量与蜜源植物分布密切相关，我国蜜源植物资源丰富，所以蜂蜜产量位居世界前列。《中国统计年鉴》数据资料显示：从最近15年（2005—2019年）中国蜂蜜产量变化来看，蜂蜜产量总体呈现递增趋势，在极个别年份蜂蜜产量有所下降。根据图3-2可以看出，2005年至2009年间，蜂蜜产量呈现缓慢上升的趋势，2010年，蜂蜜产量略有下降，2010年蜂蜜年产量比2009年减少了1.5万吨，之后蜂蜜产量继续增加，在2016年，蜂蜜产量达到最大，年产蜂蜜55.5万吨。在最近3年又开始下降，但降幅不大。总体来看，近15年中国蜂蜜产量呈现稳中有升的趋势，中间个别年份产量下降，可能是因为受到不利气候条件、自然环境等诸多因素的影响，气候条件不适宜会导致蜜源植物流蜜减少或者不泌蜜。

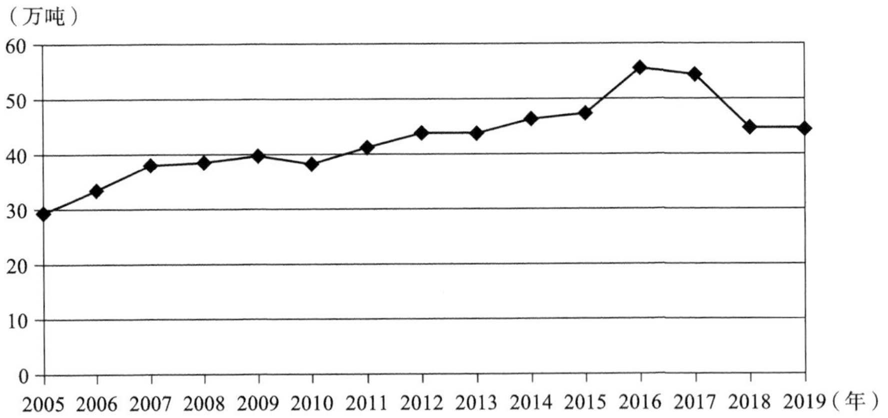

图3-2 近15年（2005—2019年）中国蜂蜜产量变化趋势

资料来源：各年《中国统计年鉴》。

除了蜂蜜，其他的蜂产品还有蜂胶、蜂王浆、蜂花粉、蜂蜡、蜂蛹、蜂毒等。其中，蜂胶、蜂王浆、蜂花粉这三类蜂产品的销售额仅次于蜂蜜。从表3-3中可以看出，2011—2017年，蜂胶、蜂王浆呈递增趋势，各年产量增幅不大或有轻微波动，其中，蜂胶产量从2011年的年产量350吨增加至 2017 年的 700 吨，蜂王浆产量一直在 3000 吨附近徘徊。蜂花粉产量波动较大，从 2011 年的年产量 4500 吨开始增加，到 2014 年产量达到最大，年产量为 8000 吨，之后在 2015 年大幅下降，之后又呈平稳波动的趋势，2016 年、2017 年两年产量均为 4500 吨。蜂花粉产量的波动也可能与气候、自然环境等因素有关。

表 3-3　2011—2017 年中国蜂胶、蜂王浆与蜂花粉产量变化　　单位：吨

年份	蜂胶产量	蜂王浆产量	蜂花粉产量
2011	350	3000	4500
2012	300	3330	6000
2013	380	3000	6000
2014	450	3000	8000
2015	459	3000	5000
2016	600	2980	4500
2017	700	3100	4500

资料来源：根据公开数据资料整理。

3.2.4　中国国内蜂产品市场状况

从相关网站公开资料得到的数据显示，2016 年中国国内蜂蜜市场销售额约为 427 亿元，2017 年蜂蜜市场规模快速扩大，较 2016 年增加 24 亿元，同比上升 5.6%。2018 年蜂蜜市场规模比上年略有下降，为 450 亿元，2019 年蜂蜜市场比 2018 年又略有下降，约为 448 亿元，如图 3-3 所示。这可能与蜂蜜市场中存在假冒伪劣商品有关。假冒伪劣商品的出现严重扰乱了蜂产品的市场秩序，消费者面对蜂产品难辨真假，加重了消费者对蜂产品的信任危机，失去消费信心，对优质蜂蜜的正常销售产生了极为不利的影响。随着人们生活水平逐年提高及保健意识的不断增强，蜂产品的纯天然与保健作用被越来越多的消费者认知和接受，蜂产品的消费量将会日益增加。另外，中国是一个人口大国，而且中国已步入老龄化社会，老年人在蜂产品消费者中占有较大比例，这也会促使蜂产品未来的消费呈现增长趋势。此外，目前中国蜂产品的消费群体主要集中在城市，大多数农民很少消费蜂产品，随着人们生活水平的提高及对蜂产品保健功效认识的加深，蜂产品的消费群体将会逐步扩大，进入中国农村这个更大的市场。因此，中国国内的蜂产品消费量将会持续增长，蜂产品市场需求空间潜力巨大。

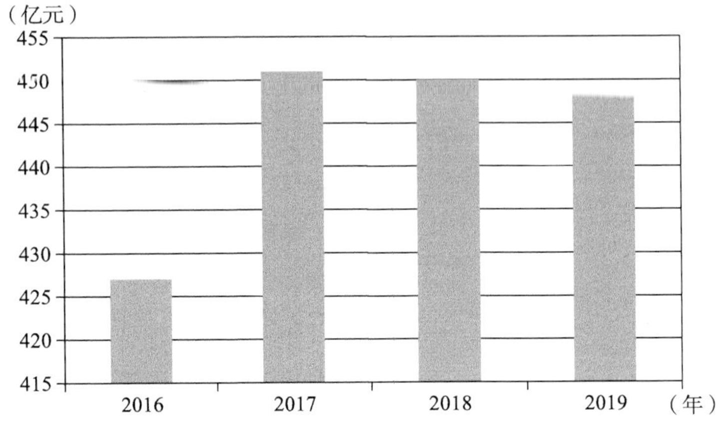

图 3-3　2016—2019 年中国蜂蜜市场规模

资料来源：根据公开数据资料整理。

从蜂产品市场的地域分布来看（如图 3-4 所示），2018 年中国蜂蜜市场规模最大的是华东地区，占国内市场总量的 22%；其次是华北地区，市场规模占比为 20%；然后是华南和华中地区，占比分别为 18%和 16%；西南、东北、西北地区市场规模较小，占比分别为 10%、8%和 6%。我国蜂蜜市场规模分布与人口数量分布基本保持一致。

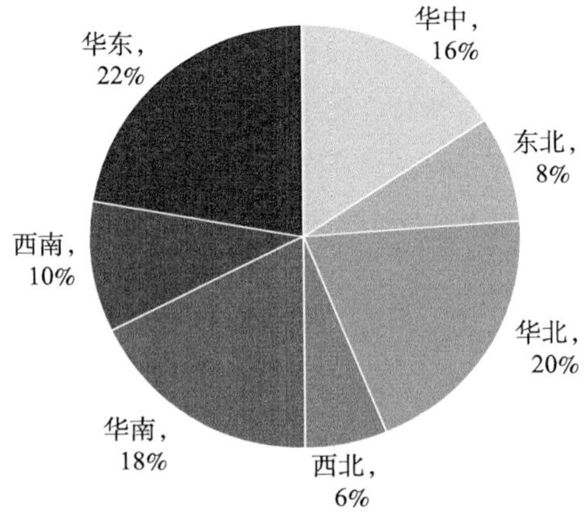

图 3-4　2018 年中国蜂蜜市场规模区域分布

资料来源：根据公开数据资料整理。

3.2.5　中国蜂产品进出口贸易状况

鉴于数据的可获得性，本部分内容仅以天然蜂蜜为例，对中国蜂产品最近几年的进出口贸易状况进行研究。天然蜂蜜是指不经过任何加工，经蜜蜂本身酿造成熟的蜂蜜。

3.2.5.1　中国天然蜂蜜出口情况

中国一直是蜂蜜出口大国，中国蜂产业属于典型的出口外向型产业。从近 20 年（2000—2019 年）中国天然蜂蜜出口数量变化曲线（如图 3-5 所示）可以看出，2001 年中国天然蜂蜜出口量为 10.67 万吨，之后有所下降，2002—2009 年，出口量处于较为稳定的波动状态，从 2009 年开始至 2015 年间，出口量基本呈现上升趋势，2015 年中国天然蜂蜜出口量为 14.48 万吨，达到近 20 年间最高出口水平，在此之后的最近四年间（2016—2019 年）基本保持稳定，年出口量在 12.5 万吨左右。从近 20 年（2000—2019 年）中国天然蜂蜜出口创汇金额变化曲线可以看出，中国天然蜂蜜出口金额呈现波动中上升趋势，其中，2000—2007 年增长较慢，2008—2015 年增长较快。2015 年以后呈现递减趋势。天然蜂蜜出口产量及出口额变化受多种因素的影响，影响最大的就是绿色贸易壁垒。其中，2002 年，欧盟将进口中国蜂蜜的氯霉素残留限量标准从 5ppb 提高至 0.1ppb，同年，美国将进口中国蜂蜜的氯霉素残留限量标准从 5ppb 提高至 0.3ppb，2005 年，日本对进口中国蜂蜜的氯霉素残留限量标准提高至 0.5ppb，这种技术壁垒造成中国的蜂蜜出口量大幅下降，中国蜂蜜的国际市场占有率急剧降低。中国蜂蜜生产如果能克服国际贸易中的技术壁垒，提高蜂产品质量，中国蜂蜜的出口量与出口额将会得到进一步提高。

根据最新公布的 2019 年数据可知，中国的天然蜂蜜主要出口至英国、日本、波兰、比利时、西班牙、德国、南非、葡萄牙等国家和地区。我国是蜂蜜出口大国，2019 年中国出口至英国、日本、波兰、比利时、西班牙天然蜂蜜的数量分别是 3.21 万吨、2.9 万吨、0.96 万吨、0.86 万吨及 0.69 万吨（如图 3-6 所示）。

从中国天然蜂蜜出口数量集中度数据来看（如图 3-7 所示），2019 年中国天然蜂蜜出口地主要集中在英国、日本、波兰、比利时、西班牙等国家，

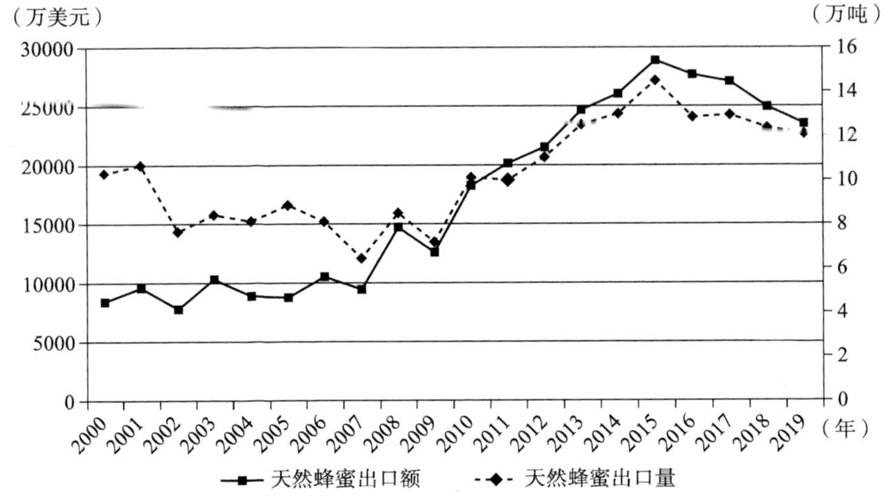

图 3-5　2000—2019 年中国天然蜂蜜出口量与出口额

资料来源：联合国商品贸易统计数据库（Comtrade）。

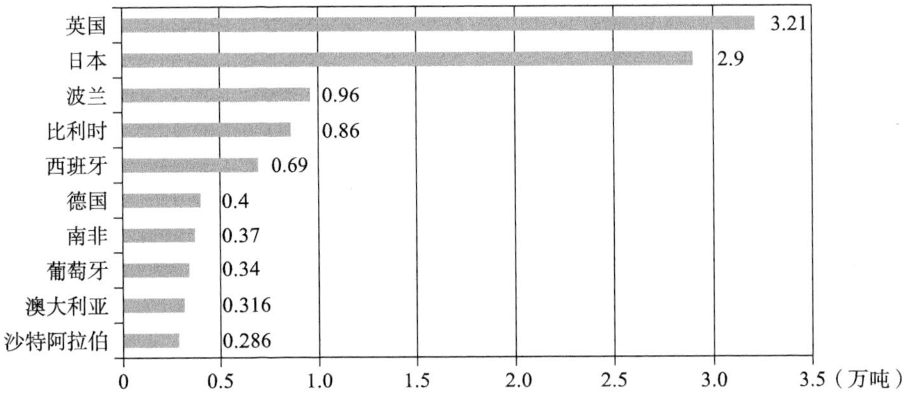

图 3-6　2019 年中国天然蜂蜜出口国家情况

资料来源：联合国商品贸易统计数据库（Comtrade）。

中国天然蜂蜜出口到这 5 个国家的数量约占中国蜂蜜总出口量的 72%。其中，2019 年中国天然蜂蜜出口至英国数量为 3.21 万吨，占总出口量的 27%；2019 年中国天然蜂蜜出口至日本数量为 2.9 万吨，占总出口量的 24%；2019 年中国天然蜂蜜出口至波兰数量为 0.96 万吨，占总出口量的 8%；2019 年中国天然蜂蜜出口至比利时数量为 0.86 万吨，占总出口量的 7%；2019 年中国天然蜂蜜出口至西班牙数量为 0.69 万吨，占总出口量的 6%。

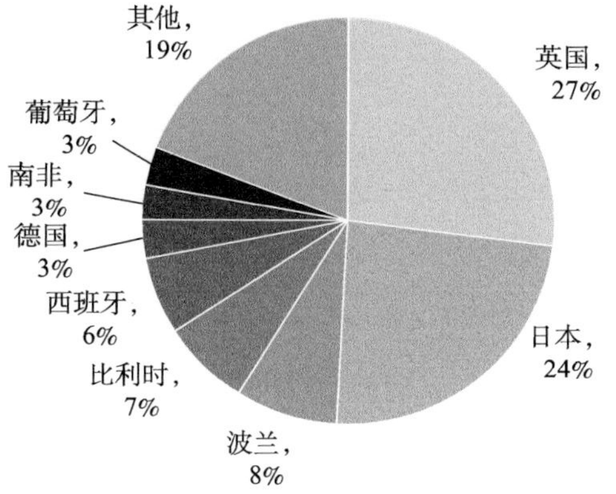

图 3-7　2019 年中国天然蜂蜜出口数量集中度

资料来源：根据联合国商品贸易统计数据库（Comtrade）数据计算所得。

3.2.5.2　中国天然蜂蜜进口情况

从中国蜂蜜进口量与进口额变化曲线来看（如图 3-8 所示），在 2011 年以前，中国天然蜂蜜进口较少，年进口蜂蜜量不到 2500 吨，从 2012 年开始至 2015 年，蜂蜜进口量急剧增加，2015 年进口量达到最大值 6520.7 吨，进口额为 7472.2 万美元。此后 4 年间，蜂蜜进口量处于波动状态。从中国天然蜂蜜进口国家情况来看（如图 3-9 所示），中国天然蜂蜜进口主要来自新西兰、澳大利亚、泰国、俄罗斯、德国、吉尔吉斯斯坦、英国、加拿大等国家和地区。2019 年我国从新西兰、澳大利亚、泰国、俄罗斯进口天然蜂蜜数量分别是 1944.94 吨、547.91 吨、508.54 吨及 396.45 吨，分别占进口天然蜂蜜总量的 39.2%、11.04%、10.25%和 7.99%，占全国天然蜂蜜总进口量的 68.48%。总之，相对而言，我国天然蜂蜜进口数量较少，新西兰是我国主要的蜂蜜进口国，从其他国家进口的蜂蜜非常少。根据国家蜂产业技术体系蜂业经济课题组对北京、杭州、青岛、成都、郑州 5 个城市蜂产品市场连续十几年的调查发现，新西兰产的麦卢卡蜂蜜在中国蜂产品市场中市场占有率较高，非常受中国消费者的喜爱。麦卢卡蜂蜜，是新西兰独有的特色蜂蜜，被称为新西兰的“国宝”，浓醇蜜香，质滑芳甘，风味耐人寻味，最重要的是它具有其他蜂蜜所没有的活性抗菌成分——独麦素（Unique Manuka Factor，UMF）。新西兰怀卡托大学的生化教授 Peter Molan（1997）经过长期研究发现，UMF 具有强大而独特的抗菌

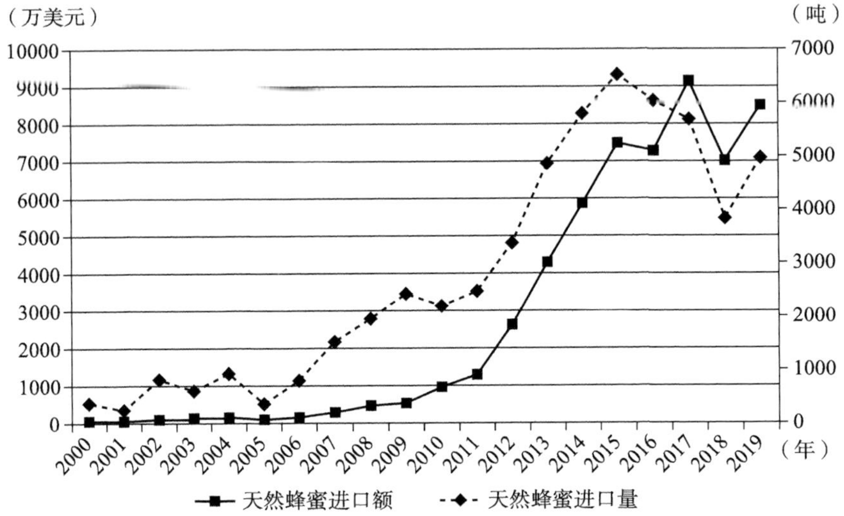

图 3-8　2000—2019 年中国天然蜂蜜进口量与进口额

资料来源：联合国商品贸易统计数据库（Comtrade）。

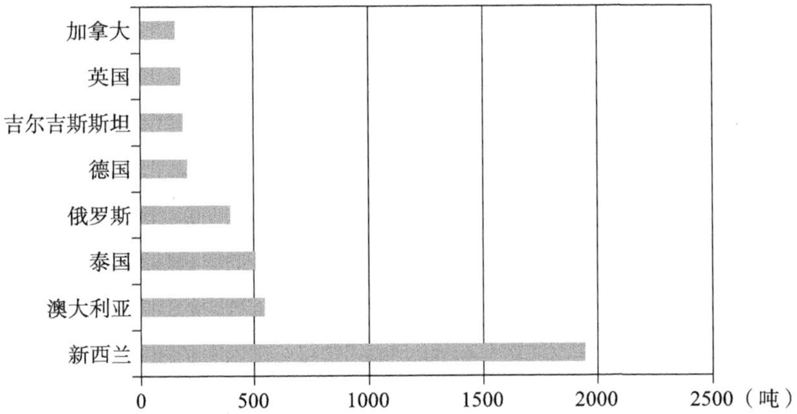

图 3-9　2019 年中国天然蜂蜜进口国家情况

资料来源：联合国商品贸易统计数据库（Comtrade）。

及抗氧化能力，有摧毁细菌的能力，不受光照、高温、消化酶等各种外界因素的影响，长期保持稳定，并可促进免疫系统的活动，具有天然疗伤功效，能更好地治疗机体创伤，促进伤口自然愈合，尤其在胃肠道的调养方面表现极佳，UMF 只有麦卢卡蜂蜜含有，其已成为全球知名度最高的蜂蜜，因此新西兰麦卢卡蜂蜜在欧美及中国大陆市场销售状况非常好。

从中国蜂产品进出口贸易整体状况来看，2000 年以来我国天然蜂蜜进出口贸易市场一直呈顺差状态（见表 3-4），2018 年中国天然蜂蜜进口额 0.7 亿美元，出口额 2.49 亿美元，实现贸易顺差额约 1.79 亿美元；2019 年中国天然蜂蜜进口额 0.85 亿美元，出口额 2.35 亿美元，实现贸易顺差额约 1.5 亿美元。因此，蜂产业所提供的系列蜂产品为我国出口创汇做出了巨大的贡献。

表 3-4　2000—2019 年中国天然蜂蜜进出口差额

年份	进出口差额（万美元）	年份	进出口差额（万美元）
2000	8355. 32	2010	17291. 09
2001	9528. 38	2011	18856. 39
2002	7691. 61	2012	18884. 25
2003	10174. 97	2013	20361. 79
2004	8740. 55	2014	20163. 33
2005	8661. 31	2015	21383. 37
2006	10369. 55	2016	20378. 84
2007	9148. 2	2017	17913. 08
2008	14245. 41	2018	17913. 08
2009	12037. 46	2019	15010. 93

资料来源：联合国商品贸易统计数据库（Comtrade）。

3.3　中国蜂产业国际竞争力分析

从近 10 年世界蜂蜜贸易数据来看，中国、阿根廷、新西兰、墨西哥和德国 5 个国家的蜂蜜贸易量与贸易额一直位于蜂蜜贸易数据排序的前几名，尤其是阿根廷，不仅是蜂产品出口强国，也是中国蜂产品在国际市场上的主要竞争对手，因此，本部分选取阿根廷、新西兰、墨西哥和德国作为参照国家，根据已有的研究资料和数据的可获得性，运用国际市场占有率、贸易竞争力指数和显示性比较优势指数 3 个指标来评价 2009—2018 年中国、阿根廷、新西兰、德国、墨西哥 5 个蜂业大国的蜂蜜国际竞争力情况，以期找出中国蜂产品国际贸易中存在的问题，为中国蜂产业的顺利发展提供指导性意见。

3.3.1 国际市场占有率

国际市场占有率是指一个国家某种产品的出口总额占世界该种产品出口总额的比重，反映了一个国家某种产业或某种产品的国际竞争力或竞争地位的变化。该指标提高意味着一个国家该产业或该产品的出口竞争力有所增强。其计算公式为：

$$M_{ij}=\frac{X_{ij}}{X_{wj}}\times 100\%$$

其中，M_{ij}表示 i 国 j 类产品的国际市场占有率，X_{ij}表示 i 国 j 类产品在国际市场上的出口额，X_{wj}表示世界 j 类产品的出口总额。

根据联合国商品贸易统计数据库中中国、阿根廷、新西兰、墨西哥和德国五个国家的天然蜂蜜出口额数据，计算得到这五个国家的国际市场占有率指标，如图 3-10 所示。由图中数据可以直观看出，在 2015 年以前，阿根廷、中国天然蜂蜜出口的国际市场占有率居于前列，分别平均占有世界 10%以上的占有率，说明中国、阿根廷两国蜂蜜出口竞争力最强。2015 年以后，中国的天然蜂蜜国际市场占有率呈波动状态，略有下降，阿根廷的天然蜂蜜国际市场占有率自 2011 年起一直呈明显下降趋势，到 2015 年下降到最低点，为 7.1%，之后才开始保持基本稳定状态，2017—2018 年维持在 7.7%左右。新西兰的天然蜂蜜国际市场占有率呈后来者居上趋势，自 2009 年起一直呈上升趋势，只在个别年份略有下降，2017—2018 年几乎与中国持平，保持在 11.31%左右。德国的天然蜂蜜市场占有率在 2009 年时与阿根廷不相上下，但从 2009 年起呈下降趋势，进入 2015 年后基本稳定在 6.5%左右。墨西哥的天然蜂蜜市场占有率在 2009—2018 年变化比较平稳，一直在 4.4%~6.8%波动。

由以上分析可以看出，在国际天然蜂蜜市场上，2015 年以前阿根廷是中国的主要竞争对手，2015 年以后，新西兰成为中国的主要竞争对手，而且 2017—2018 年，新西兰与中国的国际市场占有率非常接近，两国的蜂蜜市场竞争越来越激烈。

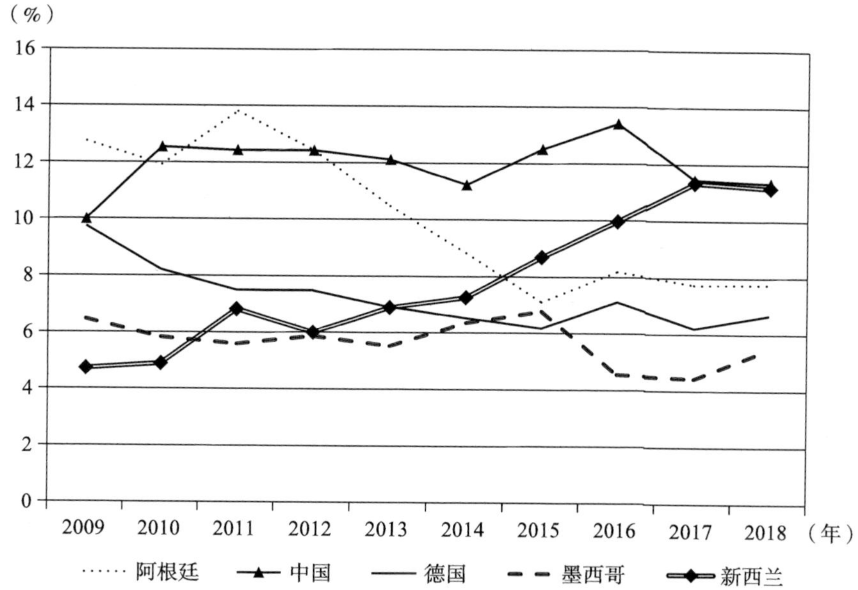

图 3-10　蜂蜜主要出口国 2009—2018 年天然蜂蜜国际市场占有率

资料来源：根据联合国商品贸易统计数据库（Comtrade）数据计算得到。

3.3.2　贸易竞争力指数

贸易竞争力指数是指一个国家进出口贸易的差额占进出口贸易总额的比重。该指标值位于-1 和 1 之间，如果该指标与 0 接近，表示与世界平均水平接近；如果该指标为-1，则表示该国该产品的出口额为 0，只进口不出口，接近-1 则表示该国该产品的竞争力较弱；反之，如果该指标为 1，则表示该国该产品的进口额为 0，只出口不进口，接近 1 则表示该国该产品的竞争力非常强。其计算公式为：

$$TCI_{ij}=\frac{X_{ij}-M_{ij}}{X_{ij}+M_{ij}}$$

其中，TCI_{ij}表示贸易竞争力指数，X_{ij}表示 i 国 j 类产品的出口额，M_{ij}表示 i 国 j 类产品的进口额。

由贸易竞争力指数测算结果可知（见表 3-5），只有德国的这一指标数值为负数，在-0.3 左右，表明德国蜂蜜的竞争力较弱。其他四个国家蜂蜜的贸易竞争力指数均大于 0，其中，大于 0.99 的国家包含新西兰、墨西哥以及阿根廷，这表明与其他国家相比，这三个国家的贸易竞争实力强劲。中国的贸易竞争力指数从 2009 年的 0.92 左右下降至 2018 年的 0.56 左右，且呈现整体下降趋势，表明中国蜂蜜的国际竞争力正在逐年减弱。

表 3-5　蜂蜜主要出口国 2009—2018 年天然蜂蜜贸易竞争力指数

年份	阿根廷	中国	德国	墨西哥	新西兰
2009	0.9987	0.9187	-0.3882	0.9999	0.9742
2010	0.9902	0.9001	-0.4142	0.9909	0.9948
2011	0.9968	0.8795	-0.399	0.999	0.9785
2012	0.996	0.7827	-0.3844	0.999	0.9818
2013	0.999	0.7034	-0.4053	0.9996	0.9927
2014	0.9993	0.6323	-0.3612	0.9999	0.9933
2015	0.9977	0.5883	-0.3908	0.9998	0.9921
2016	0.9997	0.5834	-0.2828	0.9998	0.9787
2017	0.9973	0.4951	-0.3318	0.9997	0.9892
2018	0.9991	0.5608	-0.3388	0.9996	0.9973

资料来源：根据联合国商品贸易统计数据库（Comtrade）数据计算得到。

3.3.3　显示性比较优势指数

显示性比较优势指数是指一个国家某种产品的出口额占其出口总值的份额与世界出口总额中该产品出口额所占份额的比率。如果该指标接近 1，表示相对比较利益一般，没有相对优势或相对劣势；如果该指标大于 1，则表示该国的该产品具有比较优势，国际竞争力较强；如果该指标小于 1，则表示该国该产品不具有比较优势，国际竞争力较弱。其计算公式为：

$$RCA_{ij}=\frac{X_{ij}/X_{it}}{X_{wj}/X_{wt}}$$

其中，RCA_{ij}表示 i 国 j 产品的显示性比较优势指数，X_{ij}表示 i 国 j 类产品的出口额，X_{it}表示 i 国全部产品的出口额。X_{wj}表示世界上第 j 种产品的出口总额，X_{wt}表示世界所有产品的出口总额。

由测算结果可知（如图 3-11 所示），近 10 年来，新西兰、阿根廷两国天然蜂蜜的显示性比较优势指数遥遥领先于其他 3 个国家，各年比较优势指数都在 20 以上，表明新西兰和阿根廷两国具有较强的竞争力。墨西哥

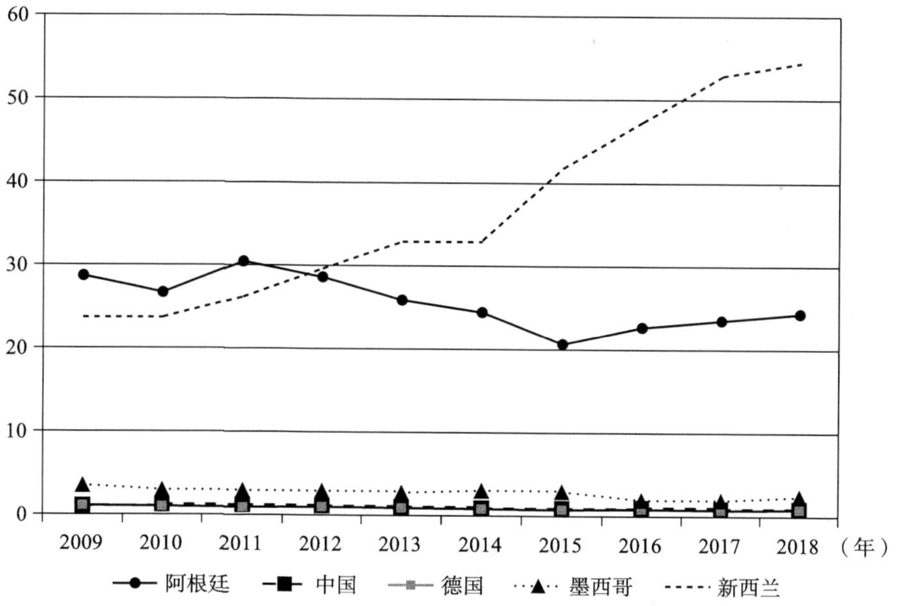

图 3-11　蜂蜜主要出口国 2009—2018 年显示性比较优势指数

资料来源：根据联合国商品贸易统计数据库（Comtrade）数据计算得到。

天然蜂蜜的显示性比较优势指数在 1.92 与 3.52 之间波动，竞争力远不如新西兰和阿根廷，但比中国、德国的竞争力要强。德国天然蜂蜜的显示性比较优势指数从 1.08 波动下降至 0.83，表明该国的竞争力在减弱。同样，中国天然蜂蜜的显示性比较优势指数也不容乐观，虽然中国的显示性比较优势指数均大于 0.88，具有中等的国际竞争力，但该指数呈不断下降趋势，说明中国天然蜂蜜的竞争力在不断下滑。在过去几年，我国出口蜂蜜具有一定的价格优势，但是随着蜂产业成本的增加，低价策略不再是一种竞争优势。

3.4　本章小结

本章简要梳理了中国蜂产业的发展历史，同时结合统计数据分析了中国蜂产业的概况。了解蜂产业的历史、摸清蜂产业发展的现状对于把握我国蜂产业的基本格局与发展趋势具有重要的意义。中国蜂产业历史悠久，大致可以分为古代养蜂、近代养蜂和现代养蜂三个阶段。随着时间的推移，养蜂模式从最初的原始采集发展到现在的家庭活框养蜂，养蜂技术在不断创新、科研教育队伍日益壮大，蜂产业的科研不断取得新的突破，国家对蜂产业的支持力度不断加大，蜂产业具有良好的发展趋势。中国蜂群数量位居世界前列，蜜粉源植物资源丰富，蜂产品产量呈波动中上升趋势，蜂产品市场前景较好。中国是蜂产品出口大国，产品主要出口到英国、日本、波兰、比利时、西班牙等国家，为我国出口创汇做出了巨大贡献。中国蜂产品在全球的国际竞争力较强，主要竞争对手是阿根廷和新西兰，最近几年，中国天然蜂蜜的国际竞争力有所下降，这与技术贸易壁垒、生产成本的增加有很大关系，唯有解决好这些问题，提高蜂产品质量，才能提高中国蜂产业的国际竞争力，促进蜂产业走上可持续发展的道路。

第4章　中国蜂产业的生产特点与风险补偿

本章对中国蜂产业的生产特点与风险进行实证分析。自2009年起，国家现代蜂产业技术体系蜂业经济课题组在全国十多个省份建立了蜂农固定观察点，每个省份随机选取了5~7个重点县，每个重点县选取了10~12户蜂农，共60户左右的养蜂户，每年连续跟踪调查蜂农的养蜂生产信息，逐步了解并摸清了中国养蜂业发展的真实状况。为准确掌握中国蜂产业最新的生产状况，本章所使用的数据为最新的2019年蜂农固定观察点调研数据，由于时间较为紧迫，2019年全部蜂农固定观察点问卷数据尚未处理完毕，可以使用的数据有浙江省（60份）、四川省（57份）、湖北省（67份）、甘肃省（54份）、山西省（49份）、河南省（50份）6个省份的共计337份问卷数据。课题组曾根据2011年的固定观察点蜂农问卷数据对蜂业生产情况进行过统计分析，所以，在对2019年蜂业生产情况进行分析时，将会与2011年的数据进行对比分析，以观察8年来蜂业生产的变化情况。

4.1　中国蜂产业的生产特点

4.1.1　生产目的

在国外蜂业发达国家，饲养蜜蜂主要是为了满足授粉需要，蜂农的收入主要来源于蜜蜂授粉，蜂产品只是其副产品。蜂农获得的授粉收入远远大于其生产蜂产品的价值。长期以来，中国蜂农养殖蜜蜂的主要目的是以生产蜂蜜、蜂王浆、蜂花粉、蜂蜡等一系列蜂产品来获取经济效益，忽视了蜜蜂授粉的收益。近年来，随着蜜蜂授粉技术的推广应用，饲养蜜蜂蜂群用于授粉的蜂农户数逐渐增多。从表4-1可以发现，2019年与2011年相比，被调查的6个省份蜂农中，通过出租蜂群或销售蜂群进行蜜蜂授粉的户数及其所占比例均有了不同程度的增加。其中，2019年浙江省有蜂群授粉行为的蜂农最多，为9户，占比为15%。这9户蜂农蜂群授粉对象是草莓和西瓜。他们所获得的授粉收入最少的是1400元，最多的达到22130元。排在第二位的是山西省，2019年山西省被调查蜂农中有蜂群授粉行为的有7户，占比为14.29%，他们授粉的作物种类比较丰富，有草莓、苹果、樱桃、梨、油桃和甜瓜。授粉收入最少的是3000元，最多的是10640元。排在第三位的是甘肃省，2019年甘肃省被调查蜂农中有蜂群授粉行为的有4户，占比为7.41%，这4户蜂农的授粉对象都是草莓。剩下的河南省、湖北省和四川省授粉户数较少，分别为3户、2户和1户，授粉对象是草莓、西瓜和猕猴桃，他们的授粉收入最少的是3600元，最多的是20000元。

表4-1　2011年与2019年固定观察点蜂农蜜蜂授粉情况

省份	2011年			2019年		
	授粉户数	总户数	授粉户占比（%）	授粉户数	总户数	授粉户占比（%）
浙江	3	61	4.92	9	60	15
四川	1	61	1.64	1	57	1.75
湖北	1	70	1.43	2	67	2.99
甘肃	1	58	1.72	4	54	7.41
山西	6	54	11.11	7	49	14.29
河南	0	60	0	3	50	6

资料来源：根据2011年、2019年调查数据计算整理所得。

由以上关于蜂农授粉行为的数据分析可知，蜜蜂授粉已初步得到了部分蜂农、种植户的认可和接纳，中国养蜂业已由单一的生产蜂产品开始萌生授粉需求了。随着设施农业的发展与今后生态农业的发展导向，农业生产对蜜蜂授粉的需求将会越来越大，尤其是大棚草莓类的作物生产必须依靠蜜蜂来进行授粉。随着国家蜂产业技术体系对实用蜜蜂授粉技术的研究、授粉蜂种的繁育开发和利用，在蜜蜂授粉示范基地的示范带动下，可以预测蜜蜂授粉在未来将会得到进一步推广和普及。目前，在山西、新疆、北京等地已经陆续出现了一批专门从事蜜蜂授粉工作的授粉公司，蜜蜂授粉正在逐步产业化。

4.1.2　生产主体特征

4.1.2.1　性别分布

在中国的农户家庭养蜂模式中，蜂农是养蜂生产的主体。在被调查的蜂农当中，男性蜂农占比为96.14%。女性养蜂很少见的主要原因是养蜂人大部分时间都在田间野外工作，男性更合适从事这一工作。从事养蜂的女性在养蜂生产中大多属于次要生产主体，她们多是跟随丈夫一起养蜂。

4.1.2.2　年龄分布

从蜂农的年龄分布来看，以40岁以上的中老年蜂农为主，占蜂农总数量的91.39%，60岁以上的蜂农所占比例为35.01%，年龄最大的已经82岁，40岁以下的蜂农只占到了8.6%（见表4-2），可见，蜂农老龄化问题已经非常严重，养蜂业发展后继无人的问题异常突出，若此种局面持续下去，将严重影响蜂产业的可持续发展。

表4-2　蜂农年龄分布

年龄	30岁以下	31~40岁	41~50岁	51~60岁	60岁以上
人数（人）	5	24	76	114	118
比例（%）	1.48	7.12	22.55	33.83	35.01

资料来源：根据2019年调查数据计算整理所得。

4.1.2.3　文化程度分布

从被调查蜂农的受教育程度来看，具有初中以上文化程度的蜂农占88.1%，具有高中以上文化程度的蜂农占到一半，与农民的整体受教育水平相比，蜂农的平均受教育水平是比较高的，较高的文化水平有助于蜂农学习和揣摩养蜂技术。

4.1.2.4　从业时间分布

从蜂农从事养蜂的时间来看，大多数蜂农都是在改革开放以后从事养蜂的，从业时间较长，近10年来新加入养蜂队伍的蜂农很少，2000年以后开始从事养蜂的新加入者占被调查蜂农总量的比例不足10%。

4.1.2.5　蜂农的业别分布

蜂农固定观察点调查数据显示：2019年被调查的337户蜂农中，专业蜂农有 140 户，占总调查蜂农的 41.54%，其他超过 1/2 的蜂农为兼业蜂农。专业蜂农由于不从事别的工作，家庭收入全部来自养蜂生产，因此，专业蜂农的养殖规模一般较大。而兼业蜂农除了养蜂之外，还从事种植业、其他养殖业或者外出务工，他们的养蜂规模一般较小，养蜂收入只占家庭总收入的一小部分，多数兼业蜂农在养蜂之外从事种植业，只是在农闲之余才从事养蜂生产，做到养蜂与农业种植生产两不误。2019 年与 2011 年数据相比较（见表 4-3），从总体上看，2019 年专业蜂农所占的比例变化不大，比 9 年前增加了 0.77%，但不同省份之间兼业蜂农所占比例变化差别较大。其中，浙江、四川、甘肃这 3 个省份的兼业蜂农人数有所减少，湖北、山西、河南 3 个省份兼业的蜂农比例有所增加，这可能与当地经济发展状况有密切关系。

表 4-3　2011 年与 2019 年固定观察点蜂农的业别分布

省份	2011 年			2019 年		
	专业蜂农（户）	总蜂农（户）	专业蜂农所占比例（%）	专业蜂农（户）	总蜂农（户）	专业蜂农所占比例（%）
浙江	46	61	75.41	38	60	63.33
四川	28	61	45.9	16	57	28.07
湖北	13	70	18.57	28	67	41.79
甘肃	44	58	75.86	25	54	46.30
山西	8	53	15.09	20	49	40.82
河南	9	60	15	13	50	26.00
合计	148	363	40.77	140	337	41.54

资料来源：根据 2011 年、2019 年调查数据计算整理所得。

大部分蜂农兼业从事种植业这一现象比较符合我国当前农村的实际，这一状况的存在主要有三方面的原因：第一，蜂农本来的身份就是农民，家里有责任田，尽管部分蜂农一年中有七八个月的时间都在外地，但土地是农民的命根子，家中有粮心里不慌，在农民看来，拥有属于自己的一份责任田，他们才可以不为温饱问题发愁，所以蜂农不愿意放弃他们原本从事的种植业。第二，目前农业生产的机械化程度比较高，种植业投入的直接人工劳动并不多，蜂农忙不过来时可以委托亲戚朋友照看庄稼。第三，养蜂的收入不稳定，坚持种地可以为蜂农提供基本生活所需。

4.1.3　经营方式

1978 年以来，中国的养蜂生产主要是采用以农户家庭结构为主体的一家一户单独分散生产模式，受家庭经营模式的限制，一般的蜂场规模相对较小，生产技术相对落后，生产条件简陋，与其他大宗畜产品的生产方式相比，养蜂生产处于较为落后的水平，突出表现在以下几个方面。

4.1.3.1　养殖规模偏小

调查数据计算结果显示（如图 4-1 所示），中国家庭蜂场的户均养殖规模为 100 群左右，规模最小的仅有 12 群，规模最大的为 800 群，150 群以上、101～150 群、51～100 群以及 50 群以下的蜂场占比相差不大，几乎都占总户数的 1/4。其中 50 群以下占比最多，为 26%。定地蜂农饲养的蜂群规模主要受蜜源的限制，养蜂规模一般较小，基本上都是几十群，转地蜂农的养殖规模较大，但与欧美等蜂业发达国家相比养殖规模明显偏小，还存在很大差距，欧美等蜂业发达国家养蜂规模较大，户均养蜂规模在 1000 群以上。中国规模较大的蜂场非常少，唯一突出的一个大型规模养蜂场为新疆阿勒泰市北屯的梁朝友蜂场，该蜂场采用规模化饲养，2016 年蜂场已经突破了 10000 群。其蜂场年纯收入可达数千万元，取得了良好的规模经济效益。

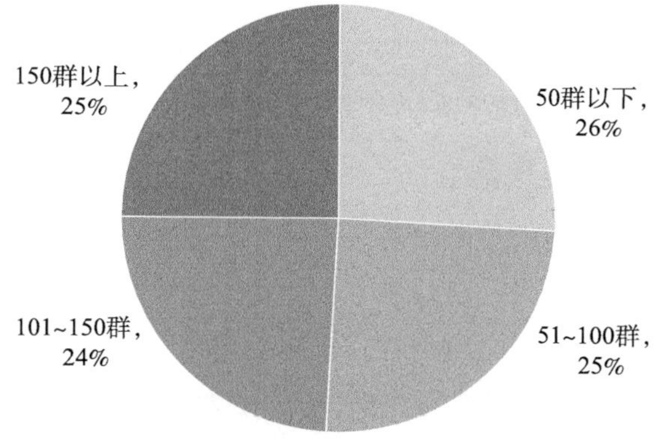

图 4-1　固定观察点蜂农养蜂规模分布

资料来源：根据 2019 年调查数据计算整理所得。

从不同省份蜂农的养殖规模来看，排在第一位的是四川省。四川省蜂农的养殖规模较大，户均养殖规模大于200群，一多半的蜂农养殖规模都在150群以上，根据调查数据计算结果（见表4-4）可知，2019年四川省养殖蜂群数在150群以上的蜂农占比为68.42%，这些蜂农多为大转地蜂农，蜂产品产量较高，每年的养蜂利润也非常可观。排在第二位的是甘肃省，甘肃省养殖蜂群数在150群以上的蜂农占比为35.19%。排在第三位的是湖北省，湖北省养殖蜂群数在150群以上的蜂农占比为22.39%。浙江、山西、河南这三个省份的蜂农养殖规模较小，蜂群数在150群以上的蜂农占比不到10%，大部分蜂农的养殖规模小于100群，其中，山西、河南两省的蜂农养殖规模很小，一半左右的蜂农蜂群养殖规模在50群以下，如山西省50群以下的养蜂户占比为53.06%，河南省50群以下的养蜂户占比为48%。

表4-4　2019年不同省份固定观察点蜂农养蜂规模及分布

省份	浙江	四川	湖北	甘肃	山西	河南
50群以下（户）	13	8	7	11	26	24
占比（%）	21.67	14.04	10.45	20.37	53.06	48
51~100群（户）	17	7	19	14	13	15
占比（%）	28.33	12.28	28.36	25.93	26.53	30
101~150群（户）	27	3	26	10	6	8
占比（%）	45	5.26	38.81	18.52	12.24	16
150群以上（户）	3	39	15	19	4	3
占比（%）	5	68.42	22.39	35.19	8.16	6

资料来源：根据2019年调查数据计算整理所得。

4.1.3.2　生产技术落后

掌握良好的养蜂技术是蜂农从事养蜂生产的重要前提条件，也是影响蜂农养蜂收入的关键因素。从蜂农掌握的养蜂生产技术来看，目前，中国的蜂农很少有受过蜂业专门培训的，大多数蜂农掌握的养蜂技术都是几十年前的老技术，基本都是靠家庭传承（占比为29.26%）或师傅传授（占比为32.96%），几乎所有的蜂农都是凭借多年来老一辈养蜂人传下的养蜂技术进行自我发展，多根据经验生产，缺乏有效科学的饲养管理技术。比如，很多转地蜂农不注重个人卫生，这不仅可能造成蜂产品污染，而且还会间接性引起蜜蜂病虫害。蜂农近年来几乎没有学到新的养蜂技术，严重缺乏蜜蜂良种引进与繁育、蜂病防治、蜂产品质量监控与服务等技术。根据被调查蜂农的描述，近两年急需蜂病的防治技术，因为一旦暴发严重蜂病，会造成大量蜜蜂死亡，群势迅速下降，对养蜂生产极为不利，严重影响了养蜂业的发展。在当今知识经济时代，科技创新日新月异，其他农业生产技术诸如良种技术、大型农业机械生产技术、先进的种植养殖技术都在不断更新，相比之下，养蜂技术却仍然停留在几十年前的水平，毫无创新和进步，落后的技术状况无疑制约了养蜂业的顺利发展。

4.1.3.3　机械化水平偏低

在人类社会的发展历史中，生产工具的发展水平标志着生产力的发展程度。同理，养蜂生产所使用的蜂机具发展水平，即机械化水平，是衡量养蜂生产发展程度的主要标志。随着养蜂科学的发展，欧美等发达国家早已实现了大规模机械化生产，强群取成熟蜜，实现高效、高产、优质，从而获得丰厚的经济效益。如美国现代化蜂场，一个养蜂者饲养 4000 群蜂，年平均收入 11 万美元。而目前中国的养蜂机械化水平普遍偏低。20 世纪初，西方活框养蜂技术引入中国，至今已将近一百年了，养蜂生产所使用的蜂机具没有太大的改变，除了根据生产需要在蜂箱中做了一些辅助性的改动，增加了一些必备的简单器具（如取浆框、蜂王控制器）以外，在生产方式和生产设备的改良上没有取得太大的进展，分散经营且小规模饲养的养蜂户既用不起机械，也不需要机械，几乎全部都是手工操作，劳动生产率极低。落后的蜂机具是制约蜜蜂养殖规模化、标准化、现代化发展的一个重要因素。

4.1.3.4　放蜂方式具有流动性

中国蜂农的放蜂方式有“定地”“本省内小转地”和“跨省大转地”三种（如图 4-2 所示）。其中，“定地”放蜂方式是指蜂农放蜂地点多在家庭所在地附近，位置基本常年固定不变。“本省内小转地”放蜂方式是指蜂农全年的放蜂时间基本都是在本省内其他地区流动放蜂。“跨省大转地”放蜂方式是指蜂农为了获得较多的蜂产品，一年四季随着不同省份花期的不同，辗转大江南北，哪里有花盛开就去哪里放蜂，即人们常说的“追花夺蜜”。

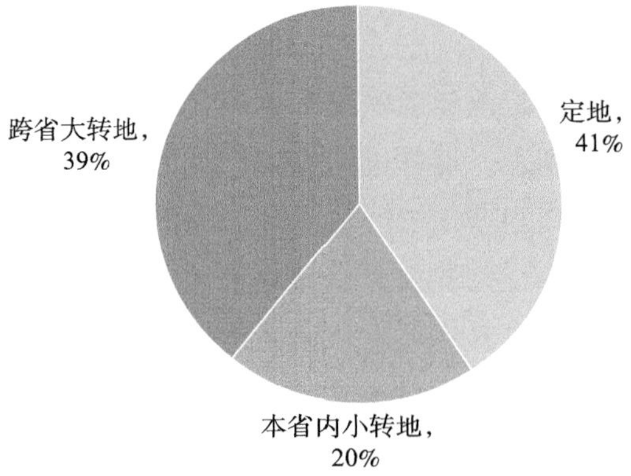

图 4-2　固定观察点蜂农放蜂方式分布

资料来源：根据 2019 年调查数据计算整理所得。

从 2019 年固定观察点蜂农的放蜂方式分布情况来看，“定地”蜂农所占比例为 41%，“本省内小转地”蜂农和“跨省大转地”蜂农共占 59%，转地蜂农中，跨省大转地蜂农较多，大部分的转地蜂农为跨省大转地蜂农，“跨省大转地”蜂农占总调查蜂农的比例为 39%，超过了总户数的 1/3。由此可见，多数蜂农为了追求蜂蜜产量而采取了转地放蜂的养殖方式，由于转地放蜂需要常年在野外风餐露宿，养蜂过程非常辛苦，且异地放蜂发生灾害事故的概率较高，这是很多人不愿意从事养蜂的一个主要原因。

从不同省份蜂农的放蜂方式来看（见表 4-5），浙江、湖北、四川三省的“跨省大转地”蜂农较多，浙江省的“跨省大转地”蜂农占比为 60%，湖北省的“跨省大转地”蜂农占比为 58.21%，四川省的“跨省大转地”蜂农占比为 54.39%，与此对应，这些大转地蜂农一般养殖意蜂品种，并且养殖规模较大。甘肃、山西、河南三省的“定地”蜂农较多，尤其是甘肃省，72.22%的蜂农为“定地”蜂农，他们养殖规模较小，以养殖中蜂品种为主，这与当地的气候、地理位置、蜜粉源资源等条件密切相关。

表 4-5　2019 年不同省份固定观察点蜂农放蜂方式分布

省份	定地（户）	定地占比（%）	本省内小转地（户）	本省内小转地占比（%）	跨省大转地（户）	跨省大转地占比（%）
浙江	8	13.33	16	26.67	36	60.00
四川	22	38.60	4	7.02	31	54.39
湖北	15	22.39	13	19.40	39	58.21
甘肃	39	72.22	8	14.81	7	12.96
山西	25	51.02	17	34.69	7	14.29
河南	28	56.00	10	20.00	12	24.00
合计	137	40.65	68	20.18	132	39.17

资料来源：根据 2019 年调查数据计算整理所得。

4.1.3.5　组织化程度较低

蜂农加入养蜂专业合作社（或养蜂协会）能够提高其组织化程度，增强他们在市场交易过程中的谈判能力，减少流通环节，降低交易成本，增加养蜂收入。养蜂专业合作社的主要工作是把分散的蜂农有机组织起来，在每年流蜜时间下乡收购合作社会员的蜂产品，或者把收上来的蜂产品进一步加工然后进行销售。合作社每年还聘请一些养蜂专家为蜂农进行 1～2 次的养蜂技术培训，并对蜂农进行年终返利，建立蜂产品质量溯源体系。2019 年蜂农固定观察点调查数据计算结果显示（见表 4-6），被调查的 337 户固定观察点蜂农中加入养蜂专业合作社的蜂农共有 276 户，占总调查蜂农的比例为 81.9%，河南、四川、甘肃、山西四省蜂农的组织化程度较高，蜂农加入合作社的比例均在 85%以上，其余两个省份也都在 70%以上。与 2011 年数据相比，所调查的 6 个省份蜂农加入合作社的比例都有了大幅提高，由此可见，2019 年，蜂农的组织化水平已得到较大的提高。但是，根据蜂农合作组织的运行情况来看，还有些合作社运作机制不健全，合作社社长只是扮演了蜂产品收购者的角色，蜂农合作经济组织的运行机制仍有待进一步提高。

在调研过程中发现，如果养蜂专业合作社机制健全并且运作正常，将会对养蜂业的发展起到积极的促进作用。接下来的案例为课题组曾经去调研过的两个运行机制良好的养蜂专业合作社：河南蜜乐园养蜂专业合作社与四川省邛崃市蟲鑫蜂业专业合作社，他们采用“合作社+蜂农+经营实体”的运行模式取得了较大的成功。这两个合作社均被认定为“全国农民专业合作社示范社”。

表 4-6　2011 年与 2019 年固定观察点蜂农加入合作社情况

省份	2011 年			2019 年		
	加入蜂农（户）	总户数（户）	占比（%）	加入蜂农（户）	总户数（户）	占比（%）
浙江	36	61	59.02	46	60	76.67
四川	26	61	42.62	49	57	85.96
湖北	43	70	61.43	49	67	73.13
甘肃	15	58	25.86	46	54	85.19
山西	35	53	66.04	41	49	83.67
河南	33	60	55.00	45	50	90.00
合计	188	363	51.79	276	337	81.90

资料来源：根据 2011 年、2019 年调查数据计算整理所得。

河南蜜乐园养蜂专业合作社成立于 2006 年，是河南养蜂者自发组织的农村合作经济组织。现有入股社员 155 户，加上普通合作社社员共 500 户，辐射带动蜂农 2000 多户，养殖蜜蜂 5 万多群，为河南省蜂产品出口提供了优质的原材料。产品不仅对外（主要是日本）出口，而且在河南全省范围内建立了自营社区销售网点 50 多家，是集蜜蜂养殖、蜂产品生产、养蜂技术推广于一体的国家级农民专业合作社示范社。该合作社把分散的蜂农有机组织起来统一标准生产，不仅解决了销路问题，还统一了产品质量，2012 年被农业部认定为“全国农民专业合作社示范社”。合作社通过向农户提供优良蜂种、标准蜂箱及技术培训，实现“统一投入品的采购和供应，统一生产质量安全标准和技术培训，统一品牌、包装和销售，统一产品和基地认证认定”的“四统一”。年底按照交易量统一返还利润及分红，使农民分享流通领域的利润成果，入社社员标准化生产率达到 100%，统一收购产品超过 90%，加入合作社社员比未入社社员收入高 30%，具有良好的示范带动作用，带动了整个行业的发展。2013 年 4 月，河南蜜乐园养蜂专业合作社还组织蜜乐产品消费者观察团成员深入大山腹地，去济源的养蜂基地进行参观，让城市的消费者了解养蜂业，认识真正的质量上乘的蜂产品，感受远离喧闹的城市而在大自然中进行养蜂生产的乐趣，了解养蜂专业合作社的运营模式，零距离接触蜂农养蜂过程，观察纯天然蜂蜜最初的诞生。通过这种方式不仅对蜂产品的销售起到了促进作用，而且对于提高社会各界对蜂产业的关注，不断吸引新的蜂农入社起到了良好的辐射带动作用，对养蜂业的可持续发展起到了积极的推动作用。

四川省邛崃市蟲鑫蜂业专业合作社是由成都市高级农业职业经理人王顺发起成立的，该合作社成立于 2007 年 11 月，截至 2019 年，社员人数已达到 436 人，蜂群数量发展到 9 万多群，年产蜂产品达 3000 吨以上，合作社注册资金 1875 万元，成员涵盖了邛崃及周边县（区、市）、绵阳、雅安、攀枝花、甘肃、宁夏等地，解决了农村上千人的就业。合作社充分利用养蜂业精准扶贫的独特优势，为国家脱贫攻坚贡献力量。合作社成立以来，不仅带动了邛崃及周边县（区、市）现代养蜂业的发展，同时还帮助甘孜、阿坝、凉山等贫困地区发展养蜂业。合作社成立后，以基地建设为突破口，塑造“蟲鑫”品牌，打造蜂业完整产业链。经过 10 多年的努力，现已建成了生态有机养蜂核心基地、种蜂繁育基地、优质蜜源基地、蜜蜂授粉示范基地、蜂产品物流基地、蜂产品深加工基地、蜂蜜保健酒生产基地、蜂蜜饮料生产基地、九寨沟中蜂示范基地以及川农大教学实践基地、成都农业职业技术学院教学实践基地、中国蜜蜂研究所科研基地，并与北京同仁堂、百姓药业、中粮集团等上市公司建立了长期密切的战略合作关系。蟲鑫蜂业专业合作社先后成立蟲鑫种蜂场、蟲鑫蜂业协会、蟲鑫生物科技有限公司，并取得了蜂蜜、蜂蜜酒生产许可，合作社注册了“蟲鑫”“蜜途之家”“神蜂堂”“神蜂谷”“甜乐康”“天赐贡蜜”“御赐贡蜜”共 7 个商标。“蟲鑫”品牌的蜂蜜、蜂王浆、蜂花粉、蜂胶等产品，已登上 2016 年《成都市地方名优产品推荐目录》，并被评为成都市著名商标。合作社在建立了完善财务管理制度的基础上，设立了质量保证金制度，建立了社员利润分配制度、公积金制度、互助风险储备金制度和养老保险补贴制度，建立了电子化溯源信息管理体系，建立了入股分红、二次返利、保险补贴、风险补助、应急资金支持、股份合作分配和期权制度等多种形式的利益联结机制，建立了养蜂技术指导、生产物资配送、蜂产品收购、蜜粉源信息、气候预报、场地信息、运输信息、社员和员工培训、应急事件处置等全方位的服务机制。蟲鑫蜂业专业合作社得到了各级政府部门和有关机构的认可和肯定。合作社2009年被中国蜂产品协会评为“全国蜂农合作社示范社”，2018年被农业部评选为全国百强蜂业合作社。

4.2 蜂产业的风险及补偿机制

4.2.1 蜂产业存在的风险

学术界对于风险的定义大致分为两类：一类为广义的风险，即指未来的不确定性，包括损失和收益两方面。另一类为狭义的风险，仅指未来产生损失的不确定性。本研究所涉及的养蜂生产风险为狭义的风险，指在生产过程中由于遭遇气候、病害、交通事故等不利因素而带来未来损失的可能性。

蜂产业和普通种植业、养殖业一样，是自然再生产与经济再生产相交织的过程，除受气候、市场、技术、政策等一系列因素影响之外，养蜂业还具有独有的特征：几乎所有蜂农都是以家庭为主的小规模分散经营，生产条件简陋，生产方式落后，应对风险能力有限；大多数蜂农常年转地放蜂，具有很大的流动性；气候对蜜蜂的繁殖生长、蜜源植物花期长短与流蜜状况乃至整个养蜂生产过程都具有极为重要的影响；等等。这些特殊性使得养蜂业成为一个风险极大的农业弱势产业。同时，随着外部生产环境的变化，养蜂生产具有越来越高的风险性，比如，农药中毒死亡、交通车祸、因纠纷导致的非法伤害等。因此，研究蜂农养蜂生产面临的风险及如何建立灾害补偿机制，对于稳定和提高蜂农收入、促进蜂产业持续健康发展具有十分重要的现实意义。

根据2019年固定观察点蜂农遭遇的风险情况来看（见表4-7），在所有调查蜂农中，57.27%的蜂农都遭遇到了不同种类的风险，除了浙江、山西两省以外，其他省份蜂农遭遇风险的发生率均在57%以上，河南省风险发生率最高，达到了84%，可见，中国蜂产业是一个风险较大的产业。

表 4-7　2019 年不同省份固定观察点蜂农遭遇风险情况

省份	遭遇风险的户数	总户数	风险发生率（%）
浙江	14	60	23.33
四川	35	57	61.40
湖北	43	67	64.18
甘肃	35	54	64.81
山西	24	49	48.98
河南	42	50	84.00
合计	193	337	57.27

资料来源：根据 2019 年调查数据计算整理所得。

蜂农面临的生产风险主要有自然灾害风险、农药中毒风险、蜂病疫情风险、偷盗风险、交通事故风险以及其他风险共六类（见表 4-8）。

表 4-8　2019 年不同省份固定观察点蜂农遭遇各种风险发生率

省份	自然灾害（%）	农药中毒（%）	蜂病疫情（%）	偷盗（%）	交通事故（%）	其他（%）
浙江	6.67	5.00	8.33	5.00	0.00	0.00
四川	43.86	8.77	15.79	5.26	0.00	52.63
湖北	43.28	41.79	14.93	0.00	0.00	4.48
甘肃	44.44	5.56	11.11	1.85	0.00	5.56
山西	36.73	2.04	6.12	0.00	0.00	4.08
河南	34.00	12.00	22.00	0.00	0.00	16.00
合计	34.72	13.65	4.05	2.08	0.00	13.65

资料来源：根据 2019 年调查数据计算整理所得。

4.2.1.1　自然灾害风险

养蜂生产对自然条件的依赖程度很高，如遭遇不利的自然环境，将会给蜂农养蜂生产造成极大的损失。在早春繁殖时期，如果遭遇低温冷冻天气，会造成蜜蜂的群势下降，还会导致蜜源植物花期缩短，流蜜较差，进而导致产蜜量下降。如果在花期遭遇干旱、雨水、沙尘暴等天气，同样也会导致蜜源植物开花率下降、花期缩短、泌蜜较少或者不泌蜜。而且，一旦遭遇持续一周的降雨、两天的暴雨等情况，蜂农就需要及时给蜜蜂喂养白糖，导致蜂农的饲料成本增加。自然灾害的发生率高达 34.72%，大部分省份蜂农遭遇自然灾害的发生率在 34%~45%。

4.2.1.2 农药中毒风险

蜜蜂农药中毒是指在使用农药防治作物病虫害的同时造成蜜蜂中毒死亡，致使蜂群群势迅速下降，甚至全群覆灭。蜂农在放蜂过程中经常会发生蜜蜂中毒现象。随着农业科学技术的发展，农药的品种和使用范围逐渐扩大，蜜蜂出现农药中毒的情况越来越严重。农药中毒风险的发生率仅次于自然灾害风险，发生率为 13.65%，2019 年，湖北省被调查蜂农遭遇农药中毒发生率极高，由于蜂农在放蜂过程中放蜂路线相同或相似，所以均遇到了同样的农药中毒风险，导致出现蜂群大量死亡现象。

4.2.1.3 蜂病疫情风险

蜜蜂与一般动物一样，有时也会生病。蜜蜂生病后，行为个体异常，体质衰弱，寿命缩短，直至死亡。一旦发生蜂病或重大疫情，会给养蜂生产带来极为不利的影响。大部分省份蜂病疫情的发生率在 10%~20%。

4.2.1.4 偷盗风险

偷盗风险是指蜂农饲养的蜜蜂被不法分子偷走的风险。偷盗风险会给养蜂人造成巨大经济损失，使蜂农无法继续顺利进行养蜂生产。大部分省份偷盗蜜蜂现象近年有所下降，但该风险依然存在，发生率在 5%以下。

4.2.1.5 交通事故风险

在中国，大多数蜂农都是选择转地放蜂方式，转地过程中需要用车辆运输蜜蜂，在运输途中存在交通事故风险。这种风险发生率虽然不高，但一旦发生，将会造成人员伤亡和重大经济损失。

4.2.1.6 其他风险

其他风险是指养蜂生产过程中存在的除了上述 5 种风险之外的所有风险，比较常见的有蜜蜂敌害、工业污染等。蜜蜂敌害风险是指蜂群遭遇到蜂螨、蜂螟、蜘蛛等敌害的入侵而产生的风险。工业污染是指蜜蜂受附近工厂的工业“三废”影响而发生疾病或死亡的现象。这些难以预测的风险发生情况不好确定，但却会给蜂农带来非常严重的经济损失。2019 年蜂农遭遇其他风险的发生率为 13.65%。

4.2.2 蜂产业的风险补偿实践

根据前文分析可知，蜂产业是一个风险极大的产业，蜂产业生产存在很大的不确定性，一旦发生各种风险，蜂农将遭受巨大损失，如何对蜂农遭遇的风险进行补偿呢？由于蜂产业规模较小，国内对其风险进行补偿的做法有限，仅有少数几个省份做了有益的探索和尝试，本部分内容将对这些试点做法进行分析研究，希望能够将其成功经验在国内其他省份推广，达到增强蜂农抗御风险能力、增加蜂农收入、促进中国蜂产业持续健康发展的目的。

4.2.2.1　蜂产业风险救助

为增强蜂农抗御风险的能力，浙江省 2005 年专门制定出台了《浙江省养蜂业风险救助资金管理暂行办法》。风险灾害救助实行会员制，对象为参加省蜜蜂产业协会或各市（县、区）蜂业协会的本省蜂农会员。风险救助资金由省蜜蜂产业协会按照“政府拨一点，蜂业企业（或合作社）出一点，蜂农自己承担一点”的原则筹措。参加养蜂业风险救助的企业会员按照每群蜂 2 元一次性交纳，政府按照每群蜂 2 元的资金予以配套支持，蜂农会员按照每群蜂每年度 0.5 元交纳。救助范围为在生产一线遇到不可抗拒的重大自然灾害（如地震、洪水、火灾等）和突发性重大灾难事故（如车祸、非法伤害等）造成人员伤亡与遭受重大经济损失得不到合理赔偿的救助对象。会员遭受重大灾害事故后，根据灾害程度可获得不超过 10000 元、5000 元、3000 元 3 个等级的救助金额。据调查，江山市恒亮蜂产品有限公司下属的 500 户订单蜂农均已加入浙江省风险救助，2012 年共有 297 户受灾蜂农得到了救助，救助资金共计 49.52 万元。

（1）蜂产业风险救助的运作机制

浙江省养蜂业风险救助资金由三方构成，这是与传统的灾害救助最大的区别。以往的灾害救助主要是靠政府救济，单纯的政府救济体制存在着很多弊端，如政府的救助范围与救助额度非常有限，政府的无偿救济会造成灾民对救济金有较强的依赖性，甚至淡化风险意识，不注重风险的事先防范等。此外，灾害救济是与传统的计划经济体制相适应的，在市场经济体制下，更应该建立灾害救助管理主体的多元化体系。浙江省养蜂业风险救助办法克服了单一靠政府救济的弊病，救助资金由政府、龙头企业（或合作社）、蜂农三方共同出资构成，多元化的出资主体使得风险救助具有很大的激励性和稳定性，能够产生“三方收益”的良好效果：首先，由于蜂产业通过蜜蜂授粉产生正的外部效益，具有典型的公共产品特性，在市场失灵情况下需要政府通过补贴进行宏观干预，而当蜂业灾害发生时，尤其需要政府的及时救助以扶持这一产业的健康发展；其次，作为龙头企业或者合作社，为了稳定原料的来源及数量，通常采用“订单农业”的模式，为下属订单蜂农出资加入风险救助体系，可以更好地稳固企业与蜂农之间的关系，而且企业或合作社积极参加省养蜂风险救助，还可以吸引更多的蜂农加入订单企业或者合作社，建立稳定的优质蜂产品原料基地，同时也提高了养蜂业的组织化程度；最后，从蜂农角度看，其交纳一部分风险救助资金，一方面给自身的生产与生活增加了一份保障，另一方面也增强了蜂农主动管理风险的意识。

从风险资金的构成比例来看，政府与龙头企业（或合作社）占的比例较高，每群蜂各出资 2 元，蜂农每群蜂每年仅交纳 0.5 元。交纳金额比例与三方主体各自能够承担的风险能力和资金实力相辅相成。政府通过提供财政补贴进行养蜂业灾害救助，企业也能够拿出部分利润帮助订单蜂农攻克难关，蜂农个人作为弱势群体，其收入较低，仅需交纳极少部分资金即可。这充分体现了共同但有区别的责任与义务原则。

养蜂业风险救助资金的管理分省级和各地市级管理。浙江省养蜂业风险救助资金由浙江省蜜蜂产业协会负责管理，各地养蜂业风险救助资金由当地蜂业协会负责管理，自觉接受上级有关部门的监督和审查。养蜂业风险救助资金在规定的范围内按程序审批使用，不能用于其他开支，当年度有结余的资金可转入下年度滚动使用。参加浙江省养蜂业风险救助的对象一旦需要救助，可及时向订单挂钩的龙头企业和当地蜂业协会报告，并提供请求救助的证据。订单挂钩的龙头企业或当地蜂业协会接到报告后，根据受灾事实、受灾程度及蜂农提供的证据进行调查核实，认定事故性质，提出救助等级的初审意见，省养蜂业风险救助资金管理委员会一般每年对各地提出的风险救助申请进行 1~2 次集中研究审批。救助决定形成后，由省养蜂业风险救助资金管理委员会主任在《浙江省养蜂业风险救助申请表》上签字盖章，然后由协会秘书处办理资金发放手续。蜂农申请风险救助资金流程如图 4-3 所示。

（2）蜂产业风险救助的优缺点

优点有三个方面：首先，可以从省财政积极争取到配套救助资金，一般按照 1∶1 的比例配套。且当年结余资金可滚动使用，如第一年按照每箱

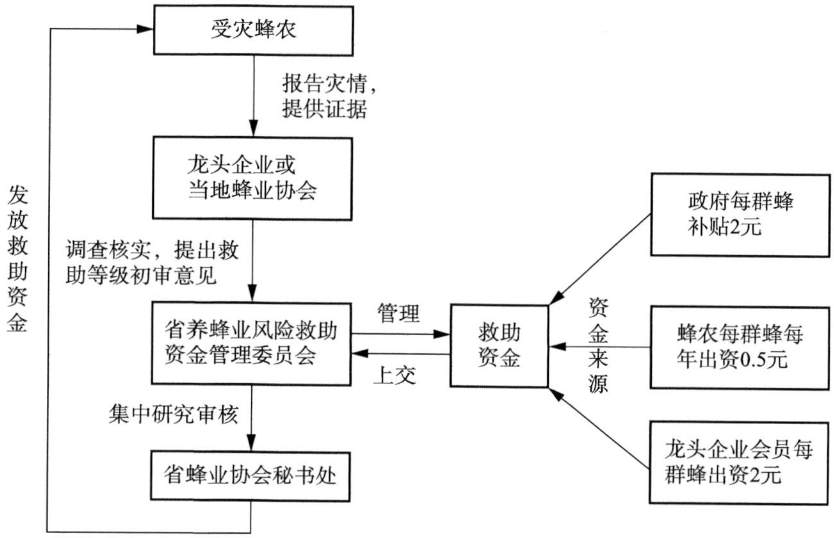

图 4-3　浙江省蜂农申请风险救助资金流程

2.5 元上缴到省蜂业协会，除去当年下发部分救助资金，结余部分可滚入下年继续使用。其次，救助资金由三方主体共同出资构成，救助机制具有稳定性，且对龙头企业（或合作社）和养蜂户产生很大的激励作用。最后，救助办法的实施可以促进更多的蜂农愿意成为合作社或龙头企业的订单农户，提高了蜂农的组织化程度，组织化程度的提高能够提升蜂农在市场交易中的弱势地位，反过来也增强了蜂农的抗风险能力。

不足之处主要有三个方面：第一，救助范围有限，如经常遭受的春季长期低温阴雨天气、蜂群运输车常规事故等均不包括在救助范围内。第二，操作程序烦琐，定损理赔速度滞后，难以进行现场核实。按照浙江省蜂业协会要求，受灾蜂农需要在规定时间内，上报多种相关受灾材料，但养蜂人文化水平普遍不高，又深处偏僻的省外放蜂之地，上报材料程序给他们造成很大的困难。地方监管部门将蜂农受灾材料上报到省里，省养蜂业风险救助资金管理委员会研究确定救助等级，最后与省蜂业协会对接，方可争取到省财政配套的救助资金；另外，绝大多数养蜂事故发生在外地，对上报受灾材料的真伪性很难鉴定，如需现场核实，要花费相当大的财力和人力。第三，因蜂农存在侥幸心理，存在不愿意交纳费用的现象。

4.2.2.2 养蜂综合保险

养蜂综合保险是由江山市养蜂产业化协会牵线搭桥，江山市平安保险公司根据养蜂行业特点而制定的保险，保险内容包括养蜂户人身险、医疗险和蜂群运输险。保险费初定为每年每户 155 元（保险费可按照参保人数的增加再做相应的下调）。2012 年，已有江山市福赐德蜂业科技开发有限公司为下属的 300 户中蜂定地订单饲养户购买了平安保险公司的养蜂综合保险，江山市健康蜂业有限公司为其下属的 90 户订单蜂农、江山有蜂缘蜂业有限公司为其下属的 30 户订单蜂农也都办理了养蜂综合保险。

（1）养蜂综合保险的运作机制

养蜂综合保险作为一种农业保险，由商业保险公司运作。商业保险公司在追逐利润最大化的前提条件下，根据概率论的大数法则设计保险产品，完全依靠市场力量。江山市养蜂综合保险由江山市平安保险公司依托当地蜂产品龙头企业运作，由江山市养蜂产业化协会牵线搭桥，协会同时协调保险公司与龙头企业及蜂农之间的关系。养蜂综合保险保费全部由龙头企业支付，灾害发生后，保险公司利用全国联网系统能够较快完成现场核实与理赔。江山市蜂农办理养蜂综合保险及理赔流程如图 4-4 所示：

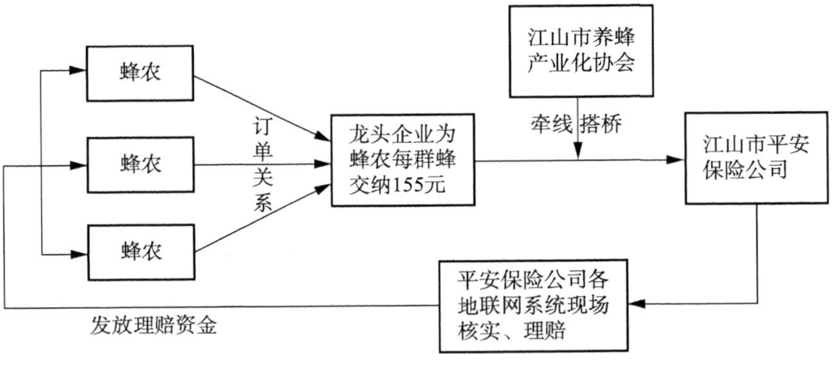

图 4-4 江山市蜂农办理养蜂综合保险及理赔流程

这种运作机制在一定程度上克服了传统农业保险业务的弊端。其制度创新之处主要有以下两方面：

首先，传统的农业保险是由居住分散且经营规模较小的投保者（单个农户）为其标的（饲养的动物或种植的农作物）办理保险业务的，投保者与保险公司之间的信息不对称问题非常突出，出现逆向选择和道德风险问题的可能性极大，往往是低风险者放弃投保，投保者恰恰是风险较高的农户，农业保险公司需要耗费巨大的人、财、物等成本去勘查理赔，大大增加了保险公司的经营成本，使得农业保险公司的经营陷入困境，最终退出农业保险领域。由龙头企业出面投保克服了投保农户居住分散、经营规模小的弊端，同时也减轻了双方之间的信息不对称，在很大程度上能够避免一般农业保险公司经营过程中出现的上述问题。

其次，通过办理养蜂综合保险，龙头企业与订单蜂农可以实现双赢。对蜂农来讲，加入养蜂综合保险能够使风险损失得到一定的补偿，大大提高了其抗御风险的能力，经济收入有了保障。对于龙头企业来说，与加入风险救助类似，不仅能够使企业与蜂农之间的关系更加协调与稳固，优良的蜂产品原料来源有了保障，而且还会吸引更多的蜂农加入该公司的原料生产基地，提高了养蜂业的组织化程度。

（2）养蜂综合保险的优缺点

有利方面主要有三点：一是通过龙头企业把小而分散的蜂农组织起来，可以避免出现普通农业保险业务中面临的逆向选择和道德风险问题。二是赔偿操作环节简单，地方主管部门只负责监管、备案、追踪，其余工作由体制完善的保险公司利用全国联网系统完成现场核实，赔偿兑现速度快。三是扩大了赔偿范围，常见的蜂群运输车事故、养蜂户医疗费被列入赔偿范围。

不足之处有两点：一是理赔范围仍然有限，养蜂生产过程常见的天灾如洪水、地震、火灾或其他重大灾害致使蜂农无力继续从事养蜂业时，仍无法得到赔偿。二是蜂农虽然对蜂业保险有需求，但投保能力较弱，若龙头企业不为其交纳保费则蜂农普遍无投保意愿。

4.2.2.3　蜂业气象指数保险

蜂产业属于受气候因素影响较大的农业产业之一，自然风险较大，如蜜源植物花期前、中、后出现恶劣天气，将造成当年蜂产品产量的大幅下降，蜂农损失惨重。为进一步建立健全蜂业抗风险机制，增强蜂农抵御自然灾害能力，满足北京市蜂农的风险保障需求，保障蜂农养蜂增收致富，促进蜂产业的持续健康发展，在北京市农委、北京市园林绿化局、北京市气象局、中国人保财险北京分公司、密云县农委和密云县农合中心的大力支持下，按照“政府财政支持、蜂农自主自愿、协会组织推进、人保技术保障”的原则，以蜂业增产、蜂农增收为目标，以帮助蜂农抗灾增收为出发点，以构建蜂业生产扶持保障体系为主线，本着“宜粗不宜细，宜简不宜繁，循序渐进”的方针，开发了“北京市蜂业气象指数保险”这一新险种，并制定了《北京市蜂业气象指数保险条款》，于2014年在北京市密云县试点实施，并于2015年在北京全市推开。

（1）蜂业气象指数保险的运作机制

蜂业气象指数保险的参保条件：一是符合北京市蜂产业发展规划和布局；二是参保蜂群必须定地养殖，且全部处于气象部门的监测范围内；三是参保蜂群须与当地蜜蜂专业合作组织签订合同；四是参保蜂农须是北京市农业户籍；五是蜂农必须具有《养蜂证》，且《养蜂证》须在法律规定的有效期内；六是参保蜂群养殖以《北京市蜜蜂饲养综合技术规范》为标准进行饲养、防疫和生产，且应建立养殖档案及养蜂日志，并有产量记录。保险责任起赔标准为：由于保险期间内实际累计降水量小于保险合同约定的气象指数标准或连阴天数达到5天以上造成蜂农投入成本损失的，保险公司依照保险合同的约定进行赔偿。保险蜂群每群的保险费为40元，其中市级补贴40%，区（县）级补贴40%，蜂农交纳20%，保障每群蜂420元的生产饲养成本（见图4-5）。

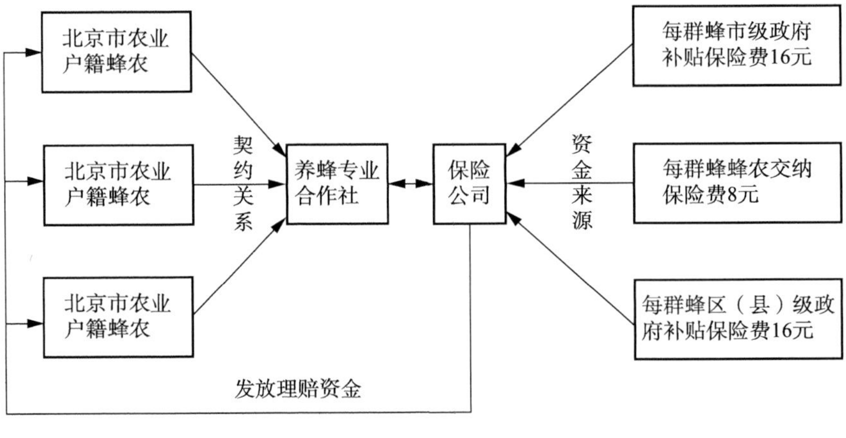

图4-5　北京市蜂农办理气象指数保险及理赔流程

截至 2017 年底，蜂业气象指数保险已在北京市试点实施 4 年。蜂业气象指数保险试点实施 4 年来，密云区、昌平区、门头沟区共有 1271 户蜂农为 11.85 万群蜂群投保，投保额共 473.9 万元，实现了 4975.9 万元的风险保障。2014 年、2015 年连续为参保蜂农户均提供 1893.90～2241.56 元的灾害救助，北京市蜂农应对风险的能力得到显著提升，一定程度上保护了蜂农的生产积极性（见表 4-9）。

表 4-9　2014—2017 年北京市蜂业气象指数保险投保及赔付情况

年份	试点地区	投保蜂农数（户）	承保蜂群数（群）	投保金额（万元）	蜂农自缴金额（万元）	保障额度（万元）	是否理赔	理赔总额（万元）
2014	密云	231	24082	96.33	19.27	1011.44	是	71.5
2015	密云 昌平 门头沟	639	61222	244.89	48.98	2571.32	是	170
2016	密云 昌平 门头沟	251	16470	65.88	13.18	691.74	否	—
2017	昌平 门头沟	150	16700	66.8	13.36	701.4	—	—

资料来源：李瑞珍，刘朋飞，刘世丽，等．北京市蜂业支持政策研究［J］．安徽农业科学，2019，47（7）：251-254.

北京市气象局副局长曲晓波对蜂业气象指数保险第一年试点成功给予了高度评价，认为蜂业气象指数保险不仅在蜂业发展领域上是一个创举，而且在农业政策性保险中有三个突出的创新点：一是蜂业保险是第一个引入气象指数的保险，以往农业政策性保险都是把发生冰雹、霜冻等灾害性天气作为考察的指标，根据现场勘察确定理赔，而蜂业气象指数保险是首次把降水量这种常规天气指标作为气象指数列入保险条款的农业政策性保险，非常客观和科学；二是蜂业保险是第一个考虑产量指数的保险，在其他种植业和畜牧业保险中，保的多是价格，而蜂业气象指数保险首次提出了保产量的概念，具有创新性；三是蜂业保险是第一个基于产业链管理的保险，蜂业保险流程设计得很清楚，蜂业保险需通过合作社来实施，参加蜂业保险必须加入养蜂专业合作社，这样有利于整个产业的组织化带动，有利于产品品质的控制和实现食品安全。这三个创新点的成功示范，将对于制定其他农业政策性保险提供新的思路和新的依据。

（2）蜂业气象保险指数的优缺点

优点有三个方面：首先，蜂业气象指数保险的推出，将有效分化恶劣天气对蜂业生产的影响，补偿蜂农的自然灾害风险损失，有效扶持蜂业生产中的“弱势群体”，使蜂农抵御风险和恢复生产的能力不断提高，从而保障蜂农的利益，同时，借助保险的杠杆作用，能够成倍放大财政支农、强农、惠农政策效果，从而助推蜂产业结构不断升级。其次，蜂业气象指数保险能有效规避由逆向选择和道德风险引发的信息不对称问题。在保险公司划定的统一保险风险区域内，蜂农以统一标准购买保险，当灾害发生时获得同等赔偿，额外的损失由蜂农自己承担，这种以第三方方式出现的严格客观规范的赔付标准，极大地解决了蜂农信息不对称问题，充分调动了蜂农的生产积极性。最后，蜂业气象指数保险的管理成本低，操作简便，一是保险条款是标准化的，赔付指标已确定；二是不需要对蜂产品或者蜂农进行监督；三是一旦发生灾害，保险公司只需依据条款和气象数据，对每位蜂户进行一对一的赔付（梁崇波、刘进祖、吴忠高等，2014）。

缺点有三个方面：首先，蜂业气象指数保险的设计较为复杂，必须精确计算当地主要气象灾害风险与蜂产品产量的关联度，进而收集当地长期的气象与产量数据，对于一些缺乏相关长期历史数据的地方，气象指数保险的精确性将受到影响，这可能导致蜂农利益得不到充分的保障。其次，有些地区天气变化极为复杂，降水量分布不均衡，可能导致当地气象站测量到的天气指数与蜂群分布的实际天气指数不一致，造成保险赔付的准确性下降。最后，对蜂业生产而言，气象指数保险虽然能够防范最直接、最主要的天气灾害风险，但并非全面覆盖养蜂的风险，对于一些难以通过指数精确量化的自然风险（如蜜蜂病虫害、人为影响等），气象指数保险无法提供有效保障（梁崇波，2019）。

4.2.3 结论与政策建议

4.2.3.1 采取积极推进措施，促使更多蜂农参加风险救助

浙江省养蜂业风险救助办法的实施，不仅受到了蜂农、蜂产品龙头企业及蜂业协会的普遍欢迎，尤其是对于受灾后打算恢复生产而缺乏资金的

蜂农来说无疑是雪中送炭，而且还间接促进了养蜂业组织化程度的提高。但加入风险救助的蜂农比例还很小，江山市仅有 1/4 的蜂农加入了风险救助。各级政府与蜂业协会应加大对养蜂业风险救助实施办法的宣传力度，使企业与蜂农充分认识到风险救助的益处，树立风险救助受益典型。同时建议地方政府投入风险救助专项资金，如浙江省桐庐县财政每年安排 20 万元专项资金用于养蜂业风险救助。此外，应根据风险救助实施以来的实践，不断完善该办法，从多角度全方面积极推进，促使更多蜂农参加养蜂业风险救助。

4.2.3.2　加强政策扶持与保险立法，推广养蜂综合保险新模式

商业性农业保险公司在灾害的定损理赔方面具有很大的优势，但针对蜂业保险这一特殊险种来讲，由于养蜂生产风险因素复杂、蜂场位于偏远农村造成风险确认与理赔较一般险种更为困难，一般商业保险公司不愿意经营蜂业保险业务。政府应对经营蜂业保险业务的商业保险公司给予税收优惠、财政补贴等政策方面的支持，鼓励商业保险公司积极经营蜂业险种。同时，应加强农业保险的立法工作，对养蜂生产这一特殊的险种从营销网点建设、经营范围、费率制定及赔付标准等内容以法律的形式加以规范，设立不同层次不同对象的蜂业保险费率与保障金额，从而建立起适合养蜂生产特点的新的综合保险模式，以满足不同蜂农的保险需求。

4.2.3.3　强化气象指数保险宣传，加大财政支持

北京市启动蜂业气象指数保险在全国尚属首例，虽然北京市蜂农对保险的认知度比较高，但只有 4%的蜂农家庭参加过农业政策性保险。要充分发挥媒体优势，通过有效载体，多渠道加强蜂业气象指数保险的宣传，提高蜂农风险意识，让蜂农认识到蜂业气象指数保险是推进蜂产业发展的重要举措，不断增强蜂农参与保险的主动性和自觉性。同时，蜂农属于低收入水平的弱势群体，虽然购买保险意愿强烈，但很大程度上是否参保取决于保费的高低，蜂业气象指数保险属农业政策性保险范畴，要不断加大政府支持和工作指导力度，通过财政补贴来带动蜂农购买保险，逐步扩大保险的覆盖面和渗透度。蜂业气象指数保险在我国保险行业险种中是一个创新品种，是一个新鲜事物，要制定切实可行的保险条款，以点带面，梯次推进，不断完善，稳妥有效地推进，逐步扩大蜂业气象指数保险的覆盖

范围，提高保险水平。

4.2.3.4 开发地方险种试点，探索蜂业政策性农业保险

由于农业保险具有准公共物品属性和正的外部性（庹国柱等，1996；李军，2004），农业保险市场存在市场失灵现象，而政策性农业保险是由政府通过财政补贴的方式干预农业保险市场，能够有效地推动其顺利发展，中央连续七年（2004—2010年）的“一号文件”都要求各地探索和完善政策性农业保险的经营体制和发展模式。截至目前，各省市开办的政策性农业保险险种包括能繁母猪、生猪、鸡、鸭等畜禽大宗畜牧品种以及一些农作物品种，但蜜蜂品种还未加入，建议参照生猪等畜禽类政策性保险的运作模式，积极制定蜂业农业政策性保险实施方案，尽快将蜜蜂列入政策性农业保险险种。

4.3 蜂农参与保险的意愿及影响因素

为了探索养蜂生产风险的有效补偿模式，稳定和提高蜂农收入，将浙江省江山市实施的“养蜂综合保险”做法在国内其他省份和地区积极推广具有重要的理论意义和实践价值。本部分内容以河南省的部分蜂农为样本做了实地问卷调查，试图从蜂农的视角出发了解其参加养蜂综合保险的意愿及其影响因素，以期为今后大范围开展蜂业保险提供决策参考。

河南省是养蜂大省，目前河南省蜂农有1万多户，蜂群总数与蜂产品产量均居全国前列。国家蜂产业技术体系蜂业经济课题组选取了河南省蜂农作为调查对象，进行了随机抽样调查研究，以了解河南省蜂农参加养蜂综合保险的意愿及其影响因素。根据课题组2012年6月至10月在浙江省江山市的调研了解到，单独的分散蜂农投保能力非常弱，只有在企业为其交纳保险费用的情况下才有蜂农愿意参加养蜂综合保险。与浙江省相比，河南省的蜂农与当地蜂产品企业之间形成较为稳定的“企业+基地农户”关系的较少，因此，不能将浙江省江山市的养蜂综合保险实施方法直接拿来用于河南省。考虑到养蜂业通过蜜蜂授粉产生正的外部效益，是一个典型的正外部性产业，在市场失灵情况下需要政府通过补贴支持进行宏观调

控，而当蜂业灾害发生时，尤其需要政府的及时救助以扶持这一产业的健康发展，因此，结合河南省的具体情况，假设河南省办理养蜂综合保险的费用由政府和蜂农双方共同承担。

4.3.1　数据来源与样本蜂农的基本特征

4.3.1.1　数据来源

本研究所使用的数据是国家蜂产业技术体系蜂业经济课题组于 2012 年 11 月对河南省济源（50 户）、焦作（30 户）、许昌（20 户）、周口（20 户）、新乡（25 户）、漯河（15 户）、信阳（15 户）、洛阳（15 户）等八个地区的 190 户蜂农实地调查所得，调查采取随机抽样的方法，共发放问卷 190 份，回收有效问卷 160 份，问卷有效率为 84.21%。

4.3.1.2　样本蜂农的基本特征

（1）样本蜂农的人口学与家庭特征

160 个样本蜂农中家庭人口平均规模为 4.89 人/户，98%的蜂农都是男性，大多数家庭为夫妻二人或者父子二人一起养蜂，仅有 5%的蜂农由于饲养蜂群规模较大雇用 1 人或 2 人。样本蜂农中年龄最大的为 68 岁，最小的 29 岁，平均年龄为 50.04 岁。蜂农的文化水平总体偏低，其中小学及以下文化程度的蜂农占 21.4%，初中文化程度的蜂农占 69.2%，高中及以上文化程度的蜂农仅占 9.4%。样本蜂农中 64.7%的蜂农为兼业养蜂，除了养蜂生产外还从事种植业或者外出打工，剩下 35.3%的蜂农为专业养蜂。从样本蜂农的健康状况看，有 67%的蜂农身体比较健康，28%的蜂农健康状况为一般，剩下 5%的蜂农身体状况较差。

（2）样本蜂农养蜂生产基本情况

在被调查蜂农中，户均养蜂规模为 137.72 群，饲养规模最大的为 280 群，最小的为 30 群，其中 98.33%的蜂群品种为意蜂。77%的蜂农采取了跨省大转地的放蜂方式，仅有 5.42%的蜂农为定地放蜂，其余蜂农采取本省内小转地的放蜂方式。

（3）样本蜂农的养蜂生产风险

根据对样本蜂农的调查资料统计（见表 4-10），63%的蜂农在 2012 年都遭遇了不同程度的生产风险，受灾蜂农户均损失约为 7096 元，约占正常年份养蜂平均收入的21.02%。在各类风险中，自然灾害（冰冻、雨、雪、干旱等）的发生率最高，为51%，即大约一半的蜂农都遭遇了自然灾害风险，户均损失为4576.47元。蜂病疫情的发生率次之，为32%，户均损失为2619元，尤其是蜂螨与爬蜂病的发生率较高，给蜂农造成了极大的损失。农药中毒的发生率为25%，户均损失为2292元，居第三位。蜜蜂被偷盗的发生率约为10%，户均损失为1022元。交通事故的发生率较低，为1.5%，但交通事故一旦发生则损失严重，户均损失为5000元。另外还有一些其他风险，如常见的蜜蜂敌害、工业污染风险等，其发生率也比较高，约为23%，户均损失为2139元。在被调查蜂农中，有1户蜂农在转地运蜂过程中遭遇了火灾，造成直接经济损失将近20万元。这些各种各样难以预料的生产风险给蜂农带来了严重的经济损失，造成蜂农的养蜂收入更加不稳定，将会导致更多的蜂农弃蜂转行，蜂产业的发展举步维艰。

表4-10　2012年样本蜂农养蜂生产风险发生状况

灾害发生情况	自然灾害	蜂病疫情	农药中毒	偷盗	交通事故	其他
发生率（%）	51	32	25	10	1.5	23
经济损失（元）	4576.47	2619	2292	1022	5000	2139

资料来源：根据实地调研数据资料整理。

（4）样本蜂农参加养蜂综合保险的意愿分析

对于样本蜂农是否愿意参加养蜂综合保险的问题调查，课题组在问卷中设置了一个情景问题："若由养蜂协会或者合作社牵线搭桥，为您办理养蜂户人身险、医疗险和蜂群运输险，您需要每年交一部分数额的保险费，政府承担一部分保险费，您是否愿意参加这种保险？"69.42%的被调查蜂农选择了愿意参加，剩下30.58%的蜂农选择了不愿意参加。由此可以看出，在政府补贴一部分保险费用的前提下，大多数蜂农还是比较愿意参加养蜂综合保险的，只有少部分蜂农由于投保能力较弱或者存在侥幸心理而不愿意参加。

4.3.2　蜂农参加养蜂综合保险意愿及其影响因素的计量分析

4.3.2.1　模型选择

调查问卷中针对上述情景问题的备选答案有两个：愿意和不愿意。将蜂农参加养蜂综合保险的意愿设为因变量，其中选择“愿意”选项的赋值为“1”，选择“不愿意”选项的赋值为“0”。通过建立蜂农参加意愿模型来分析对蜂农参加养蜂综合保险意愿的影响因素。对于这一二元选择问题，选用二元 Logistic 模型进行分析：

$$\ln \frac{P}{1-P}=b_0+\sum_{i=1}^{n} b_i x_i$$

其中，P 表示蜂农愿意参加养蜂综合保险（即 $Y=1$）的概率，$1-P$ 表示蜂农不愿意参加养蜂综合保险（即 $Y=0$）的概率。i 表示影响蜂农参加养蜂综合保险的因素个数。b_0 表示回归截距，b_i 表示第 i 个因素的回归系数。

4.3.2.2　影响因素分析及预计影响方向

在已有文献的基础上，结合养蜂业的特点与河南省蜂农的实际情况，本章将影响蜂农参加养蜂综合保险意愿的因素分为蜂农的人口学与家庭特征、养蜂生产特征、养蜂收益、蜂农的身体状况与其居住地地形特点等其他变量共 4 大类 10 个影响因素。

（1）蜂农的人口学与家庭特征变量

由实地调研情况可知，总体来讲，中国蜂农的老龄化问题非常严重，年轻人多因养蜂生产过程艰辛和比较收益偏低而选择从事其他行业，但样本蜂农中存在部分年龄在 30 岁左右的年轻蜂农，因此考虑将蜂农年龄作为一个解释变量，该变量对蜂农参加养蜂综合保险意愿的预期作用不确定。家庭人口总数可能会对蜂农参加养蜂综合保险意愿产生负的作用，因为家庭人口多会有更多的收入来源，从而导致该类家庭不重视养蜂生产，进而使他们不愿意参加养蜂综合保险。蜂农的文化程度不同会影响蜂农对风险的态度，因此选择受教育水平作为一个解释变量，但其对蜂农参加养蜂综合保险意愿的预期作用不确定。

（2）养蜂生产特征变量

因不同的养蜂生产情况存在不同程度的养蜂风险，选择蜂农从业时间、业别分布（兼业还是专业养蜂）、饲养蜂群数、放蜂方式 4 个养蜂生产特征变量作为解释变量。蜂农从事养蜂时间越长，养蜂经验越丰富，越能够及时采取有效的措施规避风险，因此该变量可能会对蜂农参加养蜂综合保险意愿起负的作用。养蜂收入是专业蜂农收入的主要来源，因此预期专业蜂农可能会比兼业蜂农参加养蜂综合保险的意愿更强烈。饲养蜂群数越多，可能存在的生产风险越大，所以蜂群规模可能对蜂农参加养蜂综合保险意愿起到正的作用。转地放蜂的养殖方式相对定地放蜂而言，遭遇风险的可能性更大，因此转地蜂农可能会比定地蜂农参加养蜂综合保险的意愿更强烈。

（3）养蜂收益变量

根据微观经济学的假定，蜂农都是理性经济人，生产行为符合利润最大化的目标，养蜂收益变量会对养蜂意愿产生较大影响。课题组选取了饲养每群蜂的平均收益作为养蜂收益的衡量指标，预期饲养每群蜂的平均收益越高，蜂农越重视养蜂生产，参加养蜂综合保险的意愿越强烈。

（4）其他变量

根据调研过程中与蜂农的交谈可知，蜂农的健康状况会对蜂农从事养蜂生产产生很大影响，有的蜂农因身体健康状况较差而放弃养蜂生产，但有的蜂农因为身体健康状况较差无法从事严重的体力劳动而选择了在居住地附近进行定地养蜂。因此，该解释变量对被解释变量的影响作用无法确定，将蜂农的健康状况分为“良好”“一般”和“较差”三个等级。考虑到不同蜂农的居住地附近自然环境条件存在差异，蜜粉源植物资源状况等其他环境因素有很大不同，课题组选取了蜂农居住地所在的地形特征作为解释变量，该变量分为“平原”“丘陵”和“山区”三个等级。因为山区的环境条件更适于养蜂，所以预期“平原”“丘陵”和“山区”的蜂农参加养蜂综合保险的意愿越来越强烈。

4.3.2.3 解释变量定义及其描述

各解释变量的定义见表 4-11。

表 4-11　各变量赋值及其预期作用方向

变量名称		变量定义	预期作用
人口学与家庭特征变量	年龄 X_1	实际数据	不确定
	家庭人口总数 X_2	实际数据	负向
	受教育水平 X_3	1＝小学及以下；2＝初中；3＝高中及以上	不确定

续表

变量名称		变量定义	预期作用
生产特征变量	从业时间 X_4	实际数据	负向
	业别分布 X_5	1 = 专业养蜂；0 = 兼业养蜂	正向
	饲养蜂群数 X_6	实际数据	正向
	养殖方式 X_7	1 = 转地放蜂；0 = 定地放蜂	正向
收益变量	每群蜂平均收益 X_8	实际数据	正向
其他变量	蜂农的健康状况 X_9	1 = 较差；2 = 一般；3 = 良好	不确定
	居住地地形 X_{10}	1 = 平原；2 = 丘陵；3 = 山区	正向

4.3.2.4　模型估计结果与分析

运用 SPSS16.0 软件对 160 个样本数据进行二元 Logistic 回归分析，采用 Forward：LR 的方法，即让回归方程中最有统计显著性的变量先进入方程，其他自变量依次进入，根据极大似然估计值删除不显著的变量，判断概率设为 0.1，迭代次数设定为 40 次。经过多次迭代和筛选变量，最终得到了拟合效果较优的回归模型。

表 4-12 回归结果表明，极大似然估计值为 310.15，类 R^2 确定系数当中，Cox & Snell R^2 的值为 0.536，Nagelkerke R^2 的值为 0.813，模型具有统计意义。

从回归结果可以看出：

第一，蜂农的人口学与家庭特征方面，进入最优模型的两个影响因素为蜂农的年龄和受教育水平。其中，年龄变量的回归系数为-0.269，达到了极显著的水平，说明随着蜂农年龄的增大，蜂农参加养蜂综合保险的意愿越低，这可能是由于年纪大的蜂农多属于风险的厌恶者，因此参加养蜂综合保险的意愿会比年轻人低。从受教育水平变量分析，与高中以上文化程度的蜂农相比，初中文化程度、小学及以下文化程度的蜂农对参加养蜂综合保险意愿均具有一定的副作用，且小学及以下文化程度的回归系数为-5.325，达到了极显著的水平。这意味着蜂农的文化程度越高，其对生产风险于养蜂生产影响的重要性意识越强，越愿意参加养蜂综合保险。家庭人口总数变量对蜂农参加养蜂综合保险的意愿影响不大，没有通过显著性检验，在逐步回归过程中已被剔除。

表 4-12　蜂农参加养蜂综合保险意愿的 Logistic 回归结果

方程中的变量	B	S. E.	Wald	df	Sig.	Exp（B）
常数项	12. 55	4. 446	7. 968	1	0. 005	20822E5
年龄 X_1	-0. 269***	0. 084	10. 363	1	0. 001	0. 764
小学以下文化程度 $X_3=1$	-5. 325***	1. 933	7. 584	1	0. 006	0. 005
初中文化程度 $X_3=2$	-1. 891	1. 271	2. 213	1	0. 137	0. 151
高中以上文化程度 $X_3=3$				1		
从业时间 X_4	-0. 167**	0. 069	5. 893	1	0. 015	1. 182
兼业养蜂 $X_5=0$				1		
专业养蜂 $X_5=1$	3. 732***	1. 378	7. 341	1	0. 007	0. 024
每群蜂平均收益 X_8	0. 02*	0. 01	4. 022	1	0. 045	1. 02
-2 Log likelihood	310. 15					
Cox & Snell R^2	0. 536					
Nagelkerke R^2	0. 813					
Chi^2	76. 84					

注：*、**、***分别表示达到 10%、5%、1%的统计显著性水平。

第二，养蜂生产特征方面，对蜂农参加养蜂综合保险意愿有统计上显著性影响的因素为蜂农的从业时间与业别分布。养蜂时间变量的回归系数为-0. 167，达到了比较显著的水平，说明从业时间越长的蜂农养蜂经验越丰富，能够及时采取有效的措施规避风险而不愿意参加养蜂综合保险。与兼业蜂农相比，专业蜂农更乐意参加养蜂综合保险。这大概是由于养蜂收入是专业蜂农收入的主要来源，一旦遭遇生产风险就会给专业蜂农造成极大经济损失。蜂农参加养蜂综合保险的意愿受饲养蜂群数、养殖方式的影响较小，最优模型中不含这两个变量。

第三，养蜂收益与其他因素方面，养蜂收益变量的模型回归结果与预期方向一致，即每群蜂收益变量的回归系数为 0. 02，达到了 10%的统计显著性水平。说明随着饲养每群蜂平均收益的增加，蜂农越来越重视养蜂生产，其参加养蜂综合保险的意愿强烈。其他变量如蜂农的身体健康状况与蜂农居住地的地形特征对蜂农参加养蜂综合保险意愿的影响作用极小，没有通过显著性检验。

4.3.3　结论与政策启示

对河南省样本蜂农参加养蜂综合保险意愿及影响因素的实证分析表明，大部分被调查蜂农能够认识到养蜂生产存在极大的风险，参加养蜂综合保险的意愿比较强烈，养蜂综合保险有很大的市场需求。影响样本蜂农参加养蜂综合保险的主要影响因素为蜂农的年龄、受教育水平、从业时间、业别分布与养蜂收益情况。蜂农的家庭人口总数、饲养蜂群数、养殖方式、身体健康状况与居住地地形特征对其参与养蜂综合保险意愿的影响不显著。

根据以上研究结论，为了实现养蜂综合保险实施办法的顺利推广，应该从以下几方面着手开展工作：首先，由于养蜂综合保险尚未在全国范围内推广实施，大多数蜂农年纪偏大且风险意识较低，应该通过大力宣传养蜂综合保险的作用，提高蜂农对养蜂生产风险的重视程度及对养蜂综合保险的认知程度，从而提高蜂农的投保率。其次，多数蜂农收入较低，同时存在侥幸心理而不愿意交纳保险费用，因此，在养蜂综合保险费用的支付比例上，政府应承担较大比例的投保费用，通过提高政府对养蜂综合保险的补贴力度来促进蜂农购买养蜂综合保险。最后，应通过鼓励发展规模养蜂、专业养蜂、开展养蜂技术培训等多种途径着力提高蜂农的养蜂收入水平，从而提高蜂农从事养蜂生产的积极性，重视养蜂生产风险带来的危害与损失，提高其对养蜂综合保险的需求程度，同时也能够使蜂农从经济上承担得起投保费用，有能力参加养蜂综合保险。

4.4　本章小结

本章基于蜂农固定观察点的实地调查数据，对中国蜂产业的生产特点与风险补偿进行了较为全面的分析研究。研究发现，中国蜂产业的生产目的已由单一生产蜂产品逐渐向为作物提供授粉服务过渡，种植业已开始萌生了授粉需求；蜂业生产采取的还是以家庭结构为主的小农经济生产方式，蜂农多为年纪较大、受教育程度中等的男性蜂农，近几年加入蜂产业的年轻蜂农很少，并且多数蜂农为兼业蜂农，蜂产业后继无人现象仍然很严重。蜂产业的生产方式较为落后，主要表现为养殖规模偏小、生产技术落后、机械化水平偏低、组织化程度较低等。诸多问题的存在将会导致中国蜂产业发展举步维艰。蜂产业是一个风险较高的产业，存在自然灾害、农药中毒、蜂病疫情、偷盗、交通事故以及其他风险等6类风险，其中，自然灾害风险与农药中毒风险的发生率最高。为了增强蜂农抗御风险的能力，国内有部分地区对蜂产业风险补偿做了尝试和探索，主要有浙江省实施的养蜂业风险救助、浙江省江山市实施的养蜂综合保险以及北京市实施的蜂业气象指数保险，本章对以上3类蜂产业风险补偿的运行机制进行了研究并分析了其优点和缺点。最后结合课题组对河南蜂农的实地调查数据，对蜂农参与保险的意愿及影响因素进行了探讨，结果显示，大部分被调查蜂农能够认识到养蜂生产存在极大的风险，参加养蜂保险的意愿比较强烈，养蜂保险有很大的市场需求。但由于受年龄、受教育水平、从业时间、业别分布与养蜂收益情况等因素影响，蜂农对参加保险的积极性并不高，应加大宣传力度、提高政府补贴，尽快推广蜂业保险业务，让蜂农受益。

第5章　蜜蜂授粉的经济价值与市场需求估算

昆虫授粉不仅是一项重要的生态系统服务功能，而且也是世界上许多农作物生产中不可缺少的一种投入（Allsopp et al.，2008）。昆虫授粉对于大约70%的开花类植物繁殖后代来说是必需的，尤其是蜜蜂授粉，对于世界上超过30%的作物来说都是必不可少的（Barfield et al.，2012）。相关调研结果显示，全世界约有400种作物生产需要蜜蜂或其他蜂类授粉，其中美国有130种作物需要由蜜蜂进行授粉（Southwick and Southwick，1992），欧洲有84%的作物依赖昆虫（主要是蜜蜂）进行授粉（Willians，1994）。蜜蜂的授粉服务本身只是一种生物过程，蜜蜂依靠采集花蜜和花粉来实现自身繁衍的目的，但客观上起到了为植物传花授粉、维持生物多样性和促进生态平衡的作用。蜜蜂对农业生产的贡献显著地表现为蜜蜂为植物传播花粉，提高农作物的产量和质量。这主要通过两个层次得以体现：一是提高了植物果实或种子的产量和质量，降低了果实畸形比率；二是可以显著增强作物种子后代的生命力，经过蜜蜂授粉的种子发育成的下一代植株会具有更高的产量。世界上许多经济发达的国家都非常重视利用蜜蜂为农作物授粉，并取得了明显的经济效益。

为了对蜜蜂保护提供激励机制，估算蜜蜂授粉对农作物生产的经济价值与贡献是非常必要的。本章将对蜜蜂授粉的经济价值估算方法进行梳理评述，为中国蜜蜂授粉的经济价值评估提供有益的借鉴方法，并使用依存度估算法对最近三年中国蜜蜂为农作物授粉的经济价值进行评估，最后，以农业大省河南省为例，定量测算了蜜蜂授粉的潜在市场需求量，研究结论对于正确认识蜜蜂授粉的重要性、加快普及推广蜜蜂授粉技术、提高种植户与政府官员及社会各界对养蜂业的关注与重视程度具有重要的实践意义。

5.1 蜜蜂授粉经济价值的估算方法

根据已有文献，目前常用的估算蜜蜂授粉服务经济价值的方法有简单测算法、生物经济学法、市场价格法、成本估算法与生产函数法，这五种方法都从总量上估算了蜜蜂授粉服务的经济价值，而且这些研究多集中于人工饲养的蜂种。较新的研究成果还有学者使用 InVEST（Integrated Valuation of Ecosystem Services and Tradeoffs）模型估算了野蜂授粉服务的经济价值，他们结合 GIS 技术，研究了野蜂授粉服务的空间分布问题（Lonsdorf et al.，2011）。

5.1.1 简单测算法

简单测算法的计算原理就是把与蜜蜂授粉相关的数据进行简单加总作为蜜蜂授粉的经济价值。根据数据来源可以把简单测算法分为两类：租金计算法与产值计算法。

5.1.1.1 租金计算法

租金计算法是在授粉服务的价值等于为授粉所支付的租金和费用的假定下，将相关租金和费用加总而得到的。如 Rucker 等（2005）用该方法估计了美国每年蜜蜂授粉的价值为 1.5 亿美元。租金计算法仅适用于授粉服务已经商业化的发达国家，而且该方法没有考虑消费者对保证授粉服务质量的支付意愿，同时也忽视了生产成本。

5.1.1.2 产值计算法

产值计算法是将依赖于蜜蜂授粉的作物产值进行加总作为蜜蜂授粉服务的经济价值。Levin（1984）与 Costanza（1997）等学者都使用了这种方法。但该方法也存在一定不足，因为它把作物授粉的总价值都归于授粉，在一定程度上高估了蜜蜂授粉的经济价值。作物产量的减少（增加）仅仅是在一定程度上由于昆虫授粉者的缺乏（引入）而导致的（Gallai et al.，2009）。

5.1.2 生物经济学法

对产值计算法进行改进就是生物经济学法，即在作物总价值的前面乘上一个代表作物对授粉依赖程度的系数，也被称为公式计算法（邵有全等，2006）。测算公式如下：

$$V_{hb}=V\times D\times P$$

其中，V_{hb}（Value of Honey Bees to Agriculture）为蜜蜂授粉服务的经济价值；V 为依赖蜜蜂授粉的作物的年产值；D 为作物对昆虫授粉的依赖程度；P 为蜜蜂占作物有效授粉昆虫的比例。

相比而言，生物经济学法比简单计算法更加准确合理，已被广泛用于各国蜜蜂授粉服务的经济价值估算中。然而，该方法把作物的市场价值简单地归为授粉，忽略了其他投入（如人工授粉、激素授粉等）所做的贡献，因此使用该方法可能会高估蜜蜂授粉对作物产值的贡献。

5.1.3　市场价格法

市场价格法是基于作物的市场价格来进行计算的。在完全竞争市场中，不存在税收、补贴等导致市场失灵的因素，农民支付给商业养蜂者的市场价格反映了授粉服务的边际价值。根据新古典福利经济学，生态系统服务所产生的经济价值可以通过所有个体从这项服务中得到的效用之和来衡量。因此，从生态系统服务供给中所产生的福利取决于消费者剩余和生产者剩余（Freeman，1993）。消费者剩余的定义为“消费者愿意为某一商品支付的货币量与其在购买该商品时实际支付的货币量之间的差额”，可以通过需求曲线来计算，需求曲线代表了农民租用商业蜜蜂授粉的意愿。生产者剩余反映了商业授粉者的净收益（总收入减去成本，如投入、原料、运输成本、资本成本与劳动力的影子价格等成本）。消费者剩余与生产者剩余之和代表了授粉服务所产生的经济价值。

图 5-1 描述了计算消费者剩余与生产者剩余的原理。消费者剩余的计算依赖于作物的需求曲线（D），生产者剩余的计算依赖于供给曲线（S）。图 5-1 表示授粉服务的下降导致作物产量下降，造成供给曲线由原来的位置 S 向左移到 S' 的位置。原来的市场均衡点 E_1 被打破，在 E_2 点达到新的均衡点。在新的均衡点位置，农民种植的作物产量下降，生产成本相对较高。消费者剩余从图中的 D_0AE_1 面积减少至 D_0BE_2 面积。生产者剩余从原来的 S_0AE_1 面积变化至 $S_0'BE_2$ 面积。生产者剩余的变化结果是不确定的，因为在新的均衡点，虽然生产者供给的产品价格提高了，但与此同时伴随

的是供给量的减少，生产者剩余变化的具体情况取决于供给曲线的价格弹性。

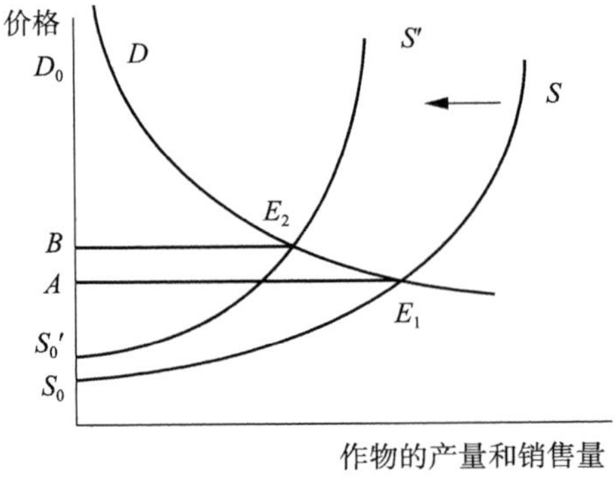

图 5-1　授粉服务减少对消费者剩余和生产者剩余造成的影响

很明显，这种方法仅适用于存在国内授粉的情况。而且，授粉服务必须在农民与养蜂者之间进行“交易”。然而，在欧盟和美国，政府对授粉服务给予了较大规模的补贴，这些补贴提高了农民的单位作物产量收入，因此会高估授粉的经济价值。这些实际情况造成该方法只是一种理想的近似的估算方法。

5.1.4　成本估算法

预防性支出、灾害损失成本与替代成本是这类方法计算的相关成本。该方法主要是通过计算一旦可利用的授粉服务减少了会导致农业生产中相关成本的增加量，将这些增加的成本之和作为蜜蜂对作物授粉的经济价值，Allsopp（2008）用撒粉和人工授粉两种方式作为昆虫授粉的替代，对南非开普省的落叶水果授粉服务价值进行了研究。常用的相关成本有租用蜜蜂进行授粉、使用人工授粉或者激素授粉等所发生的费用。

从技术上看，成本估算法并没有提供一种正确测算蜜蜂授粉服务经济价值的方法。使用该方法的一个前提假定是：如果人们为了避免授粉服务不足而采用其他途径来替代，那么授粉服务的经济价值至少应大于人们为此而付出的代价（即所发生的相关成本）。也就是说，只有当授粉服务的经济价值高于这些成本时，人们才会选择用相应的方法去替代或者预防授粉不足。因此该方法是一种很保守的计算方法。成本估算法最适合用于产生了灾害损失成本和替代成本的地区。

5.1.5　生产函数法

由于授粉是对农业生产的一种投入，生产函数法是最合适的一种估算方法（Hein，2009）。该方法包括两个计算步骤：第一，精确估算授粉服务变化对农作物产量的影响，这项工作的结果通常来自相关的试验报告。第二，估算因授粉服务变化对社会福利产生的影响。具体计算过程如下：

设作物的产量为 y，生产过程中的投入要素主要有可变成本如化肥、劳动力投入等（x），固定成本如土地和资本投资等（k），以及蜜蜂授粉服务（q）。因此作物的生产函数可表示为：

$$y=f(x,\ k,\ q)$$

产品在市场上以价格 p 进行销售，由该产品而产生的社会福利 W（生产者剩余加上消费者剩余）是价格 p 与产量 y 的函数，在完全竞争的市场经济条件下，每个农民都是价格的接受者，市场达到均衡状态时候的产量 y^* 就是社会福利最大化时候对应的产量（Freeman，1993）。结合第一个步骤的生产函数，授粉服务变化所引起的社会福利的改变可以表示为：

$$\frac{\partial W}{\partial q}=p(y^*)\frac{\partial y}{\partial q}$$

由此可见，使用生产函数法进行估算需要掌握生产者和消费者对授粉服务变化、商品价格变化的反应信息，而这些数据通常是缺乏的。因此，在实际运用中，更为一般的处理方法是假定当地的授粉服务损失并不对市场造成影响，社会福利的改变仅仅等于产量的变化乘以产品的估算价值（farm gate value）。这种处理方法也被称为“生产效应”方法。

这种方法的不足之处在于：如果需求是缺乏价格弹性的，授粉服务的减少导致作物产量的下降最终会提高作物的市场价格，进而会影响其余生产者的收益（这部分生产者的收益会增加）和消费者的收益（面对高价格消费者剩余减少）。因此，使用产量的变化乘以产品的价格估算价值而得到计算结果存在很大的不可靠性。

5.1.6 InVEST 模型估计

随着经济学、生态学等学科的发展，授粉作为一项生态系统服务功能，不同领域的学者从不同的角度对其进行了较为深入的研究，InVEST 模型便是一种生态领域的学者在研究授粉服务的空间分布时所使用的授粉服务经济价值评估模型。

Lonsdorf 等（2011）使用 InVEST 模型，对野蜂授粉服务的空间分布问题进行了研究。该模型是由斯坦福大学自然资产项目组开发的基于计算机来运行的一组模型。他们研究的基本原理如下：蜜蜂作为授粉者在景观中的生存需要具备两个基本条件：筑巢基质和开花植物资源。因此，模型首先根据土地利用分布图估算每种土地利用类型对这两类资源的满足情况。另外，蜜蜂在授粉过程中需要在蜂巢与花源之间飞动，它们寻找花源的搜索距离和不同栖息地的空间配置会影响野蜂的存在、野蜂的数量以及它们对农场的授粉服务。蜜蜂提供给农场的授粉服务最终取决于农场种植的作物、蜜蜂对不同作物的授粉能力、作物对授粉的响应，以及农田作物中的蜜蜂的数量。

Lonsdorf 等（2011）运用 GIS 技术把研究地区划分为 90×90m 的网格地块，首先根据每个网格地块的筑巢资源以及周围网格地块的开花植物资源估算该网格地块的授粉者的数量，这代表的是授粉服务的供给情况。然后，根据研究地区种植的作物类型，运用模型估算出每个网格地块中需要或者适合蜜蜂授粉的作物分布情况，这代表的是授粉服务的需求情况。最后，根据蜜蜂寻找花源的觅食距离，以及前面得出的授粉服务的供给和授粉服务的需求，就可以估算出到达每一网格地块对作物进行授粉的蜜蜂的相对数量，这代表的是授粉服务的消费情况。根据各种作物对蜜蜂授粉的依赖度、授粉服务的消费，以及作物的实际产量和价格，即可估算出每一网格地块的蜜蜂授粉的经济价值，从而得到蜜蜂授粉服务的空间分布信息。Lonsdorf 等（2011）使用该方法对哥斯达黎加、加利福尼亚州地区的野蜂授粉服务的空间分布做了研究。

5.1.7　不同经济价值估算方法在不同尺度上的应用

前面共列出了 6 种关于蜜蜂授粉服务的经济价值估算方法，每种方法各有其不同的特点与使用范围，本研究主要是从经济学的角度进行分析，对于不同的尺度水平，应选用较为合适的经济价值估算方法。

5.1.7.1　局地尺度上的蜜蜂授粉服务经济价值估算

如果要对局地尺度上的授粉服务经济价值进行估算，市场价格法与成本估算法都可以使用。更为重要的是，如果估算地区范围限于局部的社区或者农场，那么作物产量的变化将不会对所处地区或者国家市场上的作物价格产生影响，在这种情况下，授粉服务的变化并不直接影响消费者剩余，可以假定为消费者剩余为 0，授粉服务的经济价值全部取决于当地的生产者剩余变化。从短期看，生产者剩余大致等于生产者获得的总收益减去可变成本（如劳动投入、化肥与农药等农资投入）（Varian，1993）。从长期看，因授粉服务的减少可能会导致作物产量的大幅下降，农民可能会不再种植这种作物而改种其他作物。因此，这种局地的处理方法只适合于短期的蜜蜂授粉服务的经济价值评估。

对于局部的地区或农场进行蜜蜂授粉服务的经济价值估算，Ricketts（2004）提出了一种更为简单的方法，他们使用的计算公式为：

$$W=S\times\Delta_q\times(p-c)$$

其中，W 为农民得到的福利，即生产者剩余；S 为种植面积；Δ_q 表示因授粉而带来的作物产量的增加，p 为作物估算价格，c 为与作物收获相关的可变成本。

Ricketts（2004）的研究方法计算出了针对一个农民或者一个特殊的区域的授粉经济价值，这个结果不是授粉的边际价值。尽管计算结果显示了授粉服务的经济重要性，但并不能为授粉服务管理提供充足的指导，例如不能够得出究竟多大面积的土地种植对农民来说才能够达到最优化的结论。

5.1.7.2　国家尺度上的蜜蜂授粉服务经济价值估算

对于国家尺度上的蜜蜂授粉经济价值估算，学者们使用较多的方法是生物经济学方法。该方法计算过程简单，并且将蜜蜂授粉带来的作物产值增加从作物总产值中剥离出来，测算结果比产值计算法更为准确合理。

此外，生产函数法最适合于在较大尺度上分析授粉服务的经济价值，在国家尺度上使用该方法最佳。自 20 世纪 60 年代起，就有学者陆续开始使用生产函数法来分析授粉服务的经济价值（Metcalf and Flint，1962；Southwick and Southwick et al.，1992）。由于使用生产函数法需要构建作物的供给曲线与需求曲线，所以需要得到市场上生产者行为和消费者行为的相关信息，这个市场要求是国家尺度上的市场或者一个自由贸易区的市场（作为一个特殊的案例）。虽然该方法对社会福利的估算也可能不精确，但通过估算能够突出显示蜜蜂授粉对社会福利的贡献。

总的来说，由于在国家尺度上获取授粉服务价值的数据信息比局地尺度更加困难，在国家尺度上的估算结果准确度可能会更低一些。

5.1.7.3 全球尺度上的蜜蜂授粉服务经济价值估算

在全球尺度上获取授粉服务价值评估的信息更加困难，学者们对全球授粉服务价值评估使用的方法多是生物经济学法（Costanza et al.，1997；Richards，1993；Gallai et al.，2009）。他们主要是基于授粉服务与作物产量二者之间的关系进行计算的，计算过程中假定作物的价格固定不变。很明显，这个假定有点不太现实。Gallai 等（2009）在文章中也讨论了价格弹性的重要性，提出了计算全球消费者剩余的方法，但他们并没有使用这种方法去计算从而得出一个更加可靠的结果。在全球范围内预测作物的价格弹性是非常困难的，因此，截至目前尚没有全球授粉服务经济价值的准确可靠信息。

由以上关于蜜蜂授粉经济价值评估的研究方法梳理可知，蜜蜂授粉产生的经济效益、社会效益和生态效益在国外已成为广泛的共识。在农业发达国家，蜜蜂授粉已经实现了产业化、商品化和规模化。目前，有很多学者使用不同的方法对不同尺度水平上的蜜蜂授粉服务的经济价值做了评估，这些方法有的是对计算过程进行了简化处理，有的是基于一定的假定前提才可行，还有的是理论上可行但实际操作起来存在很大的难度，对蜜蜂授粉的经济价值进行精确测算仍然是一个难题。国际上至今尚未形成统一的估算方法，评估理论与方法仍然需要进一步探索和完善。在中国，养蜂业几乎都是依靠蜂农以家庭为主的小规模分散经营，生产条件简陋，生产方式落后，且主要是以获取蜂产品为目的，蜜蜂授粉服务在现代农业生产中的潜能有待开发，对中国蜜蜂授粉服务的经济价值评估有待进一步研究，通过估算蜜蜂授粉服务对社会经济所做的巨大贡献，可以引起政府、蜂农与种植户对蜜蜂授粉服务的高度重视，从而转变蜂产业发展政策导向，推动中国蜜蜂授粉服务业的发展。

5.2　蜜蜂授粉的经济价值评估

5.2.1　蜜蜂授粉对农业生产的贡献

蜜蜂授粉对农业生产的贡献显著地表现为蜜蜂为植物传播花粉，提高农作物的产量和质量。这通过两个层次得以体现：一是提高了植物果实或种子的产量和质量，二是经过蜜蜂授粉的种子发育成的下一代植株会具有更高的产量。世界上许多经济发达的国家都非常重视利用蜜蜂为农作物授粉，并取得了明显的经济效益。针对各种对蜜蜂授粉依赖性较强的作物，如苹果、梨、油菜等，国内外专家做了不少蜜蜂授粉对农作物增产的对比试验，均发现经过蜜蜂授粉，不同农作物的产量都有了不同幅度的显著提高。蜜蜂授粉增产试验效果通常使用下式进行衡量：

$$P=\frac{Y-Y_0}{Y_0}$$

其中，P 为蜜蜂授粉提高作物产出的百分比。Y 为蜜蜂授粉试验区作物的产出，试验区的处理通常使用罩网有蜂或开放有蜂的方法。罩网有蜂是将试验作物用符合要求的纱网罩住并在网内放置授粉蜂，开放有蜂是将授粉蜂群放在开放环境下为试验区作物授粉。Y_0是指蜜蜂授粉参照区的产出。参照区的处理通常使用隔离无蜂授粉或开放自然授粉的方法。隔离无蜂授粉是指在罩网内不放置授粉蜜蜂，开放自然授粉区不做任何处理，让试验作物在自然状态下授粉。

自然界还存在野生蜂及其他昆虫能为作物授粉，因此以开放自然授粉区作为参照区能更恰当地测算蜜蜂授粉对作物产出的影响，以隔离无蜂授粉区作为参照区会高估蜜蜂授粉的实际作用。

表 5-1 与表 5-2 是国内外一些蜜蜂授粉增产试验的结果。

表 5-1　国外利用蜜蜂授粉的增产效果

类别	作物名称	增产效果（%）	试验国家	备注
水果	青年苹果树	32~40	苏联	
	老年苹果树	43~52	苏联	
	苹果树	209	匈牙利	
	梨树	107	意大利	
		200~300	保加利亚	
	樱桃树	200~400	德国、美国	
	李树	20	匈牙利	
	叭哒杏树	600	美国	
	醋栗	700	美国	
	西瓜	170	美国	
	野草莓	15~20	英国	
	甜瓜	200~500	匈牙利	
	黑莓、树莓	200	瑞典	
	草莓	1000	日本	
蔬菜	黄瓜	76	美国	
	洋葱	80~100	罗马尼亚	
	蚕豆	15~20	民主德国	
	番瓜	200	澳大利亚	
	萝卜	22	美国	
	野豌豆	74~229	美国	
	芜菁	10~15	德国	
经济作物	棉花	18~41	美国	
		23.2~25.9	苏联	棉花纤维长度增加 60%
	大豆	14~15	美国	
	亚麻	23.9	苏联	
	向日葵	20~64	加拿大	种子活力显著提高
	油菜	12~15	德国	含油率显著提高
	咖啡	24	牙买加	

续表

类别	作物名称	增产效果（%）	试验国家	备注
其他	紫花苜蓿	133～200	阿根廷	种子发芽率显著提高
	红苜蓿	52	匈牙利	
	苜蓿	200～400	美国	
	三叶草	400	苏联	
	红、白三叶草	80	匈牙利	
	荞麦	43～60	苏联	

资料来源：王瑞生，匡海鸥，等．论蜜蜂授粉业的形成和发展［EB/OL］. http：//www. xiehe138. blog. 163. com/blog/static/19707782010025018266 9/.

表 5-2　国内蜜蜂授粉增产试验结果

类别	作物	增产比例（%）	实验蜂种	实验区类型	参照区类型	实验者与试验时间（年）
水果	苹果	28	—	罩网有蜂授粉	开放自然授粉	孙德勋等，1980
		8. 5～33. 6	壁蜂	开放有蜂授粉	开放自然授粉	袁锋，1992
		102. 85	凹唇壁蜂	开放有蜂授粉	开放自然授粉	王凤鹤，1995
		216. 2	—	罩网有蜂授粉	开放自然授粉	杨春元，1998
	梨	14	—	罩网有蜂授粉	开放有蜂授粉	吴美根等，1984
		32. 8	意蜂	开放有蜂授粉	开放自然授粉	邵永祥等，1995
	杏	48	凹唇壁蜂	开放有蜂授粉	开放自然授粉	王凤鹤，1995
	柑橘	35. 7	意蜂	罩网有蜂授粉	隔离无蜂授粉	陈盛禄等，1988
	锦橙	11. 5	喀意杂交二代	开放有蜂授粉	隔离无蜂授粉	吴海之等，1983
		59. 7	喀意杂交蜂	开放有蜂授粉	隔离无蜂授粉	王瑞生等，2009
	猕猴桃	105	浆蜂	开放有蜂授粉	开放自然授粉	李晓峰，2002
	桃	50. 8	喀意杂交蜂	温室有蜂授粉	温室人工授粉	历延芳等，2005
		91. 9	熊蜂	温室有蜂授粉	温室无蜂授粉	董淑华，2006
	油桃	64. 2	中蜂	温室有蜂授粉	温室无蜂授粉	罗建能，2005
		109	熊蜂	温室有蜂授粉	温室无蜂授粉	董淑华，2006
	西瓜	66. 3	浆蜂	开放有蜂授粉	温室无蜂授粉	张秀茹，2005
	草莓	29. 6	喀意杂交蜂	温室有蜂授粉	温室人工授粉	李建伟，1998
		65. 6～74. 3	意蜂	温室有蜂授粉	温室无蜂授粉	余林生等，2001

续表

类别	作物	增产比例（%）	实验蜂种	实验区类型	参照区类型	实验者与试验时间（年）
经济作物	油菜	54.7	—	开放有蜂授粉	隔离无蜂授粉	吴仲馨，1956
		21.5	—	开放有蜂授粉	开放自然授粉	田自珍等，2010
	向日葵	922	—	开放有蜂授粉	隔离无蜂授粉	李位三，1991
	棉花	38	—	罩网有蜂授粉	隔离无蜂授粉	霍福山，1980
	兰花	6.8	中蜂	罩网有蜂授粉	开放自然授粉	吴建华，1989
	白菜	9.0~16.9	—	罩网有蜂授粉	开放自然授粉	赵利民，2001
蔬菜	温室西红柿	70	浆蜂	开放有蜂授粉	开放自然授粉	陈学刚，2003
		142.2	熊蜂	温室有蜂授粉	温室无蜂授粉	安建东，2001
		128.5	密林熊蜂	温室有蜂授粉	温室无蜂授粉	刘新宇，2008
	温室西葫芦	22.1	意蜂	温室有蜂授粉	温室人工授粉	邵有全等，2000
	花椰菜	60~112	意蜂	罩网有蜂授粉	隔离人工授粉	姜立刚等，1998
	甘蓝	44.8	意蜂	罩网有蜂授粉	开放自然授粉	匡邦郁等，1989
其他	荞麦	28.7	—	开放有蜂授粉	开放自然授粉	逯彦果等，2008
	三叶草	48.6	意蜂	开放有蜂授粉	隔离无蜂授粉	李文先，1989
	苜蓿	69.4	切叶蜂	开放有蜂授粉	开放自然授粉	李少南，1991
	油茶	243	中蜂、意蜂、地蜂	罩网有蜂授粉	隔离无蜂授粉	赵尚武等，1985
		173	—	开放有蜂授粉	开放自然授粉	黄展鹏，1987

资料来源：孙翠清，赵芝俊．我国蜜蜂授粉的经济影响评价［J］．中国蜂业经济研究，2013（1）：299-300.

5.2.2 数据来源

本研究借鉴刘朋飞（2011）与孙翠清（2010）的研究方法，将蜜蜂授粉经济价值测算的作物范围分为3类，即水果、蔬菜和粮棉油等大田作物，共28个农作物品种。本研究使用的部分农作物（苹果、梨、柑橘、稻谷、大豆、油菜、棉花、花生）产值数据来自2018—2020年《中国农村统计年鉴》，其余的农作物产值数据由产量与价格相乘计算求得，其中产量数据来源于2017—2019年的《中国统计年鉴》与FAO官方网站，一部分农作物价格数据来自《全国农产品成本收益资料汇编》（2018—2019 年），这些作物是黄瓜、茄子、辣椒、西红柿，其余的价格缺失数据来源于国内农产品批发市场价格信息网与国内相关的文献资料。将 2017—2019 年每种作物的年平均产值作为其年产值的计算数据，农作物对蜜蜂授粉的依存度数据依据相关蜜蜂授粉试验报告中的结果计算得到。

5.2.3　研究方法

考虑到国内作物生产情况与国外存在一定的差异，本研究借鉴国内学者刘朋飞等（2011）研究中使用的改进的蜜蜂授粉依存度生物经济学方法，对中国农业蜜蜂授粉服务的经济价值进行评估。

生物经济学方法最早是由 Robinson（1989）提出的，其计算公式如下：

$$V_{hb}=\sum_{i=1}^{n}(V_i\times D_i\times P_i) \tag{1}$$

其中，V_{hb}为蜜蜂授粉服务的经济价值；V_i为依赖蜜蜂授粉的作物的年产值；D_i为作物对昆虫授粉的依赖程度；P_i为蜜蜂占作物有效授粉昆虫的比例；n 为被研究作物的品种个数（在本研究中，$n=28$）。D_i的大小来自试验数值，其计算公式为：

$$D_i=\frac{Y_{i0}-Y_{ic}}{Y_{i0}} \tag{2}$$

其中，Y_{i0}是开放授粉区域的农作物产量或罩网有蜂区的农作物产量，Y_{ic}为无昆虫区的作物产量。

刘朋飞等（2011）考虑到蜜蜂授粉对农产品品质的改善，对 Robinson（1989）提出的生物经济学方法中的蜜蜂授粉依存度进行了改进，改进后的计算公式如下：

$$V_{hb}=\sum_{i=1}^{n}(V_i\times D_i') \tag{3}$$

其中，D_i'为改进了的农作物蜜蜂授粉依存度，其计算公式如下：

$$D_i'=\frac{y_{i0}'-y_{ic}'}{y_{i0}'}+Q_i \tag{4}$$

其中，y_{i0}'为开放授粉区域的农作物产量或罩网有蜂区的农作物产量，

y'_{ic}为无昆虫区的作物产量。Q_i为质量相关系数，表示蜜蜂授粉导致作物质量提高而产生的附加价值，如果蜜蜂授粉能够促进农作物品质提高（如微量元素增加、畸形果率下降等），则 $Q_i = 0.01$；否则，$Q_i = 0$。

对公式（4）进行处理，将等式右边中的分式分子分母同时除以 y'_{ic}，得到：

$$D'_i = \frac{(y'_{i0} - y'_{ic}) / y'_{ic}}{y'_{i0} / y'_{ic}} + Q_i = \frac{\Delta p_i}{1 + \Delta p_i} + Q_i \tag{5}$$

其中，Δp_i 为有蜂区农作物产量比无蜂区作物产量增加的比重，即蜜蜂授粉对农作物的增产效果，该数据在国内相关试验报告中很容易找到。

此外，借鉴孙翠清等（2010）的研究方法，在测算我国蜜蜂授粉的经济价值时加入"非人工授粉比例（NAP_i）""蜜蜂占有效授粉昆虫的比重（P_i）"两个指标，即作物种植面积中不使用人工授粉技术的比例，以使测算结果更加符合实际情况。这两个指标数值来自孙翠清（2010）估算的数据以及根据最新文献资料进行估算的数据。

所以，使用改进的蜜蜂授粉依存度生物经济学方法估算农作物蜜蜂授粉的经济价值最终计算公式为：

$$V_{hb} = \sum_{i=1}^{n} \left[V_i \times \left(\frac{\Delta p_i}{1 + \Delta p_i} + Q_i \right) \times P_i \times NAP_i \right] \tag{6}$$

5.2.4 结果与分析

按照以上计算公式，计算出中国2017—2019年平均每年的蜜蜂授粉经济价值，见表5-3。

根据测算结果，2017—2019年平均每年中国蜜蜂授粉的经济价值为4951.81亿元。在此之前，孙翠清等（2010）依据2008年农作物的产量数据估算的数值为2548.90亿元，刘朋飞等（2011）依据2006—2008年农作物年均产值估算的数值为3042.21亿元。本研究测算的蜜蜂授粉经济价值高于这两位学者的估算结果，原因主要是2017—2019年农作物的产量与以前年份相比，有了较大的提高，农产品价格也较10年前有了大幅增加，因此，农作物产值较10年前有了提升，测算出来的蜜蜂授粉经济价值也相应地高于之前两位学者的估算结果。

表 5-3　中国蜜蜂授粉的经济价值

类别	作物名称	2017—2019 年年均产值（亿元）	蜜蜂授粉依存度	蜜蜂占授粉昆虫的比重（%）	非人工授粉比例（%）	作物蜜蜂授粉的经济价值（亿元）
水果	苹果	1818. 100	0. 76	90	50	621. 790
	杏	2. 952	0. 42	80	100	0. 992
	梨	652. 900	0. 98	90	30	172. 757
	葡萄	818. 894	0. 05	10	100	4. 094
	柑橘	1587. 867	0. 34	90	100	485. 887
	柠檬	173. 577	0. 34	100	100	59. 016
	柚子	240. 168	0. 34	90	50	36. 746
	桃	913. 668	0. 49	80	90	322. 342
	柿子	125. 055	0. 26	80	100	26. 011
	李子	274. 131	0. 30	90	100	74. 015
	樱桃	12. 243	0. 75	90	90	7. 437
	猕猴桃	211. 083	0. 34	80	100	57. 415
	草莓	912. 420	0. 33	80	100	240. 879
	西瓜	1544. 744	0. 49	90	30	204. 370
	其他甜瓜类	519. 669	49	90	30	68. 752
蔬菜	黄瓜	1638. 359	0. 35	90	90	464. 475
	茄子	909. 111	0. 40	90	100	327. 280
	辣椒	0. 884	0. 70	90	100	0. 557
	西红柿	1620. 249	0. 66	80	50	427. 746
	南瓜	117. 572	0. 67	90	100	70. 896
粮棉油	稻谷	6255. 067	0. 04	80	100	200. 162
	大豆	737. 133	0. 10	50	90	33. 171
	油菜	734. 867	0. 76	90	100	502. 649
	向日葵	221. 536	0. 39	90	90	69. 983
	芝麻	54. 817	0. 39	80	100	17. 103
	油茶	420. 612	0. 58	90	90	197. 604
	棉花	801. 033	0. 43	80	90	248. 000
	花生	968. 067	0. 05	20	100	9. 681
合计						4951. 81

根据《中国统计年鉴》（2020）数据可知，2019 年、2018 年、2017 年的第一产业国内生产总值为 70466.7 亿元、64745.2 亿元、62099.5 亿元，平均值为 65770.47 亿元，2017—2019 年平均每年中国蜜蜂授粉的经济价值占第一产业国内生产总值平均值的比重为 7.53%。这个数值与孙翠清等（2010）、刘朋飞等（2011）计算的数值不同，但相差不大。

根据以上估算结果可知，蜜蜂授粉具有极大的经济价值，对农业生产做出了较大的贡献，蜂产业是现代农业的重要组成部分，全社会应提高对蜂产业重要性的认知度，加大对蜂产业的关注和支持，政府应对蜂产业发展给予政策上的支持，为蜂产业发展创造良好的发展环境。

5.3 蜜蜂授粉的市场需求量估算

随着生态农业的发展及人们对健康绿色农产品的追求，农业生产中使用激素授粉的方式将会逐渐被淘汰，而人工授粉成本太高，发展蜜蜂授粉将是今后授粉市场的方向。本部分研究内容以农业大省河南省为例，基于近 10 年来主要依赖蜜蜂授粉的农作物种植面积数据，试图估算农作物对授粉蜂群的潜在需求量，旨在从实证分析角度发现农作物对蜜蜂授粉的需求状况，以期为政府制定蜜蜂授粉支持政策、促进蜜蜂授粉产业发展提供理论依据。

5.3.1 研究地区概况与数据来源

河南省是全国农业大省，具有农业资源禀赋优势，常年种植小麦、玉米、稻谷、大豆、花生等主要粮食作物，种植大白菜、黄瓜、萝卜、茄子、西红柿、豆角等多种蔬菜，还盛产苹果、桃、梨、草莓等水果，是全国重要的优质农产品生产基地。2016 年河南省农作物总播种面积为 14472.3 公顷，占全国农作物总播种面积的 8.68%，其中，粮食作物播种面积为 10286.2 公顷，占全国粮食作物播种总面积的 9.1%；油料作物播种面积为 1624.8 公顷，占全国油料作物播种总面积的 11.49%；果园种植面积为 447.5 公顷，占全国果园种植总面积的 3.45%；蔬菜播种面积为 1772.5 公顷，占全国蔬菜播种总面积的 7.94%。随着近几年设施农业的快速发展，河南省设施农业发展较好，2016 年全省温室占地面积为 14.04 公顷，占全国温室总面积的 4.2%；大棚占地面积为 53.98 公顷，占全国大棚总面积的 5.5%。因此，选取河南省作为研究区域，研究农业生产对蜜蜂授粉的潜在需求具有典型意义和政策价值。

本研究数据来自 2008—2017 年《河南统计年鉴》。河南省内依赖昆虫授粉的农作物较多，包括一些粮食作物、水果、蔬菜等。鉴于数据的可获得性，仅选取河南省内对昆虫授粉依赖性较高的主要农作物作为研究对象，包括大豆、花生、芝麻等油料作物，西瓜、甜瓜、草莓等大田瓜果，猕猴桃、苹果、梨、桃等木本水果，以及黄瓜、茄子、四季豆、豇豆、西红柿等蔬菜类作物共计 15 种作物。白菜、萝卜、芹菜等蔬菜种植面积虽较大，但只是在制种过程中依赖昆虫授粉，制种种植面积较小暂不考虑。

5.3.2　依赖蜜蜂授粉主要农作物种植面积变化趋势

5.3.2.1　油料作物种植面积变化趋势

从 2007—2016 年油料作物种植面积数据来看，大豆、花生、芝麻种植面积基本稳定，变化不大（如图 5-2 所示）。其中，芝麻每年种植面积均在 166~185 公顷，多数年份种植面积稳定在 175 公顷左右。花生种植面积保持稳中有升趋势，但增幅不大，与上年种植面积相比，除 2016 年比 2015 年增加 4.98%之外，其余年份增幅均不超过 3%。大豆种植面积呈现稳中递减的变化趋势，但递减幅度也不大，种植面积在 460 公顷左右。

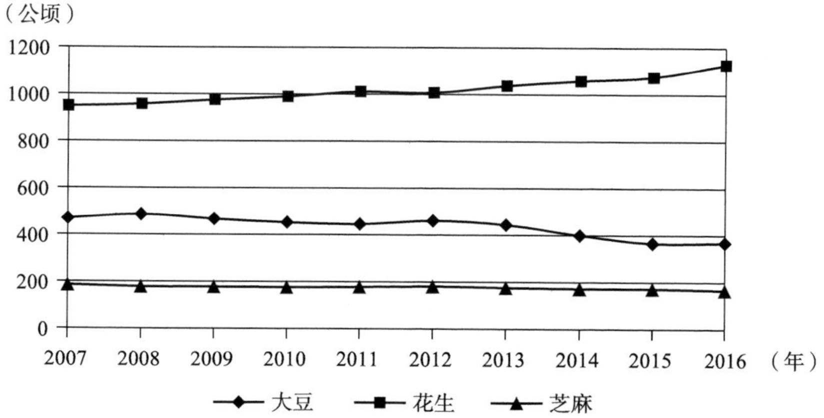

图 5-2　2007—2016 年油料作物种植面积变化趋势

5.3.2.2 大田瓜果类作物种植面积变化趋势

2007—2016 年，大田瓜果类作物的种植面积变化不明显（如图 5-3 所示）。其中，西瓜种植面积呈现波动中略有增加的趋势，波动幅度较小，与上年相比，最大变动幅度为 7.88%，种植面积在 260~291 公顷。甜瓜种植面积更加稳定，除了 2011 年突然增加至 58.58 公顷之外，其他年份种植面积均在 46.1~52.42 公顷。草莓种植面积相对较小，2014 年以前种植面积在 4.23~5.31 公顷，变化幅度不大，只在 2015 年、2016 年增幅较大，达到 20%以上，种植面积分别增加至 6.53 公顷、7.88 公顷，这可能是设施草莓栽培快速发展所导致的。

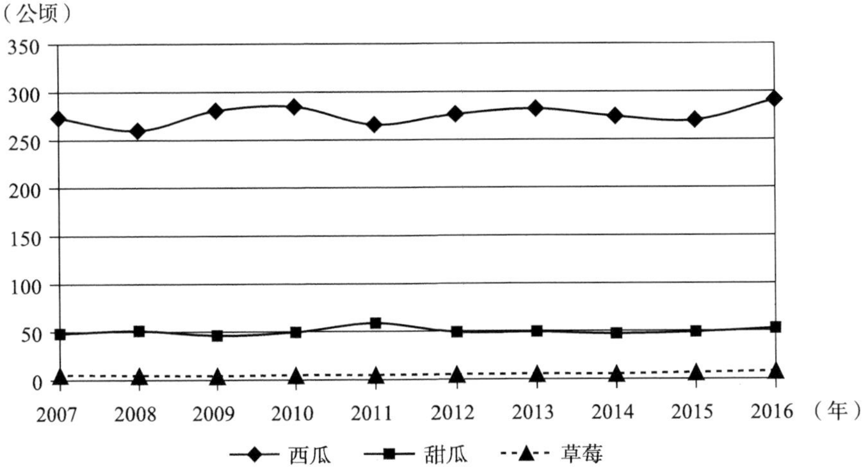

图 5-3 2007—2016 年大田瓜果类作物种植面积变化趋势

5.3.2.3 木本水果类作物种植面积变化趋势

从 2007—2016 年木本水果类作物的种植面积来看（如图 5-4 所示），梨树与猕猴桃树的种植面积除了个别年份略有减少之外，总体均呈现稳中略有增加的趋势，且变动幅度较小。桃树的种植面积除了在 2014 年下降至 70.01 公顷之外，其他年份基本稳定在 76 公顷左右。苹果树的种植面积呈现波动中有所下降的趋势，2008—2011 年种植面积逐年递增，从 2012 年开始种植面积逐年递减，变化幅度不大，多数年份之间变化幅度在 2%左右。

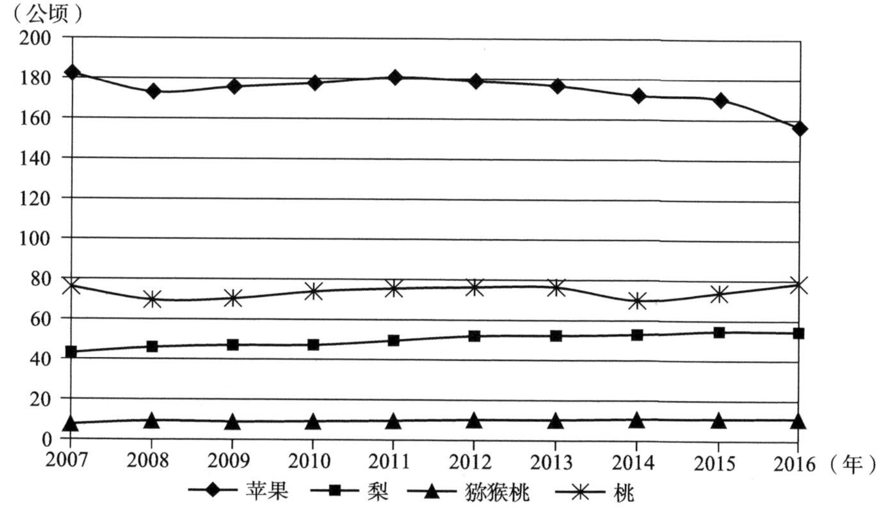

图 5-4　2007—2016 年木本水果类作物种植面积变化趋势

5. 3. 2. 4　蔬菜作物种植面积变化趋势

观察 5 种蔬菜种植面积的变化趋势（如图 5-5 所示）可以发现，黄瓜、西红柿、豇豆、茄子的种植面积均呈现轻微波动趋势，只在 2015—2016 年种植面积增加较明显。而四季豆的种植面积变化不大，稳定在 40~45 公顷，只有 2010 年、2015 年的种植面积波动稍大，分别为 47. 65 公顷、38. 08 公顷。

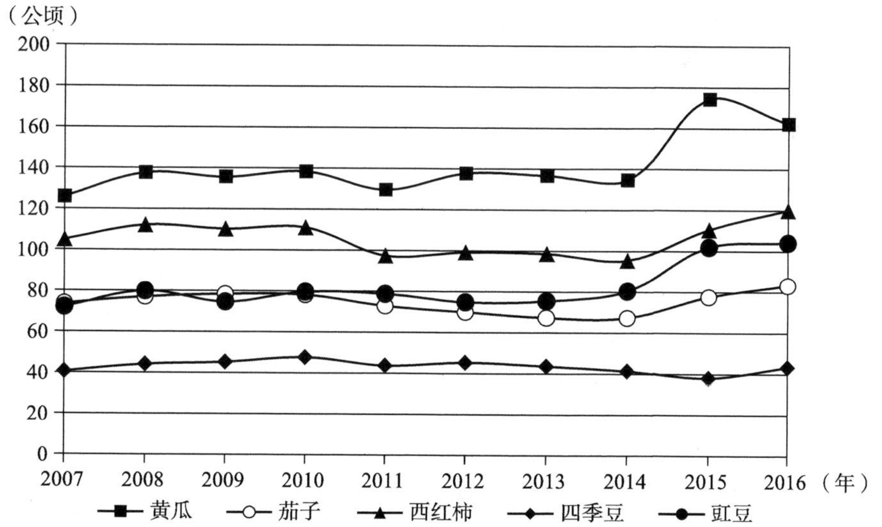

图 5-5　2007—2016 年蔬菜作物种植面积变化趋势

5.3.3 研究方法选取

5.3.3.1 移动平均法选取依据

综上对2007—2016年15种主要依赖蜜蜂授粉农作物种植面积时间序列变化趋势的分析可知)，15种作物的种植面积变动趋势较平稳，没有快速增长也没有快速下降，只在个别年份发生轻微波动。为了较准确地预测各种作物未来的种植面积，利用历史数据，尝试不同的估计模型，将估计值与实际值对比，选择误差最小的移动平均模型，即用移动平均方法对未来5年的种植面积进行预测，并设期数为3，即用前二期的平均数作为本期的估计值。

图5-6中各条实曲线为不同作物2007—2016年的种植面积变化曲线，每条实曲线附近的虚曲线为采用移动平均法计算出来的对应每种作物的估计值曲线。由图5-6可知，移动平均模型对历史数据拟合较好。为了评价模型对历史数据的拟合程度，计算各种作物预测种植面积的平均绝对百分误差（MAPE）（见表5-4），各种作物预测种植面积的MAPE均小于10，最大的只有6.64，说明使用移动平均模型对近期数据拟合程度较好，可用于预测未来的种植面积。

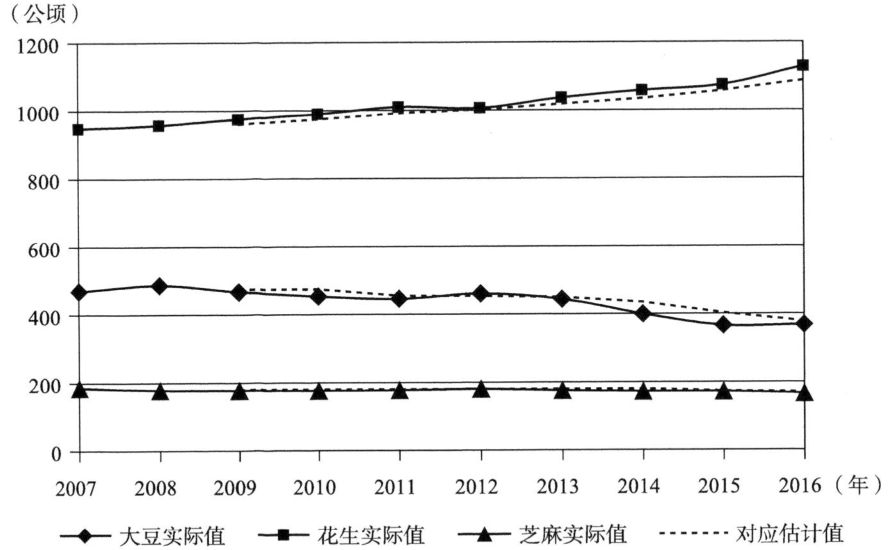

（a）

图5-6 15种作物种植面积实际值与模型估计值曲线

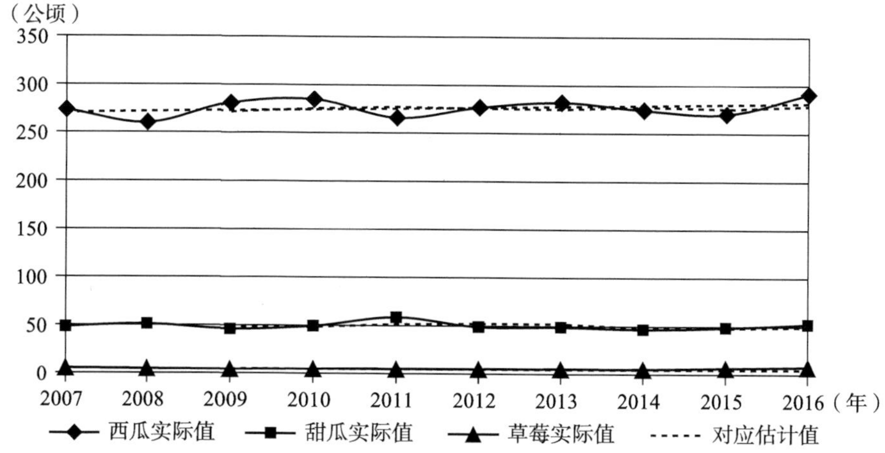

（b）

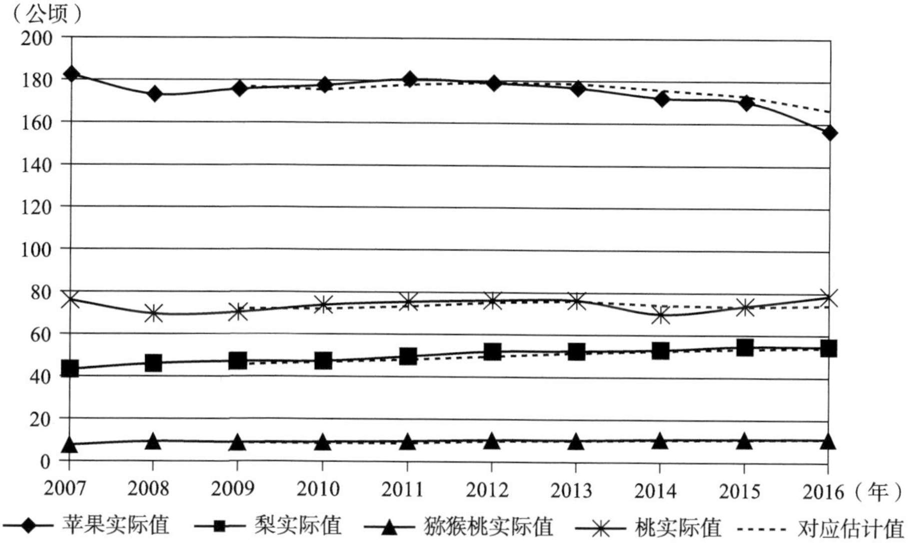

（c）

图 5-6　15 种作物种植面积实际值与模型估计值曲线（续）

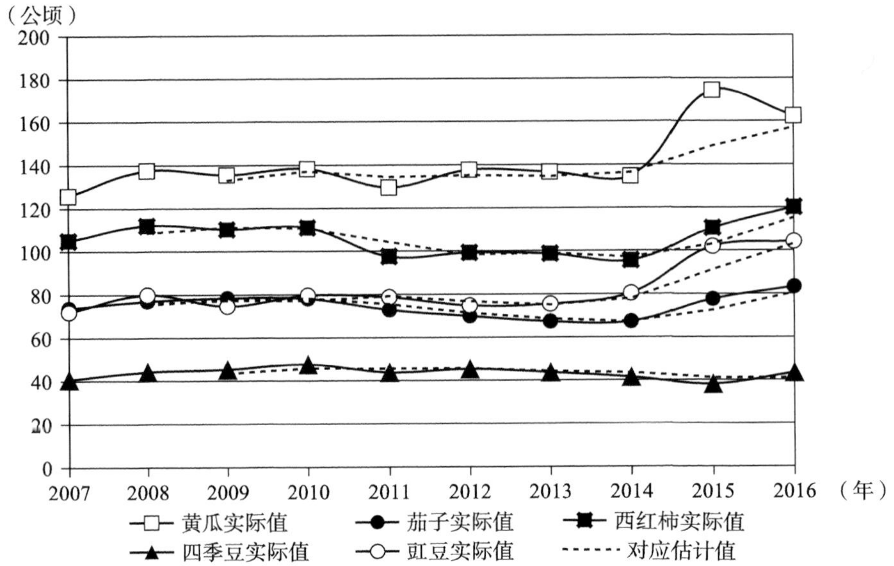

（d）

图 5-6　15 种作物种植面积实际值与模型估计值曲线（续）

表 5-4　15 种作物种植面积的 MAPE

作物	MAPE
大豆	5. 34
花生	2. 79
芝麻	1. 34
西瓜	1. 22
甜瓜	0. 19
草莓	6. 64
黄瓜	3. 57
茄子	0. 9
西红柿	0. 75
四季豆	0. 92
豇豆	4. 77
苹果	1. 76
梨	3. 52
猕猴桃	4. 35
桃	1. 18

5.3.3.2　农作物对授粉蜂群数量的估算依据

本研究估算农作物对授粉蜂群需求量依据的是农牧办〔2010〕8 号文件，即 2010 年原农业部办公厅印发的《蜜蜂授粉技术规程（试行）》，该技术规程中对大田作物蜜蜂授粉的蜂群配置数量与设施作物蜜蜂授粉的蜂群配置数量均做出了详细规定。

依据《蜜蜂授粉技术规程（试行）》文件规定，对于大田作物蜜蜂授粉，一个 15 框蜂的蜜蜂强群可承担连片分布的授粉作物的面积为瓜果蔬菜类 0.47~0.67 公顷，果树类 0.33~0.40 公顷；为设施栽培作物瓜果蔬菜类授粉，对于面积为 500~700 平方米的普通日光温室，一个标准授粉群（3 脾蜂/群）即可满足需要。基于保守估计目的，在估算大田作物授粉需求时，按照一个标准授粉蜂群可满足 0.67 公顷瓜果蔬菜类或 0.40 公顷果树类的授粉需求来计算；在估算设施栽培作物授粉需求时，按照一个标准授粉蜂群可满足面积为 700 平方米的日光温室作物授粉需求来计算。

5.3.4　结果与分析

5.3.4.1　未来 5 年依赖蜜蜂授粉的主要作物种植面积预测

运用上述研究方法，对河南省主要依赖蜜蜂授粉的 15 种作物未来 5 年（2017—2021 年）的种植面积做出预测，预测结果见表 5-5。

表 5-5　2017—2021 年依赖蜜蜂授粉的主要作物种植面积预测

年份	预测面积（hm^2）							
	大豆	花生	芝麻	西瓜	甜瓜	草莓	黄瓜	茄子
2017	377.93	1087.03	170.29	278.47	49.41	6.57	157.06	76.03
2018	370.67	1096.60	169.53	279.90	50.22	6.99	164.55	78.94
2019	372.21	1103.94	168.71	283.17	50.68	7.15	161.31	79.40
2020	373.60	1095.86	169.51	280.51	50.10	6.90	160.97	78.12
2021	372.16	1098.80	169.25	281.19	50.33	7.01	162.28	78.82

年份	预测面积（hm^2）						
	西红柿	四季豆	豇豆	苹果	梨	猕猴桃	桃
2017	108.67	40.98	95.47	166.23	54.09	10.99	74.15

续表

年份	预测面积（hm^2）						
	西红柿	四季豆	豇豆	苹果	梨	猕猴桃	桃
2018	113.08	40.82	100.51	164.33	54.46	11.05	75.53
2019	113.94	41.73	100.05	162.37	54.37	11.07	76.09
2020	111.90	41.17	98.68	164.31	54.31	11.03	75.26
2021	112.98	41.24	99.75	163.67	54.38	11.05	75.63

5.3.4.2 蜜蜂授粉需求量预测

根据河南省的种植情况，在所选取的15种作物中，草莓种植几乎全部是在大棚里进行的，草莓对授粉蜂群的需求量全部按照设施作物蜜蜂授粉规程中的标准来计算。黄瓜、西红柿、茄子、西瓜、甜瓜等蔬菜类采用设施栽培的种植面积约占总种植面积的20%，因此，在测算这5种作物对授粉蜂群需求时，20%的种植面积按照设施作物蜜蜂授粉规程中的标准来计算，其余80%的种植面积按照大田作物蜜蜂授粉规程中的标准来计算。剩下9种作物一般都是露天种植，均按大田作物蜜蜂授粉规程中的标准来计算。蜂群为设施农作物授粉一般都是一次性的，即授粉结束后蜂群不可回收，但在露天情况下授粉蜂群一般可以重复使用4~5次，本研究按照5次进行测算。

由表5-6可知，2017—2021年农作物对蜜蜂授粉的潜在需求量分别为285.2万群、291.3万群、292.2万群、289.6万群、291万群，即河南省农作物对蜜蜂授粉的潜在需求量为285万~292万群。而目前河南省已有的蜜蜂蜂群数约为70万群，仅占潜在需求量的1/4。可见，河南省农业生产对蜜蜂授粉蜂群的需求量还存在很大缺口。

在估算过程中，仅选取主要依赖蜜蜂授粉的15种农作物，实际上依赖蜜蜂授粉的农作物品种较多，但由于种植面积较少或缺少统计数据，本研究暂不计算在内；随着设施农业的快速发展，设施农作物对授粉蜂群的需求比大田作物要大，对授粉的总需求也会增加；按照《蜜蜂授粉技术规程（试行）》估算授粉蜂群需求量也是按照最小需求量进行估算的。因此，预测的未来授粉蜂群需求量结果属于保守估计。另外，河南省的野生蜜源植物资源较丰富，如洋槐、枣树、荆条等分布较广泛，这些蜜源植物为蜜蜂提供了较好的生存空间。因此，河南省实际的养蜂承载量可能也会高于最终的预测数值。

表 5-6 授粉蜂群需求量预测

作物类型	作物	蜂群需求量预测值（群）				
		2017 年	2018 年	2019 年	2020 年	2021 年
设施栽培作物	草莓	93810	99889	102090	98596	100192
	西瓜	795619	799721	809056	801465	803414
	甜瓜	141162	143473	144802	143146	143807
	黄瓜	448752	470137	460877	459922	463645
	西红柿	310495	323089	325557	319714	322786
	茄子	217219	225540	226862	223207	225203
大田栽培作物	西瓜	66832	67177	67961	67323	67487
	甜瓜	11858	12052	12163	12024	12080
	黄瓜	37695	39491	38714	38633	38946
	西红柿	26082	27139	27347	26856	27114
	茄子	18246	18945	19056	18749	18917
	大豆	113378	111201	111664	112081	111648
	花生	326110	328981	331181	328757	329640
	芝麻	51087	50859	50612	50853	50775
	四季豆	12293	12245	12518	12352	12372
	豇豆	28642	30154	30016	29604	29925
	苹果	83117	82164	81184	82155	81834
	梨	27045	27232	27187	27155	27191
	猕猴桃	5495	5523	5533	5517	5524
	桃	37073	37763	38047	37628	37813
合计（万群）		285. 2	291. 3	292. 2	289. 6	291

5. 3. 5 结论与对策建议

通过对河南省蜜蜂授粉潜在市场需求量的实证分析，证明河南省农作物生产对授粉蜂群的潜在需求较大，2017—2021 年潜在需求量均大于 285 万群，需求缺口较大，蜜蜂授粉产业具有巨大的发展潜力和市场空间。为了解决蜜蜂授粉市场潜在的供给不足问题，首先，应对蜜蜂授粉的重要性进行大力宣传，提高社会公众的认知度，促使蜜蜂授粉潜在需求尽快转变为有效需求；其次，政府应通过政策扶持引导的形式，加快促进蜜蜂授粉产业体系的建设；最后，政府应对蜜蜂养殖业予以扶持，对大规模养蜂户进行适当补贴，以促进授粉蜂群数量快速增长，满足日益增长的授粉需求。

5.4 本章小结

蜜蜂授粉产生的经济效益、社会效益和生态效益在国内外已形成了广泛共识。本章首先讨论了国外使用蜜蜂授粉经济价值评估的方法，并分析了不同方法的使用条件与特点，以期为中国蜜蜂授粉服务的经济价值评估提供有益的借鉴。对蜜蜂授粉经济价值评估方法有的是对计算过程进行了简化处理，有的是基于一定的假定前提下才可行，还有的是理论上可行但实际操作起来存在很大的难度，对蜜蜂授粉的经济价值进行精确测算仍然是一个难题。国际上至今尚未形成统一的估算方法，评估理论与方法仍然需要进一步探索和完善。其次，使用蜜蜂授粉依存度方法，基于2017—2019年农作物产值数据，估算出了这三年平均每年中国蜜蜂授粉的经济价值为4951.81亿元，由此可见，蜜蜂授粉对农业生产做出了较大的贡献。最后，以河南省为例，并依据原农业部2010年颁发的《蜜蜂授粉技术规程（试行）》规定的授粉蜂群数量配置标准，对河南省农作物关于蜜蜂授粉的潜在需求量进行了预测，研究结果表明，农作物生产对授粉蜂群的潜在需求较大，2017—2021年潜在需求量均大于285万群，蜜蜂授粉产业具有巨大的发展潜力和市场空间。进而提出应提高社会公众对蜜蜂授粉的认知度，使潜在需求尽快转化为有效需求、通过政策扶持与引导加快促进蜜蜂授粉产业体系建设、对大规模养蜂户进行适当补贴的对策建议。

第6章　农户养蜂收入问题研究

6.1　农户家庭养蜂的成本收益分析

农户家庭养蜂是我国蜂产业发展的主要方式，养蜂生产的成本收益状况与蜂农的养殖意愿密切相关。因此，研究农户家庭养蜂生产成本收益对于提高蜂农养蜂生产积极性、增加蜂农收入、实现养蜂业的可持续发展具有重要意义。本研究基于2019年国家现代蜂产业技术体系蜂业经济课题组的调查数据，研究了农户家庭养蜂生产的成本收益状况，对不同放蜂方式、不同饲养规模、不同养殖蜂种情况下的成本收益进行了比较，并分析了影响养蜂生产成本收益的因素，为今后我国蜂产业的发展提供决策依据。

6.1.1　数据来源与研究方法

本章研究内容所使用的养蜂生产成本收益数据与第4章使用的调查数据来源相同，都是基于2019年蜂农固定观察点的实地调查数据，浙江省（60份）、四川省（57份）、湖北省（67份）、甘肃省（54份）、山西省（49份）、河南省（50份）共计6个省份的337份问卷数据。在计算2019年人工成本所使用的家庭用工劳动日工价与雇工工价时，由于《全国农产品成本收益资料汇编2020》尚未发布，2019年的家庭用工劳动日工价与雇工工价是按照前三年该数据递增的比率估算得到的，而2016年、2017年、2018年这三年的家庭用工劳动日工价与雇工工价数值来源于《全国农产品成本收益资料汇编2019》。

本研究所使用的成本收益方法是参照《全国农产品成本收益资料汇编》中的统计方法进行计算的。总成本由生产成本和土地成本构成。其中，生产成本由物质与服务成本、人工成本构成，农户家庭养蜂生产的物质与服务成本由蜂种、蜂药、蜂饲料、蜂机具、运输费、检疫费、税费及其他费用构成，人工成本由养蜂户用工投入折价和雇工成本构成。土地成本是由于蜂场占地而产生的费用。总收益由主产品收益、副产品收益及其他收益构成。我国蜂农养蜂生产的主产品是蜂蜜，副产品主要是蜂花粉、蜂王浆、蜂胶、蜂蜡等，其他收益包括出租或销售蜂群授粉等其他收入。将每群蜜蜂所产生的净利润除以总成本得到饲养每群蜂的成本利润率。

6.1.2 农户家庭养蜂生产的成本收益情况

根据调查数据，分别计算出了2019年平均养殖每群蜂的生产成本与收益值。

6.1.2.1 平均每群蜂总成本及其构成

根据调查数据计算发现，蜂农平均养殖每群蜂的总成本为1039.65元，其中人工成本所占比例最大，占总成本费用的52%，其次是物质与服务费用，占总成本费用的47%，土地成本与总成本相比微乎其微，约占总成本费用的1%（如图6-1所示）。由此可见，中国蜂农养蜂生产过程投入的人工工时较多，机械化程度较低，生产方式相对落后，属于劳动密集型产业。因此，提高养蜂生产机械化水平、减少劳动力投入将是未来蜂产业生产的发展方向。

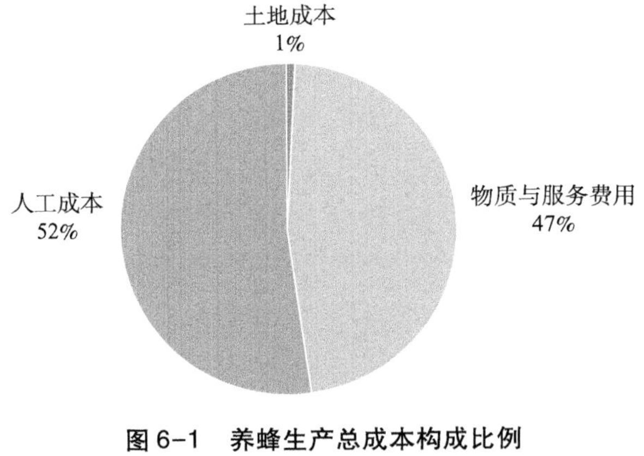

图6-1 养蜂生产总成本构成比例

资料来源：根据2019年调查数据计算而得。

在物质与服务费用中，饲料费和运输费占了绝大比例，其中饲料费占

63.53%，运输费占17.92%。其次是蜂机具费用和蜂药费用，分别占物质与服务费用的12.90%和4.53%。蜂种、检疫费、税费和其他费用所占比例很小，仅为1.12%（如图6-2所示）。在调研过程中了解到，有很多蜂农并不购买蜂种，而是自己繁育或者隔两三年才购买一只蜂王，每只蜂王价格在200~300元，蜂种费用支出与养蜂生产总成本相比，几乎可以忽略不计。

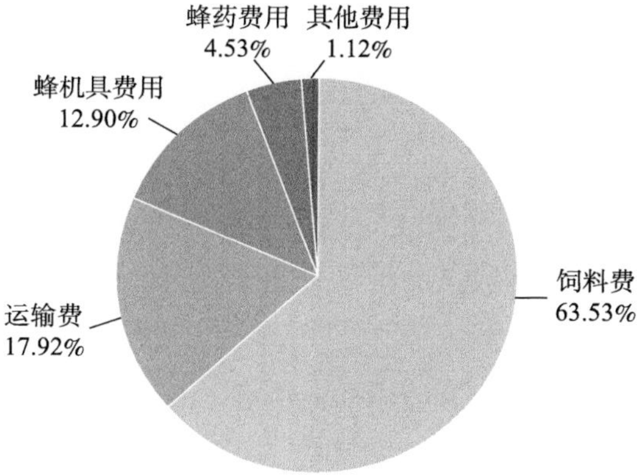

图6-2　养蜂生产物质与服务费用构成比例

资料来源：根据2019年调查数据计算而得。

6.1.2.2　平均每群蜂总收益及其构成

从蜂产品的收益构成来看（见表6-1），蜂蜜是养蜂生产的主产品，其销售收入约占蜂产品总销售收入的70%，所有被调研省份的蜂农都生产蜂蜜。其次是蜂王浆，其销售收入占总收入的14.77%，蜂王浆主要产于我国南方地区，河南大部分蜂农和山西、湖北、江西等省份的部分蜂农不生产蜂王浆。蜂花粉、蜂胶、蜂蜡和其他蜂产品收入较少，占总收益的比例在6%~7%。授粉收入占比例最小，实际生产中，蜂农出租或出售蜂群用于农作物授粉，平均每群蜂收入在200~500元，但只有极少数蜂农有出租蜂群或销售蜂群用于作物授粉的行为，如被调查蜂农中仅有25户蜂农有出租或出售蜂群用于农作物授粉的行为，由此平均每群蜂所获得的授粉收入就非常低。这种情况正好与国外养蜂发达国家相反，他们饲养蜜蜂主要是为了满足作物授粉需要，授粉收入是其主要收入，蜂产品只是作为授粉的一种副产品。

表 6-1　平均每群蜂产品收益构成

项目	销售收入（元）	比例（%）
蜂蜜	766. 32	69. 31
蜂花粉	28. 87	2. 61
蜂王浆	163. 33	14. 77
蜂胶	13. 66	1. 24
蜂蜡	25. 14	2. 27
其他蜂产品收入	96. 48	8. 73
授粉收入	11. 81	1. 07

资料来源：根据 2019 年调查数据计算而得。

6. 1. 2. 3　农户家庭养蜂生产成本收益比较分析

以上对养蜂生产成本收益的统计分析是基于所有被调研蜂农的养蜂生产情况计算的平均水平，但不同农户养蜂生产方式存在很大差异，比如，有的仅养殖二三十群蜜蜂，有的养殖几百群；有的蜂农仅在居住地附近定地饲养，有的则在全国范围内流动放蜂；有的饲养意蜂品种，有的饲养中蜂品种。由于不同的农户养蜂生产方式不同，其对应的成本收益情况也存在差异，以下对采取不同生产方式的农户家庭养蜂生产成本收益情况进行比较分析。

（1）不同放蜂方式下的成本收益比较

蜂农放蜂存在“定地”“本省内小转地”和“跨省大转地”3 种方式。这 3 种放蜂方式中“定地”放蜂方式的生产总成本最低，“本省内小转地”和“跨省大转地”放蜂方式平均每群蜂对应的生产总成本要比“定地”放蜂方式高出 140 元左右，这是由于“定地”放蜂不存在运输费用，因此节省了生产成本。从表 6-2 统计数据可以看出，“定地”放蜂方式的物质与服务费用占总成本的比例最小，为 48. 45%，“跨省大转地”放蜂方式的物质与服务费用占总成本的比例最大，为 72. 23%。从人工成本所占比例来看，“跨省大转地”放蜂对应的人工成本占总成本的比例最低，为 25. 41%，“定地”放蜂对应的人工成本占总成本的比例最高，为 51. 05%。“本省内小转地”放蜂对应的人工成本占总成本的比例介于二者之间，这可能是由于“定地”养殖的蜂群一般较少，“跨省大转地”养殖的蜂群数量较多，存在规模经济。从土地成本占总成本的比例来看，“跨省大转地”

的最高，“定地”的最低，这是因为蜂农“定地”养殖一般都在自己家房前屋后放置蜂箱，占地费用极低或者不存在占地费用，而“跨省大转地”放蜂要在离家较远的地方设置蜂场，一般要向蜂场所在地的管理者支付占地费。

从收益水平看，“定地”养殖的蜂群产值较低，平均每群蜂产值为895.10 元，“跨省大转地”的蜂群产值较高，平均每群蜂产值为 1236.80元，这是由于“跨省大转地”蜂农经常处于“追花夺蜜”的阶段，一年中赶上的花期时间较长，因此收获的蜂产品数量也比“定地”蜂农、“本省内小转地”蜂农收获的蜂产品数量多。

从成本利润率指标看，“本省内小转地”与“跨省大转地”放蜂方式的成本利润率相差不太大，“本省内小转地”放蜂方式的成本利润率为113%，“跨省大转地”放蜂方式的成本利润率为 111%。“定地”放蜂的成本利润率较低，为 98%。这个结果与之前的研究结果（席桂萍，2014）并不完全一致，这是由于养蜂生产受气候条件、蜜源植物生长情况等多种不确定性因素的影响，每年的成本收益变化情况都不完全相同。

表 6-2　不同放蜂方式下每群蜂成本收益

项目	定地		本省内小转地		跨省大转地	
	元	比例（%）	元	比例（%）	元	比例（%）
产值合计	895.10	100	1270.82	100	1236.80	100
主产品产值	617.95	69.04	789.15	62.10	903.97	73.09
副产品产值	260.71	29.13	466.31	36.69	327.55	26.48
其他收入	16.44	1.84	15.36	1.21	5.27	0.43
总成本	451.35	100	597.74	100	585. 21	100
物质与服务费用	218.70	48.45	399.50	66.84	422.72	72.23
人工成本	230.43	51.05	189.22	31.66	1488.2	25.41
土地成本	2.22	0.49	9.02	1.51	13.76	2.35
净利润	443.75	—	673.07	—	651.59	—
成本利润率（%）	98		113		111	

资料来源：根据 2019 年调查数据计算而得。

（2）不同饲养规模下的成本收益比较

从不同饲养规模的每群蜂成本收益数据来看（见表 6-3），小于 50 群规模的每群蜂生产总成本最大，为 741.4 元。51~100 群规模的生产成本排第二位，为 526.23 元。生产成本排第三位的养殖规模为 101~150 群，为

472.29 元，大于 150 群规模的生产成本最小，为 407.31 元。呈现出蜂群养殖规模越大，对应的生产总成本越小的规律。

从收益数据来看，小于 50 群规模的收益最大，平均每群蜂收益为 1403.82 元，其次是规模在 51～100 群的蜂群收益，平均为 1046.32 元。规模在 101～150 群的蜂群收益，平均为 975.97 元，大于 150 群的蜂群平均收益最低，为 909.78 元。

最后，根据成本利润率数据结果发现，大于 150 群规模的成本利润率最大，为 123%；其次是 101～150 群规模，成本利润率为 107%；然后是 51～100 群规模，成本利润率为 99%；成本利润率最小的是小于 50 群的规模，成本利润率为 89%。该指标数值显示出养蜂生产存在着规模经济现象。

表 6-3　不同养殖规模下每群蜂成本收益

项目	小于 50 群		51～100 群		101～150 群		大于 150 群	
	元	比例（%）	元	比例（%）	元	比例（%）	元	比例（%）
产值合计	1403.82	100	1046.32	100	975.97	100	909.78	100
主产品产值	1072.41	76.39	657.72	62.86	637.77	65.35	615.20	67.62
副产品产值	301.45	21.47	382.72	36.58	332.70	34.09	293.86	32.30
其他收入	29.95	2.13	5.88	0.56	5.50	0.56	0.72	0.08
总成本	741.4	100	526.23	100	472.29	100	407.31	100
物质与服务费用	373.72	50.41	335.59	63.77	344.65	72.97	269.26	66.11
人工成本	360.27	48.59	184.56	35.07	120.96	25.61	125.02	30.69
土地成本	7.42	1.00	6.08	1.16	6.68	1.42	13.03	3.20
净利润	662.42	—	520.09	—	503.68	—	502.47	—
成本利润率（%）	89		99		107		123	

资料来源：根据 2019 年调查数据计算而得。

（3）饲养不同蜂种下的成本收益比较

蜂农饲养的蜜蜂品种有中蜂和意蜂两种。中蜂即“中华蜜蜂”，原产于中国，以“定地”饲养为主，有活框饲养的，也有桶养和窑养的。意蜂即“意大利蜜蜂”，原产于意大利，一般活框饲养，适于转地放养从而及时赶上南北四季的蜜源。在被调研蜂农中，79.62% 的蜂农饲养的都是意蜂，饲养中蜂的蜂农户数只占总调查蜂农户数的 1/5。由于中蜂和意蜂的养殖特点存在差异，二者的成本收益也存在很大不同。

从表 6-4 的数据可以发现，养殖意蜂的生产成本为每群蜂 582.43 元，而养殖中蜂的生产成本为 350.29 元，大约是意蜂生产成本的一半多一点；收益水平也类似，养殖意蜂的每群蜂收益为 1170.15 元，养殖中蜂的收益相对较低，为 911.24 元。由于养殖中蜂一般都是采用定地养殖的放蜂方式，而且中蜂不容易生病，与养殖意蜂相比，养殖过程中节省了运输费、部分蜂药费等其他费用，导致养殖中蜂的成本利润率较高，为 160%，而养殖意蜂的成本利润率较低，为 101%。这个结果与之前的研究结果（席桂萍，2014）也并不一致，这应该也是由于养蜂生产受气候条件、蜜源植物生长情况等多种不确定性因素的影响。

表 6-4　不同养殖蜂种下每群蜂成本收益

项目	意蜂		中蜂	
	元	比例（%）	元	比例（%）
产值合计	1170.15	100.00	911.24	100.00
主产品产值	789.59	67.48	697.93	76.59
副产品产值	368.28	31.47	210.26	23.07
其他收入	12.27	1.05	3.05	0.33
总成本	582.43	100.00	350.29	100.00
物质与服务费用	392.98	67.47	126.54	36.12
人工成本	179.39	30.80	222.12	63.41
土地成本	10.05	1.73	1.63	0.47
净利润	587.72	—	560.95	—
成本利润率（%）	101		160	

资料来源：根据 2019 年调查数据计算而得。

6.1.3　影响农户养蜂生产成本收益的因素分析

通过实地调研发现，近年来农户养殖蜜蜂的积极性急剧下降，不少蜂农甚至弃蜂转行，养蜂业的可持续发展举步维艰。究其原因，主要在于养蜂生产的比较效益偏低，尤其是生产成本偏高，收益偏低且不稳定。影响养蜂生产成本收益的因素主要有以下几方面。

6.1.3.1　新的养蜂生产技术缺乏

从蜂农掌握的养蜂生产技术来看，大多数蜂农掌握的都是几十年前的老技术，严重缺乏高产抗病蜜蜂良种的引进与繁育、蜂饲料与先进养蜂生产机械的研发、蜂病害防治等新技术，这些技术的缺乏直接造成生产成本的增加。根据被调查蜂农的描述，近两年急需蜂病的防治技术，蜂病一旦暴发会造成蜜蜂大量死亡，群势迅速下降，对养蜂生产极为不利。

6.1.3.2 严重忽视蜜蜂授粉收益

我国农户养殖蜜蜂主要是为了获取蜂产品而忽视授粉收益。在国外养蜂发达国家，蜂农的收入主要来源是蜜蜂授粉，饲养蜜蜂主要是为了满足授粉需要。2011 年，美国每群蜂为作物授粉的租赁费用约为 150 美元，蜂农获得的授粉收入远远大于其生产蜂产品的价值。使用蜜蜂授粉代替人工授粉和激素授粉是今后生态农业发展的方向。随着我国设施农业的发展，尤其是大棚草莓类作物的生产必须依靠蜜蜂进行授粉，近年来也出现了出租或销售蜂群用于作物授粉的情况，但数量极少，蜜蜂授粉对农作物生产的重要性尚未得到应有的重视。

6.1.3.3 市场秩序混乱影响蜂产品价格

随着生活水平的普遍提高，人们越来越注重健康问题，对蜂产品的需求日益加大，然而，蜂产品的质量安全问题却使很多消费者感到担忧，尤其是蜂产品掺假造假问题严重，蜂产品市场呈现出秩序混乱的现状，市场上存在很多假冒伪劣产品，凭其价格低廉占领了市场份额，结果导致真正的好产品价格低迷，蜂农利益严重受损。

6.1.3.4 养蜂生产保险业发展滞后

由于养蜂生产对气候状况有很大的依赖性，加上转地放蜂面临蜜蜂农药中毒死亡、交通车祸、因纠纷导致的非法伤害等风险，蜂产业是一个风险极大的农业弱势产业，风险发生率极高，一旦发生即会造成极大的经济损失。调查数据显示，每年约有 60%的蜂农遭受不同程度的生产风险，受灾户户均损失超过 1 万元。然而，养蜂生产保险业的发展却严重滞后，目前仅有浙江省、北京市实施了蜂业保险理赔事宜，养蜂户迫切需要为养蜂生产投保。

6.1.3.5 养蜂业支持政策缺失

养蜂业通过蜜蜂授粉为提高粮食、水果、蔬菜等作物的产量和质量，维护生态平衡，满足国内外蜂产品市场需求，促进蜂农增收和改善人类健康做出了重要贡献。蜂产业是一个典型的具有公共产品属性的产业，仅靠市场机制无法实现资源的最优配置，在当前中国政府已经初步建立了新时期农业补贴体系的制度框架下，要实现蜂产业的可持续发展，急需政府对蜂产业的发展给予大力的政策支持。

6.1.4　结论与政策建议

通过以上对农户家庭养蜂的成本收益分析，得出如下主要结论：第一，蜂饲料、人工费用与转地放蜂的运输费是构成养蜂生产成本的主要部分。第二，蜂农养蜂收益的主要来源是蜂产品，严重忽视了蜜蜂授粉收入来源。第三，随着饲养蜂群规模的扩大，养蜂业表现出了规模经济效应。第四，饲养中蜂与意蜂品种对应的成本与收入存在显著不同。

综合以上研究结果，为了增加蜂农的生产效益，提高其养蜂生产积极性，实现养蜂业的可持续发展，提出如下对策建议：第一，大力宣传蜜蜂授粉对农作物生产、维持物种多样性与生态平衡等方面的重要作用，出台促进蜜蜂授粉的相关政策并制定有力的实施措施，通过推广实施蜜蜂授粉技术大幅增加蜂农的养蜂收益。第二，研发养蜂生产新技术。通过培育高产抗病的蜂种、开发质优价廉的蜂饲料、研发先进适用的蜂机具和养蜂生产机械，扩大养蜂规模以达到减少养蜂生产成本的目的。第三，将浙江省与北京市实施的蜂业保险成功经验在国内其他省份积极推广，或者探索新的养蜂生产保险实施办法，增强蜂农抗御风险的能力，增加蜂农收入。第四，加大对蜂产品市场的监管与治理力度，净化规范蜂产品市场秩序，同时提高蜂产品价格，保证产品质量与价格成正比，维护蜂农的经济利益。最后，尽快出台蜂产业支持政策，构建适合我国蜂产业特点的支持政策体系，提高农户养蜂生产的积极性，解决养蜂业的可持续发展问题。

6.2　蜂农收入影响因素的实证分析

6.2.1　模型设定

为了进一步分析我国蜂农收入的影响因素，接下来使用多元线性回归方法来分析影响养蜂收益的主要因素，建立的模型如下：

$$y=\beta_0+\beta_1 x_{1i}+\beta_2 x_{2i}+L+\beta_m x_{mi}+\mu_i \quad (i=1, 2, L, n)$$

其中，β_0、β_1、β_2、L、β_m 是回归系数。因变量 y 为 2019 年蜂农户均养蜂收益，自变量 x_i 为蜂农户均养蜂收益的影响因素。根据我国蜂农的养蜂生产特点，将影响蜂农收入的因素分为 4 类 10 项（见表 6-5），分别是蜂农特征因素（年龄、受教育程度）、生产经营因素（养殖规模、养蜂方式、养蜂年限、饲养品种、养蜂专业化程度）、组织因素（是否加入养蜂专业合作社、是否参加过技术培训）、外界因素（是否受灾）等。

表 6-5　蜂农收入影响因素实证分析相关变量定义

变量类别	变量名	变量定义
蜂农特征因素	年龄	实际数据
	受教育程度	实际数据
生产经营因素	养蜂专业化程度	1=专业，0=兼业
	养蜂年限	实际数据
	饲养品种	1=意蜂，0=中蜂
	养蜂方式	1=跨省大转地，2=本省内小转地，3=定地
	养殖规模	1=50 群以下，2=51~100 群，3=101~150 群，4=150 群以上
组织因素	是否参加过技术培训	1=参加过，0=未参加
	是否加入养蜂专业合作社	1=加入，0=未加入
外界因素	是否受灾	1=受灾，0=未受灾

6.2.2　模型回归结果分析

运用 EViews 6.0 软件对 6 个省份的 337 个蜂农生产样本数据进行多元线性回归，回归结果见表 6-6。

表 6-6　模型回归结果

自变量		回归系数	显著性
蜂农特征因素	年龄	-1.13	
	受教育程度	32.68	*

续表

自变量		回归系数	显著性
生产经营因素	养蜂专业化程度	67.27	
	养蜂年限	6.53	
	饲养品种	165.14	
	养蜂方式	-133.67	* *
	养殖规模	1.88	* * *
组织因素	是否参加过技术培训	138.90	* *
	是否加入养蜂专业合作社	216.04	* *
外界因素	是否受灾	-356.52	* * *

注：表中 *、* *、* * * 分别表示达到 10%、5%、1%的统计显著性水平。

从模型回归结果可以得出各类变量对蜂农养蜂收益的影响情况。

（1）在蜂农特征因素中，蜂农年龄对蜂农养蜂收入的影响为负，但不显著。说明年龄变量对蜂农收入的影响不明显，可能随着年龄的增大，蜂农接受新知识、新技术及新生事物等（如上网购物、销售）的能力不够，会对收入产生一定的负面影响。受教育程度对蜂农养蜂收入的影响为正，在 10%的统计水平上显著，可见，蜂农的受教育程度越高，其养蜂收入也越高。产生这一结果的原因可能是受教育程度高的蜂农综合养蜂水平会更高，因此收入较高。

（2）在生产经营因素中，养蜂专业化程度、养蜂年限、饲养品种这三个变量对蜂农养蜂收入的影响为正，但均不显著。说明，专业化养蜂、养蜂时间较长、养殖意蜂会在一定程度上增加蜂农的收入，但效果并不是特别明显。养蜂方式对蜂农的收入水平影响显著为负，说明随着转地的范围扩大、转地的次数增加，蜂农的收入也会增加，因此，定地蜂农的收入水平相对较低，跨省大转地蜂农的收入水平最高。养殖规模变量会对蜂农的收入水平产生正的影响，且达到了极显著的水平。说明随着养殖规模的扩大，蜂农的收入会增加，存在规模经济效应。生产经营类因素的回归结果与本章第一部分“成本收益分析”的统计结果分析基本一致。

（3）在组织因素中，蜂农参加过养蜂技术培训与加入了养蜂专业合作社均对蜂农的收入水平产生正的显著影响，对蜂农进行养蜂技术培训，有助于提高蜂农的养蜂收入水平，蜂农加入养蜂专业合作社，能够增加其养蜂收入。

（4）遭受灾害或事故对蜂农养蜂收入水平的影响为负，达到了极显著的水平。说明灾害事故一旦发生，就会对蜂农造成巨大损失，蜂农的养蜂收入水平会显著降低。

6.2.3 结论与政策建议

根据以上研究结果，在影响蜂农养蜂收入的诸多要素中，养殖规模对养蜂收入具有极显著的正的影响，技术培训、加入合作社两个变量对蜂农的养蜂收入具有正的显著影响，受教育程度在一定程度上对蜂农的养蜂收入具有正的影响。养殖方式、遭遇灾害对蜂农的养蜂收入影响为负，分别达到了显著、极显著的水平。

根据以上研究结果，提出如下政策建议，以提高蜂农的养蜂收入水平，不断吸引新的养蜂者加入蜂产业中，促进蜂产业持续发展。第一，扩大养殖规模，鼓励专业养蜂。为鼓励蜂农扩大养殖规模、提高蜂农收入，应发展养蜂专业化，成立专业化的蜂场，扩大养殖规模，实行专业化经营。第二，增加对蜂农技术培训的次数并注重培训效果。要针对蜂农的技术需求组织技术培训，帮助蜂农规避滥用蜂药及病虫害管理不当造成的损失，提高蜂农技术培训的针对性与有效性。第三，提高蜂农的组织化水平。蜂农合作社作为蜂农之间的纽带，是蜂业技术推广的主体，在组织蜂农技术培训及技术指导，管理蜂农生产经营及蜂产品销售等方面发挥着重要的作用，可以帮助分散的蜂农与大市场实现顺利对接，因此要鼓励更多的蜂农加入养蜂专业合作社。第四，对跨省大转地蜂农给予适当扶持。跨省大转地蜂农的养蜂收益高，饲养规模大，是我国养蜂产业的主力军，其饲养情况变动对我国养蜂业的稳定具有直接的影响，因此，政府应当对跨省大转地蜂农给予适当扶持。第五，加强蜂业灾害补偿机制建设，完善风险救助办法及蜂业保险理赔方案。养蜂生产受气候、病虫害、交通事故等外界因素影响显著，导致蜂农收入极不稳定，因此要不断加强蜂业灾害补偿机制建设，借鉴浙江、北京等地的做法，不断探讨完善蜂业风险救助办法、蜂业气象保险指数实施办法等灾害补偿方案，对遭受风险的蜂农给予一定的灾害救助或补偿。

6.3　蜂农收入差距及影响因素分析

为保持蜂群数量稳定增长，保证养蜂从业人员数量稳定并不断增加，提高蜂农养蜂收入从而使蜂产业具有经济吸引力是至关重要的。本部分基于国家蜂产业技术体系课题组 2017 年对河南省 56 户固定观察点蜂农的调研数据分析了河南省蜂农养蜂收入的差距及影响因素，为政府制定相关政策、提高蜂农收入水平提供决策参考。

6.3.1　河南省蜂农养蜂收入差距现状

本研究的蜂农养蜂收入是指蜂农的年养蜂纯收入，即养蜂总收入减去生产成本后的净利润。其中，养蜂总收入包括生产销售各种蜂产品的收入、出售蜂群、提供授粉服务等所获得的收入总额，生产成本是指各种生产资料的投入、检验检疫费、雇工支出、场地费、运输费等各项支出的总和，使用年限超过一年的蜂机具按照平均年限法计算折旧费，计入总成本费用。

6.3.1.1　家庭养蜂总收入差距

从蜂农家庭养蜂总收入的数据来看，收入最高的养蜂户每年年收入为 17 万元，最低的每年只有 1300 元，平均收入水平为每户 3.09 万元，不同养蜂户之间的养蜂总收入差距较大。

表 6-7　蜂农家庭养蜂收入水平及分布

收入水平	户数	占总调研户比重（%）
>10 万元	2	3.57
5 万~10 万元	9	16.07
2 万~5 万元	20	35.71
1 万~2 万元	14	25
<1 万元	11	19.64
合计	56	100

资料来源：根据 2017 年河南省固定观察点问卷数据计算而得。

从不同收入水平的分布情况来看（见表 6-7），总收入超过 10 万元的蜂农只有2户，分别为17万元和14万元，占总调查蜂农的3.57%，总收入在5万~10万元的养蜂户也只占16.07%，绝大多数养蜂户的收入水平在5万元以下，收入水平在2万~5万元的养蜂户有20户，占比最高，为35.71%。蜂农年收入在5万元以下的收入水平与农民工外出打工从事工业、建筑业、服务业等工作的收入相比，明显处于劣势地位，这也正是养蜂从业人员不稳定、新增养蜂人员较少的主要原因。此外，有将近20%的养蜂户年收入不到1万元，这部分蜂农主要是一些年老体弱的定地养蜂户，饲养蜂群较少，也有个别养蜂户是遭遇不利的气候原因造成蜂产品严重减产所致。

6.3.1.2 人均养蜂收入差距

从蜂农人均养蜂收入数据来看，最大值为8.5万元，最小值为650元，平均值为2.02万元，差距仍然较大。人均养蜂收入水平分布（见表6-8）与家庭养蜂总收入水平分布基本保持一致，这是由于被调查蜂农每户养蜂人数变化不大，基本为2人或者1人。由于以家庭为单位的养蜂生产规模都不是很大，仍然采用传统的家庭养殖模式，多数蜂农为夫妻二人或者父子二人一起养蜂，也有一些蜂农完全是靠自己养蜂的。所以，除了在转场等特殊时间段会临时雇佣几天劳动力之外，全年都是以家庭为单位自己进行生产经营的。

表6-8 蜂农人均养蜂收入水平及分布

收入水平	户数	占总调研户比重（%）
>5万元	5	8.93
3万~5万元	9	16.07
1万~3万元	25	44.64
<1万元	17	30.36
合计	56	100

资料来源：根据2017年河南省固定观察点问卷数据计算而得。

6.3.1.3 箱均养蜂收入差距

箱均养蜂收入是指养殖每箱蜂所获得蜂产品的平均年净收益，是从家庭养蜂总收入中减去卖蜂王蜂群收入、出租授粉蜂收入、销售授粉蜂收入等其他来源收入后的数值除以蜂箱数计算而得。该指标从单一获取蜂产品收益的角度出发，反映了养蜂生产的收益水平，能在一定程度上反映出蜂农的蜂群饲养管理技术水平。

从箱均养蜂收入数据来看，最大值为 1240.4 元，最小值仅为 5.3 元，平均值为 294.77 元，差距仍然较大。其中，箱均养蜂收入大于 1000 元的只有 2 户，1/3 养蜂户的箱均养蜂收入在 200~500 元，即箱均养蜂收入处于平均水平的养蜂户占比较大。箱均收入较高（500~1000 元）与较低（100 元以下）的养蜂户均占 20%左右的比重（见表 6-9）。

表 6-9　箱均养蜂收入水平及分布

收入水平（元）	户数	占总调研户比重（%）
>1000	2	3.57
500~1000	11	19.64
200~500	18	32.14
100~200	14	25
<100	11	19.64
合计	56	100

资料来源：根据 2017 年河南省固定观察点问卷数据计算而得。

6.3.2　不同收入水平蜂农养蜂收入结构分析

为了研究蜂农养蜂收入差距产生的原因，探寻提高蜂农养蜂收入的路径与方法，分别选取了收入水平处于较高、中等和较低的 3 户典型蜂农（赵师傅、刘师傅与乔师傅），对其收入结构进行比较。其中，在采蜜期，赵师傅蜂场的生产蜂群数为 170 群，刘师傅蜂场生产蜂有 39 群，乔师傅蜂场生产蜂有 73 群。这 3 户典型蜂农的收入来源及构成见表 6-10。

表 6-10　不同收入水平蜂农收入来源及构成

项目	高水平（赵师傅）		中等水平（刘师傅）		低水平（乔师傅）	
	收入（万元）	比重（%）	收入（万元）	比重（%）	收入（万元）	比重（%）
蜂蜜	10.25	52.92	6.42	82.63	3.25	74.88
蜂花粉	0	0	0	0	0.2	4.61
蜂王浆	1.04	5.37	0	0	0	0

续表

项目	高水平（赵师傅）		中等水平（刘师傅）		低水平（乔师傅）	
	收入（万元）	比重（%）	收入（万元）	比重（%）	收入（万元）	比重（%）
蜂胶	0.45	2.32	0.15	1.93	0.16	3.69
蜂蜡	0.23	1.19	0.3	3.86	0.72	16.59
其他蜂产品	5.3	27.36	0	0	0.01	0.23
授粉收入	0.3	1.55	0	0	0	0
巢蜜	1.8	9.29	0.9	11.58	0	0
总收入	19.37	100	7.77	100	4.34	100
净收益	16.97	—	6.24	—	1.38	—

资料来源：根据2017年河南省固定观察点问卷数据计算而得。

通过比较高、中、低三个不同收入水平典型蜂农的收入来源与结构，可以发现如下几个特点：第一，蜂蜜收入是蜂农收入的主要来源，收入水平越低的蜂农，蜂蜜收入占比例越高。中等收入水平和低收入水平蜂农80%左右的收入都是来自销售蜂蜜所得。对于收入水平较高的赵师傅来说，蜂蜜收入只占到了其养蜂总收入约一半的比重。第二，一般情况下，养殖蜂群规模越大，收入相对越高。赵师傅养殖规模较大，其产品收入远大于另外两位师傅。从表6-10中还可以看出，乔师傅养殖蜂群数量虽然比刘师傅多，其收入水平却相对较低，这是由于养蜂生产风险较大，乔师傅2017年在转地期间遭遇自然灾害，蜂产品减产较为严重。第三，生产巢蜜对蜂农养蜂总收入的贡献发挥着较为重要的作用。从表6-10中数据可以看出，赵师傅和刘师傅两户生产巢蜜，巢蜜收入约占总收入的10%。但被调查蜂农中生产巢蜜的并不多，仅有10户在2017年生产了巢蜜。第四，生产多元化的蜂产品是提高蜂农收入的必要条件。在高收入水平的赵师傅收入构成中，蜂产品包含了蜂蜜、蜂王浆、蜂胶、蜂蜡和其他蜂产品收入，品种较多，尤其是其他蜂产品占到了总收入的27.36%，该部分收入主要来自销售蜂王和蜂群，赵师傅不仅生产蜂产品，还从事育王、繁殖蜂群等工作。第五，授粉收入所占比重较低。绝大多数蜂农没有授粉收入，被调查蜂农中仅有3户蜂农具有授粉收入，有2户为当地的草莓种植户进行了授粉，有1户为西瓜种植户实施了授粉，授粉收入在几百元到几千元，占总收入的比例较低。

6.3.3 蜂农收入差距影响因素

通过对不同蜂农养蜂收入及其收入结构差异的对比分析，可以发现，影响蜂农收入差距的因素主要有以下五个方面。

6.3.3.1 养蜂规模

根据国家蜂产业技术体系蜂业经济课题组前期的研究结果可知，中国农户家庭养蜂的户均养蜂规模为 100 群左右，被调查农户中有 9 户的蜂群数大于 100 群，而这 9 户蜂农中有 6 户年收入均在 5 万元以上，处于中上等收入水平，其他的小规模养蜂户，收入水平一般较低。这是由于一方面，养蜂规模越大，蜂群的生产能力越强，养蜂收入自然随之越高。另一方面，规模化的蜂场便于进行机械化生产、便于采用规模化养殖的管理模式，这样可以降低生产成本，取得良好的规模经济效益。

6.3.3.2 养蜂技术

众所周知，技术是推动经济发展的决定性因素，养蜂技术也不例外，掌握良好的养蜂技术是蜂农从事养蜂生产的重要前提条件，也是影响蜂农收入水平的关键因素。以典型蜂农赵师傅为例，赵师傅养蜂技术比较娴熟，不仅掌握了普通养蜂生产技术，还掌握了育王、生产巢蜜等技术，其年收入中除 10 万元的蜂蜜销售收入外，还包括来自销售蜂王浆、蜂蜡、蜂胶和其他蜂产品的 7 万元左右的收入，此外还有 1.8 万元的巢蜜收入和 3000 元的授粉收入。多元化的产品结构对获得较高的收入起到了保障作用。养蜂技术对收入的影响也可以从箱均养蜂收入数据比较中得到证实，箱均养蜂收入的变化区间为几十元到一千多元，该差距产生的主要原因也在于技术，熟练掌握养蜂技术的蜂农具有应对蜂病、灾害的能力，饲养蜂群一般群势强，产品品种多且产量较高，因此养蜂收入也高。

6.3.3.3 授粉行为

在国外养蜂发达国家，养蜂的主要目的就是为农作物授粉，授粉收入是蜂农收入的主要来源。但在中国，商业蜜蜂授粉作为一项产业还处于起步阶段，蜜蜂授粉量比较少，推广面比较窄。被调查蜂农中仅有 3 户蜂农具有授粉行为，其授粉收入分别仅为900元、3000元和7500元。尽管多数蜂农对授粉有不同程度的了解，多数蜂农具有出租或出售授粉蜂群的意愿，但并没有主动去寻找种植户或出售蜜蜂授粉。其原因一是授粉市场处于萌芽状态，授粉需求较少；二是授粉过程对生产蜂伤害太大，授粉后蜜蜂几乎很难回收。若授粉技术和授粉市场发展成熟，蜂农的收入将会得到大幅增加。

6.3.3.4　养蜂从业人员的文化程度

养蜂从业人员的文化程度与养蜂收入密切相关。文化程度较高的蜂农学习掌握新的养蜂技术比较容易，他们利用QQ和微信等通信工具与蜂友及时交流养蜂生产信息，或者通过相关网络内容学习最新的养蜂技术、了解产品市场动态，并能把这些信息与自己的养蜂生产相结合，不断学习并提高自己的养蜂技术。而文化程度较低的蜂农所掌握的养蜂技术多为几十年前的老技术，生产中多根据经验办事，缺乏有效的科学饲养管理技术。被调查蜂农年收入在5万元以上的共11户，有9户蜂农的受教育年限都在8年以上，相当于具有高中及以上文化水平。其他蜂农则是一些年龄较大、受教育年限较少的蜂农，他们学习新技术的能力较低，生产方式落后，收入也相对较低。

6.3.3.5　蜂产品价格与质量

对蜂农而言，能够将优质的蜂产品以较高价格顺利售出，是确保蜂农收入至关重要的环节。然而，目前蜂产品市场不够规范，价格差别也很大。被调研蜂农中有的蜂农（登封市蜂农、卫辉市蜂农）在旅游景区附近销售蜂产品，价格较高，销路顺畅，收入较高。但也有很多蜂农产品销售存在难题，只能将大量的原料蜜以每斤10元左右的价格卖给收购商，消费者购买的蜂蜜价格一般都在每斤20元或者30元以上，大部分的利润都发生在流通环节，造成蜂农的养蜂收益受损。另外，由于市场上存在造假蜂产品，消费者难辨真假，严重破坏了蜂产品的市场秩序，损害了消费者的权益，导致好蜂蜜卖不上好价钱，或者是好产品由于价格偏高难以占有市场份额，严重影响了蜂农的养蜂收益。

6.3.4　结论与对策建议

通过以上对河南省固定观察点蜂农2017年收入差距的分析，得出如下主要结论：第一，蜂农的家庭养蜂总收入与人均养蜂收入变化趋势一致，不同蜂农间收入差距较大。第二，箱均养蜂收入在5.3元至1240.4元之间变化，差距仍然较大。第三，不同收入水平的蜂农的收入来源与收入结构存在较大差别。第四，影响蜂农收入差距的因素主要包括养蜂规模、养蜂技术、授粉行为、蜂农的文化程度、蜂产品价格与质量等因素。

根据以上研究结论，为了提高蜂农养蜂收益，缩小蜂农间的收入差距，促进养蜂业的持续稳定发展，提出如下对策建议：第一，鼓励蜂农扩大养殖规模，应用规模化、专业化的现代养蜂生产方式，从获得养蜂规模经济效益方面增加养蜂收入。第二，研发新的养蜂技术（如蜜蜂授粉的配套技术、生产多元化蜂产品的技术、蜂群管理与抗病害技术等），加大对蜂农进行技术培训的力度。使蜂农掌握先进的养蜂技术，从降本增效方面增加蜂农养蜂收益。第三，对发展蜜蜂授粉产业进行政策上的大力支持，通过实施蜜蜂授粉大幅增加蜂农的养蜂收益。第四，规范蜂产品市场秩序，制定严格的蜂产品质量标准，提高蜂产品价格，保证蜂产品价格与质量成正比，确保蜂农的经济利益不受损害。

6.4　本章小结

本章对蜂农的养蜂收入问题进行了研究。首先，基于2019年全国蜂农固定观察点的统计调查数据，运用成本收益法对蜂农的成本、收益及其构成比例进行了统计分析，并对不同放蜂方式、养殖规模、养殖品种情况的成本收益进行了对比，提出了促进蜜蜂授粉、研发养蜂生产新技术、探索养蜂生产保险实施办法、净化规范蜂产品市场秩序、出台养蜂业支持政策等对策建议。其次，通过建立多元回归模型，对影响蜂农收入水平的因素进行了实证分析，并提出了规模化养蜂、对蜂农进行技术培训、提高蜂农的组织化水平、对跨省大转地蜂农进行适当扶持、建立养蜂生产灾害补偿机制等对策建议。最后，基于河南省2017年的蜂农固定观察点问卷数据，分析了河南省蜂农养蜂收入差距及影响因素，提出了扩大养蜂规模、研发新的养蜂技术、对蜜蜂授粉进行政策支持、规范蜂产品市场秩序的对策建议。

第 7 章　蜂产品销售模式及优化策略

蜂产品是蜜蜂的产物，按其来源和形成的不同可分为三大类：①蜜蜂的采制物。如蜂蜜、蜂花粉、蜂胶等。②蜜蜂的分泌物。如蜂王浆、蜂毒、蜂蜡等。③蜜蜂自身生长发育各虫态的躯体。如蜜蜂幼虫、蜜蜂蛹等。其中，蜂蜜、蜂花粉、蜂王浆、蜂胶等是最主要的蜂产品，这四类产品产量高、销量好，是蜂农养蜂收入的主要来源，也是蜂产品出口创汇的重要组成部分。而蜂蜜又是最主要的蜂产品，本章研究对象以蜂蜜为主，以蜂花粉、蜂王浆、蜂胶等产品为辅，对蜂产品的销售模式及市场状况进行分析研究。

7.1　蜂蜜的销售特点

蜂蜜，是由蜜蜂从开花植物的花中采得花蜜然后在蜂巢中酿制形成的。蜜蜂从植物的花中采取含水量约为 80%的花蜜或分泌物，存入自己胃中，在体内转化酶的作用下经过 30 分钟的发酵，回到蜂巢中吐出，蜂巢内温度经常保持在 35℃左右，经过一段时间，水分蒸发，成为水分含量少于 20%的蜂蜜，存贮到巢洞中，用蜂蜡密封。蜂蜜属于一种特色农产品，虽然具有较高的营养价值，但不是人类生活必需品，因而其销售特点与普通农产品存在很大的不同。市场上销售的蜂蜜（如超市、专卖店、蜂产品专柜）多为经过蜂产品企业加工后的产品，而本部分研究所涉及的蜂蜜，仅指蜂农生产出来未经加工的原料蜜，其销售特点突出表现在以下几个方面。

7.1.1　蜂蜜种类繁多

根据不同的分类方法，可以将蜂蜜进行不同的分类（见表 7-1）。

表 7-1　蜂蜜的分类

划分依据	蜂蜜种类
蜜源种类	油菜蜜、洋槐蜜、枣花蜜、荆条蜜、紫云英蜜、椴树蜜、益母草蜜、枇杷蜜、百花蜜等
蜜蜂品种	意蜂蜂蜜、中蜂蜂蜜、黑蜂蜂蜜
成熟度	成熟蜜、非成熟蜜（浓缩蜜）
包装	普通蜜、巢蜜

因蜜源植物不同，蜂蜜的种类呈现多样化特点，常见的有油菜蜜、洋槐蜜、枣花蜜、荆条蜜、紫云英蜜、椴树蜜、益母草蜜、枇杷蜜、百花蜜等。蜜蜂采集植物花蜜的种类来源不同，其颜色与口味也存在很大的差别。

蜜蜂按品种可分为意大利蜜蜂和中华蜜蜂。意大利蜜蜂，简称意蜂，也叫西蜂，是由国外引入的蜜蜂品种，由意蜂采集花蜜而酿造的蜂蜜称为意蜂蜂蜜，意蜂蜂蜜产量较高，一年中可多次收割。中华蜜蜂为中国古老的蜜蜂品种，简称中蜂，由中蜂采集花蜜而酿造的蜂蜜称为中蜂蜂蜜（也叫土蜂蜜），中蜂蜂蜜产量较低，一年仅收割一次或者两次。由于中国国内蜂农养殖的蜜蜂品种多为意蜂，中蜂占比很少，因此，市场上的蜂蜜多为意蜂蜂蜜，中蜂蜂蜜相对较少。在我国东北和新疆地区，还分布有黑蜂蜂种，由黑蜂采集花蜜酿造而成的蜜被称为黑蜂蜂蜜，黑蜂蜂蜜的蜜源比较复杂，东北黑蜂最著名的蜜源植物是椴树，新疆黑蜂的蜜源植物主要是益母草、野薄荷与山花等。

按照蜂蜜是否为自然成熟，可分为成熟蜜与非成熟蜜（浓缩蜜）。成熟蜜是指蜜蜂采花蜜后，将其唾腺分泌物装到巢房中，经过酿造、脱水，使含水量降至 20%以下，并使双糖充分转化为单糖，葡萄糖和果糖总的含量达 70%以上，自然成熟的蜂蜜，通常需要 7 天时间，具有真正意义上蜂蜜应具备的营养成分。而非成熟蜜是指蜜蜂采回不久的花蜜，未经充分酿造，大多是 1~2 天取蜜，许多营养成分不全面、不充足、不稳定。一般在销售时，还要经过机械脱水浓缩，这种蜜一般称为浓缩蜜或者加工蜜，并不具备蜂蜜应有的营养价值。

普通蜂蜜一般是用塑料瓶或者玻璃瓶进行包装，然而最近几年，市场上出现了新的品种：巢蜜。巢蜜是由蜂巢和蜂蜜两部分组成的一种成熟蜜，是蜜蜂在蜂巢内将蜂蜜酿制成熟并封上蜡盖形成蜜脾，不经分离连巢带蜜一起供消费者直接食用的蜂蜜产品。

蜂蜜种类繁多导致生产者与消费者之间存在信息不对称现象。多数消费者面对种类繁多的蜂蜜产品感到非常迷惑，不知如何挑选，购买过程听由蜂蜜销售人员的介绍和推荐，对蜂产品的质量与价格持怀疑态度，造成对蜂产品的购买信任度降低。

7.1.2 价格悬殊

消费者在购买蜂蜜的时候，会发现蜂蜜的价格相差很大，有低至每公斤几十元的蜂蜜，也有高达每公斤几百元的蜂蜜。蜂蜜市场呈现鱼龙混杂、良莠不齐的现象。蜂蜜产品价格差别较大的原因有三方面，一是养蜂生产对自然条件的依赖性很强，在不利的自然环境条件下，蜂蜜产量可能会下降甚至绝收，由此会导致不同年份蜂蜜的价格出现波动。此外，不同种类的蜂蜜价格差别也比较大，通过比较最近几年蜂蜜的销售价格发现，油菜蜜价格一般较低，洋槐蜜与荆条蜜价格较高。而巢蜜因不易掺杂作假，其价格更高。即使是同一种类的蜂蜜，受不同地理位置和销售渠道的影响，价格差距也比较大。二是购买蜂蜜的渠道不同。如果从蜂农手中购买未经加工的原料蜜，价格一般偏低，而购买经过厂商加工包装后的蜂蜜则价格相对较高。三是蜂产品市场管理不够规范，存在假冒伪劣商品。以次充好、勾兑造假蜂蜜情况屡见不鲜，造成质量上乘的优质蜂蜜卖不了好价钱，真正的好蜂蜜受到竞争与排挤，难以占有市场份额。蜂产品不能实现优质优价，严重损害了蜂农的合法权益。

7.1.3 质量标准不统一

随着人们生活水平的提高，人们消费的选择性明显增强，消费者所关心的不只是能否买到商品，而且还在意所购买的商品是否卫生安全，是否有营养，是否使用方便。但目前国内市场上蜂产品的质量仍存在着严重问题，对蜂产业的发展产生了极为不利的影响。蜂产品的质量与蜂产品标准化生产密切相关，我国尚无蜂产品生产方面的立法，也没有统一的技术标准。虽然国家已经出台了蜂蜜国家标准——《食品安全国家标准蜂蜜》作为行业标准并修改了几次，对蜂蜜的感官要求、理化指标、污染物与兽药农药残留限量做了规定，但蜂农销售的原料蜜一般没有经过严格的质量检测，只是简单测一下波美度就直接销售，不同蜂蜜质量差别较大。正是由于蜂蜜质量参差不齐，假冒伪劣蜂蜜充斥市场，出现蜂产品市场秩序混乱现象。

7.2　蜂农销售蜂产品的传统模式

蜂产业是一个具有特殊属性的小产业，蜂农存在靠天吃饭的致命弱点，难以形成较大规模的产业经济，在传统农业中也明显处于弱势地位。这种先天的劣势一方面造成从业人员不仅数量少，而且十分分散。另一方面也对产业环境造成不利影响，使得蜂农的蜂产品生产、加工以及销售环节等方面都不能与其他行业一样建立一种专业性更强的现代生产、管理、销售模式。蜂农的产品销售还是以自产自销为主，而加工企业在销售渠道、销售模式等方面与其他行业相比也明显存在一定的差距。

7.2.1　蜂农销售蜂产品的传统渠道

调查发现，蜂农生产的蜂蜜一般直接零售，或者通过卖给合作社、卖给蜂产品加工企业、卖给商贩（收购商）间接销售四种方式进行销售。

7.2.1.1　“蜂农+消费者”零售模式

几乎所有的蜂农生产的一部分蜂蜜都会采用“蜂农+消费者”的直接零售模式（如图 7-1 所示），尤其是定地蜂农和小转地蜂农，由于采用这两种饲养方式的蜂场规模一般较小，蜂蜜产量少，直接零售是他们的主要销售渠道。蜂农通过零售蜂蜜直接与消费者对接，减少了中间的流通环节，不仅省去了中间环节的交易成本，还可以获得较高的价格。通过零售，蜂农可以直接拿到现金，销售渠道简单、高效，利润较高。但蜂农居住比较分散，受地域限制，其产品鲜为人知，蜂蜜销售数量有限，蜂蜜销售难问题比较突出。

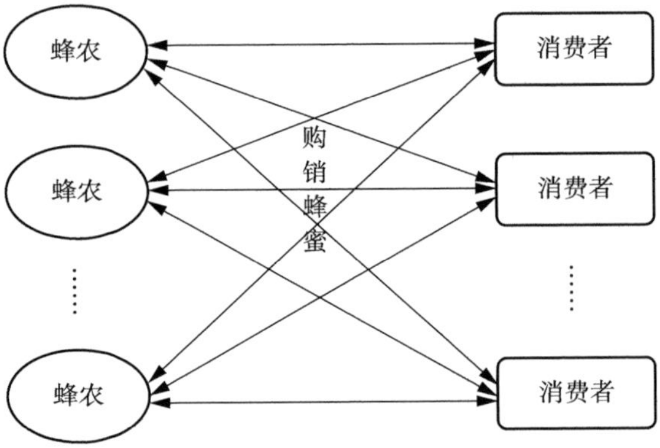

图 7-1　“蜂农+消费者”零售蜂蜜模式

7.2.1.2　“蜂农+合作社+消费者”的合作社模式

如果蜂农加入了附近的养蜂专业合作社，“蜂农+合作社+消费者”的合作社销售模式将是他们的首选（如图 7-2 所示）。蜂农加入合作社能够提高其组织化程度，合作社会把分散的蜂农有机组织起来，在每年的流蜜时间下乡收购合作社会员的蜂蜜，然后集中统一销售给蜂产品加工企业，或者把收上来的蜂蜜进一步加工，形成自己的蜂产品品牌并向市场销售，有的合作社还会在年底给予蜂农年终返利。通过加入合作社，蜂农与合作社之间建立了稳定的契约合作关系，解决了蜂蜜销售难的问题，使蜂农的经济利益得到保障，降低了蜂农的销售成本和风险。如成都邛崃市蟲鑫蜂业专业合作社已经发展了 400 多户蜂农会员，河南蜜乐园养蜂专业合作社发展合作社会员 500 多户并辐射带动蜂农 2000 多户，有效解决了这些蜂农的蜂蜜销路难题。

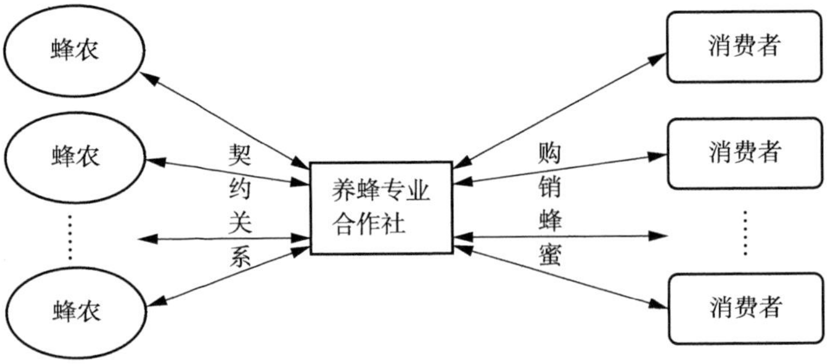

图 7-2　“蜂农+合作社+消费者”销售蜂蜜模式

7.2.1.3　"蜂农+企业+消费者"的龙头企业带动模式

"蜂农+企业+消费者"的销售模式是指蜂农把生产的蜂蜜直接卖给蜂产品加工企业，企业凭借自身的资金优势和技术优势对蜂产品进行深加工，生产出优质蜂蜜、蜂胶胶囊、蜂王浆片以及一些饮料、化妆品等产品（如图 7-3 所示）。通过企业对蜂产品进行精深加工，拉长了产业链条，形成产供销一条龙，增加了产品的附加值，带动蜂农增收，提高了蜂产业的整体效益。龙头企业带动模式将分散的蜂农与统一的大市场对接起来，增强了蜂农进入市场的能力，使蜂农能够抵御市场风险，蜂蜜销路顺畅。相对于蜂农与养蜂专业合作社之间的关系，蜂农与龙头企业的关系较为松散，双方只是简单的收购蜂蜜关系，很多企业与蜂农之间并没有签订购销合同。

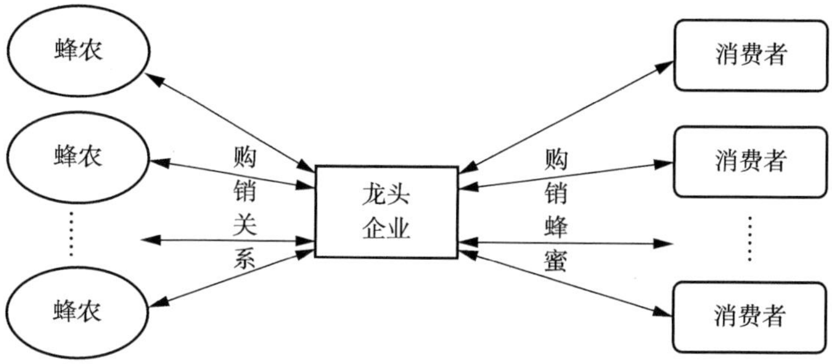

图 7-3　"蜂农+企业+消费者"销售蜂蜜模式

7.2.1.4　"蜂农+商贩"模式

"蜂农+商贩"的销售模式是指蜂农将蜂蜜销售给上门收购的商贩，再由商贩销售给消费者、合作社或者蜂产品企业的营销模式（如图 7-4 所示）。这种销售渠道中间涉及的流通环节较多，是大规模养殖蜂农销售蜂蜜最常用的销售方法。大规模养殖蜂农生产的蜂蜜产量较大，通过零售只能卖掉很少一部分，剩下大量的蜂蜜都是靠商贩上门收购来实现销售的。商贩具有较强的采购能力和运输能力，能够将蜂蜜运输、销售到更远的市场。商贩收购的主要好处是蜂农销售蜂蜜很方便，不需要支付额外的交通成本。但是在交易过程中，由于交易双方存在信息不对称，蜂农处于弱势地位，经常被恶意压价，经济利益受损。如有的蜂蜜零售可以卖到每斤 20

元以上，但商贩收购，单价只有每斤 10 元甚至更低。

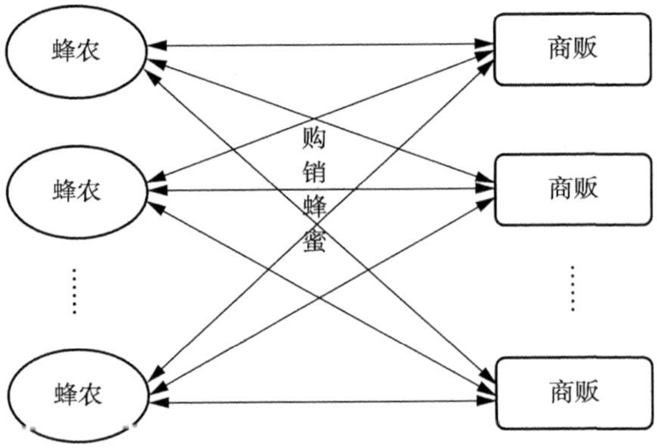

图 7-4 “蜂农+商贩”销售蜂蜜模式

7.2.2 蜂农选择销售渠道的影响因素

7.2.2.1 养殖规模

根据调查数据可知，养殖规模大的蜂农，蜂蜜产量较多，面临销售难问题严重。为了将蜂蜜顺利卖出，分散的蜂农多选择价格较低的“蜂农+商贩”模式。如果蜂农加入了合作社或者当地有龙头企业，蜂农会选择将蜂蜜销售给合作社或者加工企业。一般养殖规模小的蜂农，其蜂蜜产量也少，销路不成问题，多选择零售的方式，以获得更高的价格和收益。

7.2.2.2 蜂蜜种类与产量

养殖意蜂的蜂农一般收获蜂蜜产量较高，为了将所有蜂蜜顺利卖出，他们会将大部分蜂蜜通过间接销售方式卖给商贩、合作社或者龙头企业。而养殖中蜂的蜂农收获的中蜂蜜产量非常低，加上中蜂蜜品质好、售价高，销路不成问题，多数蜂农会选择将中蜂蜜通过零售渠道卖出。巢蜜也是如此，若蜂农生产的巢蜜较少，一般通过零售就可卖完，当生产的巢蜜产量多难以销售的时候，蜂农会选择间接销售方式，以较低的价格卖给商贩、合作社或者加工企业。

7.2.2.3 销售价格与付款方式

销售价格直接影响蜂农对销售渠道的选择，理性的蜂农都会选择将蜂蜜卖给出价较高、付款方式简单便捷的购买者。在四种蜂蜜销售模式中，零售一般可以获得较高的价格，而且一手交钱一手交货，货款立即结清，这种销售方式最受蜂农喜欢，但由于零售销量小而受到制约。在合作社销售与龙头企业销售模式中，蜂农一般会与合作社、企业之间签订收购合同，受契约的约束，蜂蜜销售价格和销量基本稳定，销售过程比较顺利。“蜂农+商贩”的营销模式中，蜂农与商贩的关系不稳定，商贩的市场准入要求比较低，不少商贩为了自身利益而采取危害蜂农利益的手段，在缺乏其他销售渠道的情况下，该渠道依然是蜂农销售蜂蜜的主要途径。

7.2.2.4　地理位置

如果蜂农家庭所在地与公路、县城的距离较近，或者蜂场位于旅游景区附近，蜂农更多会选择零售直销模式。因为其距离公路、县城近，来往客流量大，会有较多的零散客户上门购买，直接零售蜂蜜更为便捷。位于旅游景区的蜂场会遇到更多的游客，且在景区销售会获得更高的销售价格，因此蜂农也会选择零售。反之，受地理位置影响，那些交通不便、信息闭塞的山区蜂农大多会选择间接销售方式，卖给商贩、合作社或者龙头企业，这样能给蜂农带来更大的收益。

7.2.2.5　风险态度

调查发现，蜂农对风险的偏好在一定程度上影响销售渠道的选择，大部分蜂农为风险的规避者，期望在低风险状态下获得较高的收益。厌恶风险的蜂农会优先选择零售、“蜂农+商贩”的销售模式，因为这两种模式交易快，销售价格与货款支付方式都是交易过程中谈好的，几乎没有回款风险。选择“蜂农+合作社+消费者”销售蜂蜜模式和“蜂农+企业+消费者”销售蜂蜜模式，则是与合作社或者企业签约在前，蜂蜜销售履约在后，随着时间的推移，蜂蜜价格的上升与下跌具有较大的不确定性，故部分蜂农会主观认为选择合作社或者企业销售风险较大，不如直接卖给商贩风险更小。

7.2.3　蜂农销售蜂蜜存在的问题

7.2.3.1　蜂蜜销售渠道落后

通过分析发现，蜂农销售蜂蜜多采用零售、“蜂农+商贩”的销售模式，这两种方式属于较为传统、落后的销售方式，蜂农缺乏市场营销的理念，不能顺应市场的发展趋势，对新的销售方式如订单营销、网络营销等持排斥态度或者由于受年龄、文化程度等因素限制而无法学习掌握。

7.2.3.2 蜂农组织化程度低

根据调查数据，采用合作社营销的蜂农占比较低，蜂产业合作组织发展缓慢，虽然有一半以上的蜂农都加入了养蜂专业合作社，但多数合作社徒有虚名，并没有发挥实际应有的作用，当前蜂业合作组织的市场带动力仍然不够，蜂农往往以单个的农户身份参与蜂蜜销售，在市场交易中无法形成合力，无法影响产品的定价。

7.2.3.3 蜂蜜交易缺乏市场监管

目前，蜂蜜市场较为混乱，蜂蜜市场交易缺乏部门监管，蜂产品市场相关的法律法规不够健全。在蜂蜜销售过程中会出现交易诚信问题，给蜂农和相关组织带来风险却受不到法律法规的约束。如蜂农之间相互压价竞争，蜂农与企业之间所签订的营销合同约束性不强，出现毁约现象，蜂农与商贩交易中遭遇商贩恶意压价、压秤等不良行为。

7.2.3.4 蜂蜜营销人才缺乏

从受教育程度看，无论是蜂农、商贩还是合作社或者企业中负责蜂产品销售的人员，文化水平总体偏低，缺少专业人才对蜂蜜销售渠道进行完善和优化。受人才短缺限制，蜂蜜销售过程中会出现相关主体获取市场信息不完整或者滞后，缺乏市场供需信息的及时指引，导致营销效率低下。

7.2.4 优化蜂蜜销售渠道的对策建议

7.2.4.1 提高销售渠道主体的组织化水平

鼓励蜂农组建合作社，提高蜂农的组织化水平，增强蜂农与市场的对接优势。鉴于当前蜂农的组织化水平仍然较低，应鼓励农户自发组织起来，管理好蜂蜜销售的每一个环节，不断完善合作社的运行机制，使之发挥应有的功能。

7.2.4.2 加强商贩销售渠道管理，规范市场交易

政府应加大对商贩的管理、培训和监督，通过法律法规对商贩的购买

行为进行约束，规范蜂蜜市场交易，确保蜂农经济利益不受损害，同时更好地发挥商贩促进农产品流通的作用。

7.2.4.3　加强蜂蜜品牌建设

目前，多数蜂农生产的蜂蜜处于一种“酒香也怕巷子深”的状态，生产出来的蜂蜜虽然质量上乘，但地理位置偏僻，缺乏品牌和包装，导致无人问津。应进一步加强蜂产品加工企业建设，提高龙头企业的带动能力，产生品牌效应，克服蜂产品“名声大、无大品牌”的缺陷。

7.2.4.4　创新蜂蜜网络销售模式

随着互联网的普及，应将网络销售模式运用到蜂蜜营销渠道建设中。这需要对蜂农和蜂业营销人员进行培训，让他们尽快学习网络营销相关知识。比如可以借助QQ、微信等平台进行蜂蜜的宣传与销售，也可以开发适用于蜂产品营销的App，让蜂农集中在同一个平台上销售蜂产品，便于蜂农、商家、消费者等主体之间的信息交流与共享，形成健康有序的营销环境。

7.3　蜂产品电商销售模式

在农业农村部发布的《特色农产品区域布局规划（2013—2020年）》中，将我国特色农产品确定为蔬菜、果品、粮油、饮料、花卉、纤维、中药材、草食牲畜、猪禽蜂和水产等，共计10大类144个品种。特色农产品一般具有独特的品质或功能，有一定的认知度，现实市场竞争优势明显或具有潜在的市场需求。特色农产品产业的发展对周边地区的辐射和带动能力极为显著，在满足市场多样化需求、提高农业产业的市场竞争力、提高农民收入、实现脱贫攻坚和乡村振兴等方面发挥了重要的作用。绝大多数特色农产品为原生态优质产品，其产业为绿色产业，产地生态环境较好，但地理位置相对偏僻，交通不便，产品销售一直是困扰农户的难题。2020年初，新冠肺炎疫情暴发并在全球范围内传播，对特色农产品的销售造成了不利的影响，为了避免疫情扩散，我国多数家庭都采用了居家隔离的生活模式，特色农产品的销路严重受阻。尽管随后国内的疫情逐渐好转，但今后对于新冠肺炎、流感等多种流行性疾病疫情的防控已成为一种常态化趋势，在疫情防控常态化背景下，特色农产品的传统销售模式陷入困境，而电子商务的兴起与发展则为破解其销售难题带来了新的发展机遇。

本部分以蜂产品为例，从微观农业生产经营主体农户视角切入，基于国家蜂产业技术体系课题组的实地调查数据及针对蜂农的非结构性访谈内容，探讨疫情防控常态化背景下农户特色农产品的电商销售模式及其制约因素，以期为破解特色农产品销售困境、促进农民增收提出可行的对策建议。

7.3.1 蜂产品销售的现实困境

蜂产品作为一种特色农产品，主要包括蜂蜜、蜂花粉、蜂王浆、蜂胶、蜂毒等原始蜂产品，以及将原始蜂产品加工后的制成品。研究证明蜂蜜、蜂花粉、蜂王浆等蜂产品中含有丰富的维生素、矿物质、氨基酸、酶类等多种营养成分和天然活性物质，具有较强的保健功能和医疗效果，是介于食品与药品之间的纯天然保健食品。随着居民消费结构升级，对于高品质、有益于身体健康的特色农产品存在较大需求，因此可以预测未来蜂产品的市场需求量将会逐渐增加。但实地调查却发现蜂产品滞销问题十分严重。导致蜂产品销售陷入困境的原因主要有四大方面。

7.3.1.1 分散式小规模生产经营方式落后

目前，我国的养蜂生产采用的仍然是以家庭经营为主的分散式小规模生产经营模式，一般为父子二人或夫妻二人共同经营，根据调查统计数据，蜂农户均养蜂规模绝大多数为60~90群，定地养殖的蜂农蜂群规模更小。这种原始的小农经济生产模式难以形成规模效应，很难与收购方签订长期稳定的销售契约，因此，零售是多数蜂农销售蜂产品的主要渠道。蜂农零售的蜂产品为未经加工的初级产品（比如蜂蜜为原料蜜），这些产品属于蜂农自产自销，包装简陋，没有形成品牌，知名度不高，没有经过农产品质量安全体系的认证，产品标准化程度低，消费者对这样的初级特色农产品信任度较低，购买频次会减少。

7.3.1.2 地理位置偏僻造成产品市场范围受限

蜂产品的生产是依靠蜜蜂采集花蜜、花粉进行的，因山区蜜粉源植物资源丰富，蜂产品生产多集中于山区。其中，定地蜂农几乎常年都在大山里从事蜂业生产，而转地蜂农为了在不同的季节赶上不同的蜜源花期，也经常将蜂箱转运至山区放蜂。山区自然生态环境条件较好，远离城市的各种工业污染和环境污染，在原生态的蜜源环境中可以酿出原生态的特优蜂蜜。比如产量低、品质优、知名度高的中蜂蜂蜜（也称为土蜂蜜）是由中华蜜蜂采集的，而中华蜜蜂的生存环境位于大山深处。然而，由于山区位置偏僻，交通基础设施不够健全，将蜂产品运出大山以求在更大的市场范围寻找销路变得极为困难，形成了“长在深山无人识”“酒香也怕巷子深”的格局，市场销路非常有限。

7.3.1.3　营销观念陈旧，销售渠道单一

随着互联网技术的进步与物流行业的发展，线上购物市场呈现快速增长趋势。受疫情防控形势的影响，网络购物用户规模持续壮大，线上购物交易额暴涨。根据中商情报网公布数据，截至 2020 年 6 月，我国网络购物用户规模达 7.49 亿人，呈现逐年增加趋势（如图 7-5 所示）。但蜂产品的销售渠道却非常滞后，由于蜂农老龄化现象非常严重，受年龄和文化程度的制约，多数蜂农不会使用智能手机和上网，不会电子支付，不易接受网络销售这一新鲜事物，销售观念陈旧，依然利用传统的渠道销售蜂产品。

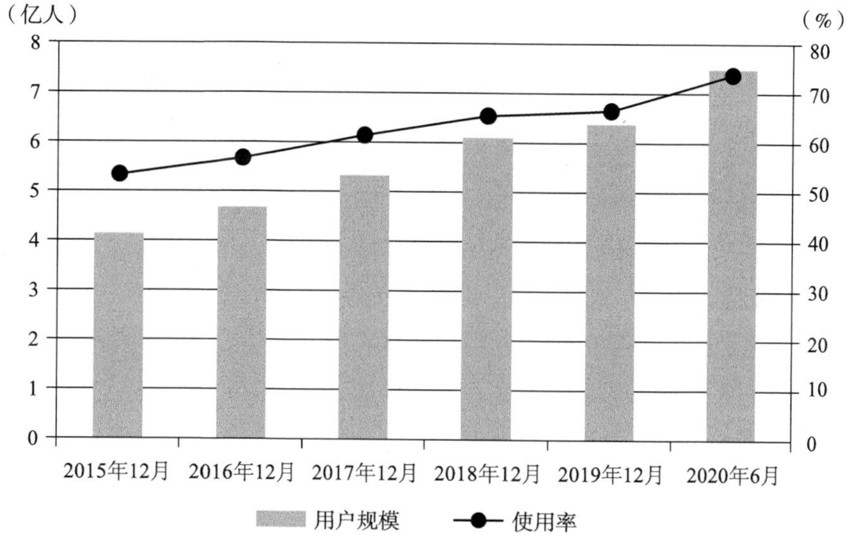

图 7-5　2015 年 12 月至 2020 年 6 月中国网络购物用户规模及使用率情况

资料来源：中商情报网官方数据。

以最主要的蜂产品蜂蜜为例，蜂农生产的蜂蜜通过四种传统渠道进行

销售：一是通过零售直接卖给消费者，销量平均占总产量的48.57%。有少数蜂农会通过网络零售部分蜂蜜，但占比极低，不到零售总量的5%。二是将产品卖给自己所加入的合作组织（养蜂专业合作社或者蜂业协会），销量平均占总产量的13.08%。三是将产品卖给蜂产品加工企业，销量平均占总产量的6.73%。四是将产品卖给中间收购商，销量平均占总产量的31.62%。蜂农通过互联网销售蜂产品的行为极少，这种传统的销售渠道难以适应经济社会发展的需要，创新蜂产品的电商营销模式已经势在必行了。

7.3.1.4 假冒伪劣商品充斥市场

目前，国内蜂产品市场较为混乱，各种蜂产品质量参差不齐，存在部分勾兑、掺假、以次充好或用化学成分合成的假蜂蜜，以及用杨树胶生产的假蜂胶等假冒伪劣商品。假冒伪劣商品的出现严重扰乱了蜂产品的市场秩序，不仅使得蜂农辛苦生产的优质蜂蜜不能获得满意的销售价格，实现优质优价，严重侵害了蜂农的权益，降低了蜂农的收入水平和养蜂积极性，还造成消费者面对蜂产品难辨真假，加重了消费者对蜂产品的信任危机，失去消费信心，对优质蜂蜜的正常销售产生了极为不利的影响。

7.3.2 蜂产品电商销售的基本模式

在当前疫情防控常态化的形势下，要使蜂农改变以往传统的线下销售方式，找到蜂产品新的销售突破口，就需要借助电商快速发展带来的机遇，实现蜂产品销售模式的转型升级，建立稳定顺畅的产销对接机制，将蜂产业发展成为优质、创收、竞争力强的特色产业。具体来说，结合蜂产品的生产特点及目前已有的特色农产品电商销售方式，蜂产品电商销售可采取以下四种线上销售模式。

7.3.2.1 蜂农网上自行开店

农户网上自行开店是较早出现的一种电商销售模式。该模式需要蜂农在京东、淘宝、苏宁易购等购物网站注册，创建个人店铺，交付一定的保证金及相关费用，将不同种类的蜂产品信息及其价格以文字、图片或视频的形式在网页上进行展示，即可开始进行网上营销，消费者通过在网站输入关键词来搜寻适合自己的产品，与卖家达成交易后，通过线上支付或者货到付款的方式支付货款，卖家通过快递将蜂产品及时送达消费者。截至2020年6月，天猫店铺已达到32万家，淘宝店铺达到1110万家，通过网上开店销售农产品已成为未来的发展趋势。由商务部数据可知2019年全国农产品网络零售额为3975亿元，同比增长27%，呈大幅增长趋势（如图7-6所示）。这种网上自行开店的销售模式成本低、操作简单、客户量大，还可以对客户的反馈意见快速做出响应，以便满足不同的客户需求。网上自行开店已成为蜂产品电商销售的主要渠道之一。缺点是买卖双方互动性低，很难与消费者建立长久稳定的关系。河南省长葛市官亭乡尚庄村农户是利用该模式出售蜂产品和蜂机具的成功典型，该村有100多户农户开设经营网店，借助电商平台销售蜂产品、蜂机具，年交易额超过2亿元，该村成了知名的“蜂业淘宝村”。

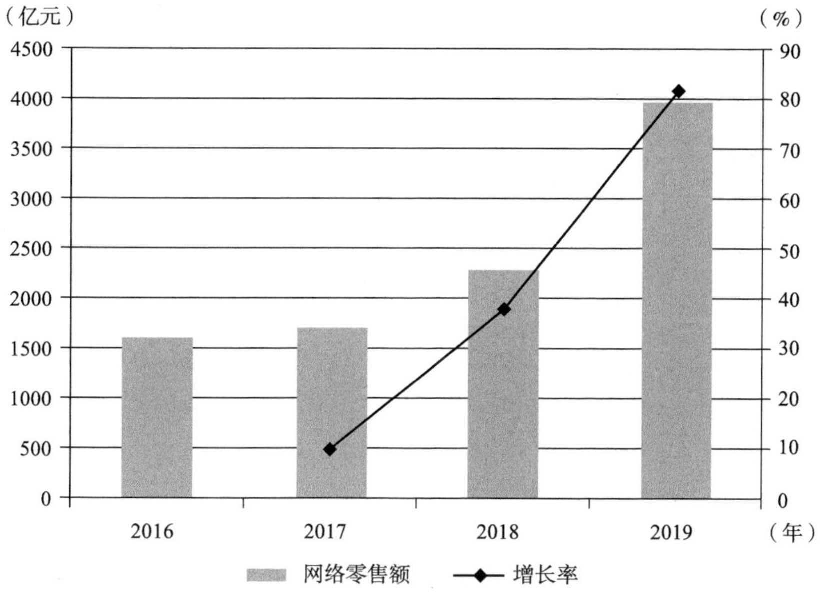

图7-6 2016—2019年中国农产品网络零售额情况

资料来源：商务部公布数据、艾媒数据中心。

7.3.2.2 社交商务销售模式

该模式是指蜂农利用QQ、微信、微博等社交媒体宣传销售蜂产品的一种线上销售方式。QQ、微信、微博等是网络社交工具，由于其操作使用方法简单，使用人群非常广泛，尤其是微信用户数量非常多。这些社交工具作为即时通信软件，让沟通变得更加方便快捷，近几年，随着互联网的发展，我国即时通信用户规模不断扩大。据 CNNIC 公布数据（如图 7-7 所示），2011 年中国互联网即时通信用户规模达 5.13 亿人，占整体网民比例达到 80.9%。2018 年中国互联网即时通信用户规模达 8.29 亿人，占整体网民比例达到 95%。

从即时通信工具用户的年龄分布看，从几岁的孩子到七八十岁的老人都在使用微信，于是，利用社交媒体开展营销的方式开始兴起并迅速发展。蜂农可以在微信朋友圈或自建的销售群中发布蜂产品的图片、生产过程短视频等资料进行宣传，消费者通过这些社交工具直接与蜂农沟通交流下订单，蜂农将产品直接送货上门或者通过快递公司物流送货。由于社交媒体的好友基本都是熟人，彼此之间信任度高，所以消费者购物时顾虑较少。这种销售方式具有便捷、高效的特点。如果产品得到客户的认可，则回头客较多，客户也会给自己的亲友介绍推荐，形成良好的产品口碑，进一步增加消费者的认可和信任度。目前，绝大多数可以熟练使用微信的蜂农都会采用这种方式销售产品。其缺点是客户有限，仅限于自己添加的好友。

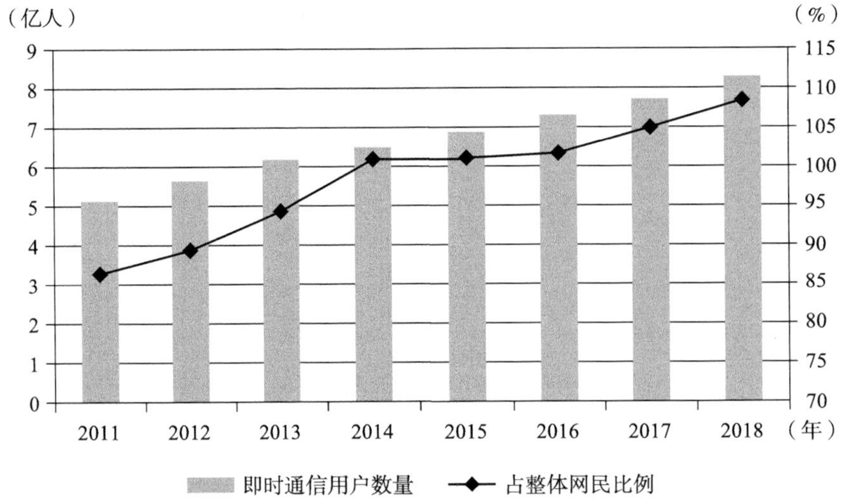

图 7-7　2011—2018 年中国互联网即时通信用户规模及占比

资料来源：CNNIC 公布数据。

7.3.2.3　利用短视频平台或直播带货

抖音、快手等短视频 App 虽然是最近几年成立上线的短视频社交软件，但其平台流量很大，日活跃用户增长极快（如图 7-8 所示）。《抖音大数据报告》资料显示，仅 2020 年 1 月 5 日当天，抖音日活跃用户数已超过 4 亿人，借助短视频进行带货销售成了越来越多商家线上销售产品的选择渠道之一，这也为蜂产品的销售带来了新的思路。

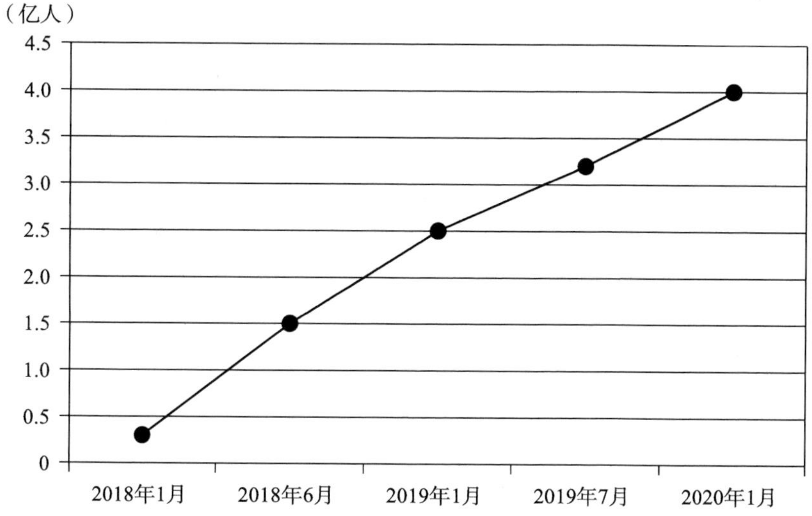

图 7-8　2018 年 1 月至 2020 年 1 月抖音日活跃用户数

资料来源：抖音用户数据报告。

蜂农可以在生产基地录制视频，将自家的蜂场现场实景、取蜜过程、包装好的蜂产品等做成短视频直观展示并加以讲解，为消费者普及蜂产品的相关知识及食用方法，建立客户信任并积累产品粉丝数量，不断提高产品的核心竞争力和消费者的信任度，获得更多的销售机会。如果是选用直播带货的方式，还可以现场与消费者互动，与客户进行“近距离”的沟通交流。视频直播的同时附带购物链接，消费者可点击链接直接下单，蜂农将产品通过物流配送到家。如 2018 年，黑龙江伊春市的“蜂二代”张东亮把小兴安岭养蜂人的视频发到抖音、快手平台，首次丌播 2 个小时卖出去 200 多斤蜂蜜，截至目前快手获得 6.8 万粉丝，抖音获得 3 万粉丝，2020 年“双十一”活动中，快手一场直播销售额达 1 万多元。该模式的优点是进入门槛与运行成本都比较低，简单易学，只需要一部智能手机就可以实现蜂农小规模生产与大市场的有效对接。缺点是对老龄化严重的蜂农而言，学习直播操作方法和直播销售技巧可能存在一定的困难。

7.3.2.4 借助专业合作社间接线上销售

由于蜂产品生产采用的是农户分散经营模式，单个农户与大市场对接的交易成本较高，而已经加入养蜂专业合作社的蜂农只需将生产的蜂产品交由合作社集中起来，然后通过合作社间接在线上销售蜂产品即可。合作社可以通过自建网络销售团队、与网络运营商合作、依托地方性专业平台等模式开展蜂产品电商销售业务。在该模式中，蜂农与合作社的关系较为紧密，蜂农只作为蜂产品的提供者，不直接参与线上销售业务，其风险与经营成本较小。而合作社则对资源进行整合，承担了蜂产品的收购与销售任务。合作社通过注册商标，能够形成自己的蜂产品品牌，获取更大的销售利润。合作社的运营比较稳定，蜂农面临的市场风险进一步降低。部分合作社年终还会给蜂农分红，确保蜂农的收入相对稳定。如浙江省江山市恒亮公司组建的恒丰园养蜂专业合作社有1000多个养蜂户加入，其“恒亮”蜂产品品牌被国家工商总局认定为“中国驰名商标”，其产品获得了消费者的高度认可。“恒亮”蜂产品在淘宝网上开有旗舰店，2020年4月，江山市代市长还为其进行了直播带货，直播销售江山特产（包括恒亮蜂蜜）仅2个小时，获得了近10万元的销售额。借助淘宝网平台，成功实施了“政企合作、直播助农”的电商销售新模式。

7.3.3 发展蜂产品电商销售的路径选择与建议

蜂产业虽然是隶属畜牧业范畴中的一个小产业，但其分布范围广泛，几乎遍布全国所有省份。因区域自然条件因素与各地发展程度的差异，不同地区的蜂农在选择蜂产品电商发展模式时，应因地制宜，借鉴蜂业同行电商销售的成功经验，结合自身的发展状况，立足实际，选择适合自己的电商发展道路。

7.3.3.1 提高蜂农组织化水平，打造蜂产品优质品牌

分散化、小规模、家庭经营的蜂产品生产方式是导致蜂产品电商销售发展缓慢的主要制约因素，必须提高蜂农的组织化水平，成立并动员蜂农积极加入养蜂专业合作社，才能从根本上突破这一瓶颈。蜂农加入合作社

后，可以由合作社统一提供蜂种、蜂机具和标准化生产技术指导，由合作社统一收集社员生产的蜂产品，将初级产品进一步加工，拉长生产链条，再对蜂产品进行不同规格的精美包装，提高产品附加值。合作社还组织管理蜂产品的质量检测与安全管理认证工作，注册蜂产品商标品牌，将蜂农手里自产自销的三无产品打造成具有优质品牌和市场影响力的特色、无公害产品，提高蜂产品的知名度。这样才能打通线上销售通道，收获客户的网上好评，得到消费者的认可和信任。合作社在人、财、物等方面具有资源优势，因而可以尝试更多的电商销售模式，扩大产品市场范围，把蜂产业做大、做强。分散的蜂农则通过合作社形成利益共同体，可以共享产品价值提升带来的效益。

7.3.3.2　构建质量安全控制体系，提升消费者对蜂产品的认可度

产品质量的优劣与客户的满意度高度相关，直接影响其核心竞争力。蜂产品的质量安全主要包括营养成分含量不符合要求、微生物超标、抗生素药物残留与重金属残留超标等方面。因此，必须对蜂产品产业链中的每个环节严格把控，确保产品质量与网上宣传内容完全一致，树立起诚信可靠的形象，满足消费者对绿色、无污染、无公害蜂产品日益强烈的需求。此外，构建蜂产品质量安全控制体系，必须指导蜂农按照标准化操作规程生产，建立蜂产品质量溯源体系。据中国蜂产品协会统计，2016 年已经建立溯源体系的蜂业企业占比 85.7%，这些企业多以纸质记录的方式溯源，信息化溯源技术应用极少。今后应借助信息化手段探索对蜂产品生产过程进行电子追溯。如在产品包装上附上专用的二维码，消费者通过“扫一扫”就能够追溯到蜂产品的质量信息，如该产品的波美度、成分含量、生产日期、产地、合作社名称、蜂农的姓名等信息，一旦出现质量问题，依据生产链条能够快速查出问题出在哪个环节，实现从蜜源植物生产源头、蜜蜂的饲喂、取蜜到收购、运输、加工、包装、销售的全产业链质量管控，同时也能够保证不给假冒伪劣产品制造者留下丝毫生存空间。

7.3.3.3　开展农村电商技能培训，加强电商人才的培养与引进

要实施蜂产品电商销售，蜂农熟练掌握电商操作的方法和技巧是关键。目前，农村农民利用网络信息的能力非常低，农民的生产生活习惯、价值观念均未能跟上信息化发展的步伐，对电脑、网络的应用十分有限。

大多数蜂农的电子商务观念滞后，对网络本身的认识、接受和应用能力不高，他们不懂电商营销，又对电子商务缺乏足够的信心，严重影响了电商销售的顺利发展。农村电子商务建设急需一批既懂网络技术又熟悉农业经济运行规律的复合型人才。一方面，政府相关部门应采取措施对蜂农进行蜂产品信息技术和电子商务的培训，教会蜂农掌握网上交易的技能及防范风险的方法，提高农民的信息素质和技术水平，改善蜂产品电子商务应用的社会基础，将新时代的“农商”理念引入蜂农群体中，把农户转变为“农商”。另一方面，要加大人才引进力度，尤其是从本村走出去的大学生和农民工，这些青壮年群体接受电商技术的速度较快，甚至有一部分已经掌握了电商的操作方法，通过发展蜂产品电商业务，吸引他们返乡创业，从而推动当地经济发展，增加农民收入，进一步实现乡村振兴。

7.3.3.4 加快农村信息化建设，搭建蜂产品电商平台

信息化是农业现代化的制高点，也是发展特色农产品电商销售的技术支撑。目前，农村信息化程度相对比较滞后，中国互联网络信息中心第45次报告数据显示，截至2020年3月，中国农村地区网民规模为2.55亿人，互联网普及率为46.2%，而同期城镇网民规模为6.49亿人，网民普及率为76.5%。城乡之间的网民数量及互联网普及率都存在较大差距。位置偏僻的农村和山区信息化程度更低，严重制约了特色农产品电商销售的顺利实施。应加快偏僻农村与山区信息网络的建设，实施网络进村工程，在农村建立信号基站，实现网络信号全覆盖。或由政府出面与电信运营商合作，拿出支农扶持资金统一解决村村通网络问题，降费提速，实现全村无线网络全覆盖，为蜂农节省上网流量费用，方便蜂农无论是在家、蜂场，还是村里任何地方都能快速进行网上交易。

7.3.3.5 完善农村物流体系建设，确保蜂产品配送渠道畅通

发展特色农产品电商销售，离不开物流配送产业的配套支持。由于山区地形复杂，交通不便，快递进村入户比较困难。目前山区绝大多数的物流配送点最远到达农户所在的乡镇，设有快递配送点的村庄非常少。由于蜂场分布比较分散，蜂农的生产规模较小，非常不利于蜂产品的快速集中，若通过物流快递发货，需要蜂农把产品运送到乡镇的配送网点，需花

费大量的人力和时间，才能实现网销，操作效率极为低下。因此，需要政府新建或改造老化公路，让硬化公路通到蜂农家门口，同时增加配送网点，让快递能够走进山村，走进蜂场，解决偏僻农村与市场“最后一公里”的问题，把原生态、优质的蜂产品运出大山，销往全国各地。

7.3.4　结论与探讨

本部分以蜂产品为例，运用对比分析与案例研究相结合的方法，基于微观农业生产经营主体——蜂农的视角，对特色农产品电商销售模式进行了研究。研究表明，通过发展蜂产品电商销售，能够使产品销售突破时间和空间的限制，破解蜂产品传统销售模式的困境，有利于蜂农及时获取市场信息，降低产品交易成本，提高蜂农养蜂收益水平。目前，蜂产品电商销售的基本模式有四种，每种模式都有其优缺点及适用范围，不同区域的蜂农应根据实际情况，选择适宜的电商销售模式。本部分还针对不同蜂农实施电商销售的制约因素提出了相应的选择路径与建议，以期帮助蜂农顺利实现电商销售，解决疫情防控下蜂产品滞销的难题。

特色农产品建立稳定的产销对接机制是农村产业兴旺的重要抓手，本部分虽是以蜂产品为例，但蜂产业所采用的小农生产经营模式、销售困境、产品营销特点等均属于特色农产品产业的共性特征，本部分的研究结论对其他种类的特色农产品产业发展电商销售也具有重要的借鉴和参考价值。此外，随着信息技术的进步与新媒体的快速发展，电商业务在不断创新，本研究的结论可能具有一定的局限性，特色农产品电商销售模式问题有待进一步探讨研究。

7.4　蜂产品销售市场分析

为了解中国蜂产品市场供给情况，本部分内容将基于 2019 年郑州市蜂产品市场蜂蜜销售的调查数据，对市场上蜂蜜的种类、价格、质量、销量等情况进行分析，以期为完善蜂产品市场体系建设提出相应的对策建议。

7.4.1 数据来源

为了解中国蜂产品的市场情况，国家蜂产业技术体系蜂业经济课题组已连续10年对郑州市的蜂产品零售价格开展调查，为了准确把握蜂产品市场的最新情况，本部分研究内容使用的数据为2019年9—11月的调查数据。此次调查样本分布在郑州市的6个超市、3个蜂产品专卖店和5个蜂产品专柜，共调查了182个蜂蜜样本。具体分布情况见表7-2。

表7-2 调查样本分布情况

类别	地点	样本数量
超市	博颂路丹尼斯全日鲜超市	15
	文化路永辉超市	29
	南三环尚购优鲜超市	12
	经三路华润万家超市	18
	经三路世纪联华超市	29
	花园路家乐福超市	24
专卖店	文化路永辉超市外蜜乐专卖店	16
	黄河路汤臣倍健蜂蜜专卖店	10
	杜岭街汪氏蜜蜂园专卖店	6
专柜	张仲景大药房蜂蜜专柜	2
	丽康大药房蜂蜜专柜	5
	润民大药房蜂蜜专柜	2
	经三路大参林大药房	3
	北京同仁堂专柜	11

调查人员实地调查发现，蜂产品销售地点虽然分布于超市、专卖店、专柜3类地点，但绝大多数蜂蜜是在超市销售的，超市销售的蜂蜜品牌与品种繁多。蜂产品专卖店比较少，由知名品牌（汪氏蜜蜂园）及郑州知名企业（蜜乐专卖店）设立，蜂产品专柜一般设在大药房内，但每个大药房内的蜂蜜专柜数量也非常少。

7.4.2 蜂蜜的种类、品牌与产地

根据蜂蜜的蜜源来看，郑州市蜂蜜市场上销售的蜂蜜品种较多，本次

调查样本共包含了来自不同蜜源植物的 18 类蜂蜜品种（见表 7-3）。其中，杂蜜（有的标注为百花蜜）市场份额占比最大，占总样本数量的 23. 63%。这是因杂蜜产量高，全国各个地区都可以生产杂蜜。其次是洋槐蜜，市场份额为 23. 08%，仅次于杂蜜，排第二。排在第三位的是枣花蜜，市场份额为 11. 54%。洋槐蜜与枣花蜜的销量比较好，这两种蜂蜜得到了大多数消费者的认可。市场份额较大的还有椴树蜜、中蜂蜜和枇杷蜜，分别为 7. 14%、6. 59%和 5. 49%。其他种类的蜂蜜市场份额相对较小，均在 4%以下。

表 7-3　不同蜜源种类蜂蜜的样本量分布情况

蜂蜜种类	样本量	占调查样本比例（%）	蜂蜜种类	样本量	占调查样本比例（%）
杂蜜	43	23. 63	连翘蜜	2	1. 10
洋槐蜜	42	23. 08	桂花蜜	2	1. 10
中蜂蜜	12	6. 59	益母草蜜	4	2. 20
枇杷蜜	10	5. 49	黄芪蜜	3	1. 65
枣花蜜	21	11. 54	荆条蜜	7	3. 85
椴树蜜	13	7. 14	紫云英蜜	7	3. 85
枸杞蜜	6	3. 30	金银花蜜	1	0. 55
巢蜜	2	1. 10	党参蜜	1	0. 55
麦卢卡蜂蜜	5	2. 75	黄连蜜	1	0. 55

从被调查蜂蜜的品牌与产地看，绝大部分蜂蜜都是中国国内生产的，也有少数蜂蜜是从国外进口的。进口蜂蜜主要有来自新西兰的麦卢卡蜂蜜、波兰的百花蜜和橘子蜜，来自澳大利亚的多花种蜂蜜以及来自德国的森林蜂蜜。国内的蜂蜜产地主要集中在甘肃、江西、上海、河南、浙江、广西、黑龙江、福建、吉林、北京、辽宁等地。具体品牌与产地分布情况见表 7-4。

表 7-4　被调查样本蜂蜜的品牌与产地分布情况

产地		品牌
国产蜂蜜	甘肃	隆力奇、好食邦
	上海	冠生园

续表

产地		品牌
国产蜂蜜	江西	蜂连社、捷氏蜂社、汪氏、恒巢源、好有福、花圣、蜜乡田园、花蜂农
	河南	蜜乐、浦鑫、庆文、花工坊
	浙江	福事多、同仁堂
	广西	周氏养蜂农
	黑龙江	蜂语农
	福建	田趣、Home、知福
	北京	百花、农科瑞奇
	辽宁	南方阳光
	吉林	汇元堂
	安徽	蠡珍然、蜂王山
	湖北	蜂之巢、集蜂堂
进口蜂蜜	新西兰	麦卢卡
	澳大利亚	澳碧
	德国	家家蜜
	波兰	CD

由调查统计结果可知，市场上蜂产品的品牌比较多，大部分为国产品牌，由此可见，我国消费者购买的蜂蜜还是以国产蜂蜜为主。蜂蜜产品之间竞争比较激烈，多数蜂产品加工企业规模不大。郑州蜂产品市场表现出的这一特征与全国蜂业企业特征较为一致。中国现有蜂产品加工企业 1000 多家，遍及全国，具有一定规模的蜂产品企业有 300 多家。蜂产品的生产、加工企业主要集中于浙江、江苏、北京、湖北、安徽、上海、山东、四川等省市。蜂产品品牌数量众多，但缺乏消费者认知度高的品牌，因此，我国蜂产品行业未来的发展方向应以品牌建立最为重要。同时，我国蜂蜜产品同质化现象严重，很多企业蜂蜜的蜜源种类与波美度等指标均相同，差异化小，企业的创新能力较弱。蜂蜜产品以蜂蜜原浆为主，蜂产品的附加值较低，利润空间较小，产业结构亟待转型升级。而国外进口蜂蜜大部分是来自新西兰的麦卢卡蜂蜜，属于国际蜂蜜市场上的高端产品，与新西兰的麦卢卡蜂蜜相比，中国蜂蜜产品处于竞争弱势地位。中国市场上缺乏具有影响力的优秀蜂产品品牌，因此，建立并形成优秀的蜂产品品牌将是我

国蜂蜜行业发展的重要目标。

7.4.3 销售单价分析

通过对 182 个蜂蜜样本的价格数据进行统计分析（见表 7-5），发现国产普通蜂蜜的平均售价为 42.77 元/斤，最高销售单价为 178.75 元/斤，是甘肃亚盛好食邦食品集团有限公司生产的“好食邦宕昌百花蜜”。最低销售单价为 9.95 元/斤，是福州春源食品有限公司闽侯分公司生产的“惠相随蜂蜜”。单价变化区间较大。在常见的蜂蜜品种中，荆条蜜的售价最高，平均售价为 51.36 元/斤，紫云英蜜的售价最低，平均售价为 28.25 元/斤。进口的新西兰麦卢卡蜂蜜售价较高，可见中国蜂蜜在市场上售价偏低。同样，中国蜂蜜在国际市场上也不具有价格优势，长期以来，中国出口蜂蜜的一些企业以“数量扩展，低价竞销”的方式扩展国际市场。中国是世界蜂蜜出口大国，但不是蜂蜜出口创效强国，在对外贸易中实际获得的利润比较微薄。

表 7-5　市场份额排前 10 位的蜂蜜价格比较

蜂蜜种类	最低单价（元/斤）	最高单价（元/斤）	平均单价（元/斤）
杂蜜	9.95	178.75	41.5
洋槐蜜	11.2	94	39.25
枣花蜜	11.2	79	32.6
椴树蜜	19.9	103.5	50.38
中蜂蜜	21.68	106	47.88
枇杷蜜	23.9	70.8	45.7
荆条蜜	24.4	70.8	51.36
紫云英蜜	21.2	40.1	28.25
枸杞蜜	23.8	76.6	43.38
麦卢卡蜂蜜	148	750	354

按照蜂蜜的价格差别，将蜂蜜售价分为 8 个价格区间（见表 7-6）。可以发现，目前蜂蜜的单价集中在 20.1~50 元的单价区间，占被调查样本总数的 57.7%，高价蜂蜜较少，100 元/斤以上的蜂蜜仅占被调查样本总数的 3.85%，单价低于 20 元/斤的蜂蜜也不太多，占被调查样本总数的 12.64%。

表 7-6 蜂蜜产品单价区间分布

蜂蜜单价区间	占比（%）
20 元/斤及以下	12.64
20.1～30 元/斤	24.73
30.1～40 元/斤	18.13
40.1～50 元/斤	14.84
50.1～60 元/斤	9.34
60.1～70 元/斤	8.79
70.1～100 元/斤	7.69
100 元/斤以上	3.85

7.4.4 蜂蜜的质量与销量

从被调查样本蜂蜜的浓度来看，182 个样本中，有 11 个样本蜂蜜的波美度大于 42 度，有 22 个样本蜂蜜的波美度为 42 度，其余样本蜂蜜的产品标签上没有标示波美度。171 个样本蜂蜜标签上标注了执行的产品标准为 GB 14963，说明这些蜂蜜产品是按照新的国家标准生产的。其余样本蜂蜜标签上标注的产品标准为 Q/GLZSSF0008S、GB 14963-2011、Q/GLZSSF0009S、《中华人民共和国药典》（2015 版）这 4 类较老的标准。这些标志成为我国优质蜂产品的身份证，消费者可以放心地享受高品质的蜂蜜。但还有极个别蜂蜜标签上没有注明执行的产品标准，这些产品的质量可能无法得到消费者的认可，需要进一步规范对应厂家的生产行为。

随着人们的生活水平逐年提高，特别是近几年养生保健意识不断增强，许多消费者都把药食两用的蜂蜜作为养生保健食品服用，蜂蜜消费群体不断扩大，蜂蜜的消费量不断上升。加之中国已经步入老龄化社会的行列，也促使蜂蜜消费呈增长趋势。中国蜂产品协会调查某品牌专卖店会员购买记录，发现专卖店 70%的会员为 60 岁以上的老年人，这个群体是蜂产品专卖店的主要服务对象。对郑州市蜂产品市场的实地调查结果发现，与其他日常用品、生活用品相比，蜂蜜的销售明显呈现滞销状态，遇到节假日，蜂蜜产品销售会迎来小高峰，平时蜂蜜的销量非常低。天然的蜂蜜被越来越多的消费者认知与接受，我国蜂蜜的人均消费量 10 年间翻了一番，达到了 250 克以上，但相对西方发达国家，我国的人均消费量还有很大的增长空间。比如，美国的蜂蜜人均消费是我国的 2 倍，德国的蜂蜜人均消费是我国的 4 倍。而且，使用蜂蜜的群体基本上还是以老年人为主，蜂产品营销方面还需加大力度，扩大宣传，采用多种营销手段和措施促进蜂蜜的销售，从传统的商超、店铺销售发展到专卖店销售、会议营销、团购和电子商务等。未来蜂蜜营销发展方向拓展为互动营销、体验式营销、个性化的健康管理、一对一的服务等新的营销方式，将会更大范围地满足我国不同人群的消费习惯和消费需求。此外，调查过程中还发现，市场上有很多以“蜂蜜膏”为产品名称的蜂蜜制品。“蜂蜜膏”不是蜂蜜（内容物大都为果葡糖浆）却打着蜂蜜的幌子误导消费者。这种产品以价格低廉为优势，吸引了很多以为“蜂蜜膏”比普通蜂蜜还好的消费者，扰乱了蜂蜜市场的正常秩序。

7.4.5　结论与建议

通过以上统计分析，可以发现目前蜂产品市场存在以下三方面的问题。一是产品生产企业较多，但缺乏有影响力的品牌。目前国内蜂产品加工企业以小型企业为主，多半是民营企业，且产品大多雷同，低水平重复，缺乏高端知名品牌产品。二是产品价格差别极大，质量标准不统一。进口的新西兰麦卢卡蜂蜜单价是国产蜂蜜平均单价的 9 倍左右，国产蜂蜜单价最低每斤只有 9. 95 元，新西兰麦卢卡蜂蜜单价最高时达到每斤 750 元。巨大的价差会给消费者消费带来极大的困惑，使其在购买蜂蜜时无从下手，这种现象会对蜂蜜销售产生副作用，影响蜂蜜的正常销售。三是蜂蜜产品质量是影响销量的重要因素。由于蜂产品市场存在掺杂造假现象，具有一定购买力的消费者宁愿购买价格高昂的进口蜂蜜，也不愿意购买优质优价的国产蜂蜜，进口蜂蜜对本土蜂蜜市场的冲击进一步倒逼相关部门必须严格规范蜂产品市场秩序，对造假行为进行严厉打击，实现国内蜂产品的优质优价。

经过以上研究，提出如下对策建议：首先，应建立完善的蜂产品质量标准体系，统一蜂产品的技术标准、检验检疫标准及生产标准等，相关审核部门也应按照统一标准进行审核，严格规范市场管理。其次，要加强技术监督体系建设，引导市场健康有序发展。加快研究蜂产品检验检疫技术，并加强对大型企业收购的原料蜜进行检测，从源头把关蜂产品质量，同时工商、质检、卫生部门应协同合作，加强执法检查，对蜂产品企业不定期开展产品质量抽查，确保蜂产品市场规范有序。再次，要培育蜂产品龙头企业，形成家喻户晓的知名产品和知名品牌。国家应对在地方上具有一定影响力的蜂产品企业进行重点扶持，培育蜂产品龙头企业，走“蜂农+合作社+企业”的发展模式，促进蜂农、合作社以及企业之间的交流协作。通过企业建立蜂产品质量源头追溯体系，控制蜂产品质量，促进蜂产品产、供、销相结合，推动行业健康发展。最后，应进一步加大科研投入力度，不断开发蜂业新产品。目前，国内的蜂业企业生产规模偏小，产品单一，产品开发仍停留在产品初级加工阶段，附加值低。养蜂业要发展，就需要依靠科学技术，蜂产品企业应加大科技投入，促进产学研相结合，增加与科研单位、高等院校的合作，开发新产品，拉长产品的生产链条，并引进、培养科研人才，建立现代企业管理体制，提高企业本身的市场竞争力，政府也应该对相关企业加以扶持，共同促进蜂产品市场产品多元化。

7.5 蜂产品市场销售前景的 SWOT 分析

20 世纪 80 年代初，美国旧金山大学的管理学教授韦里克提出了 SWOT 分析方法，该方法是基于内外部竞争环境和竞争条件的态势分析，就是将与研究对象密切相关的各种主要内部优势、劣势和外部的机会与威胁等通过调查列举出来，然后运用系统分析的思想，把各种因素相互匹配起来加以分析，从中得出一系列相应的结论，而结论通常带有一定的决策性。运用 SWOT 分析方法，可以对研究对象所处的情景进行全面、系统、准确的研究，从而根据研究结果制定相应的发展战略、计划以及对策等。S（Strengths）是优势、W（Weaknesses）是劣势、O（Opportunities）是机会、T（Threats）是威胁。SWOT 分析法最初多应用于企业层面的战略制定，但是随着其不断地发展，目前其应用范围已经延伸到产业群体、行业经济甚至国家层面的战略制定等方面。本部分采用 SWOT 分析方法对蜂产品的市场销售前景进行分析与展望，并提出顺利实现蜂产品销售的对策建议。

7.5.1　优势（Strengths）分析

7.5.1.1　蜜粉源植物资源丰富，蜂产品品质优良

我国疆域辽阔，地形复杂，气候多样，资源丰富，蜜粉源植物种类丰富。丰富的蜜粉源植物为我国蜂产品的生产提供了优越的自然地理条件。与蜜源植物相对应，我国可以生产出多种品质优良的蜂蜜产品，比如洋槐蜜、荆条蜜、枣花蜜、椴树蜜、紫云英蜜、油菜蜜等。近几年，根据不同蜜源植物和不同地区分类的蜂蜜产品越来越多。中国蜂产品协会在市场调查中发现，一些超市、专卖店的蜂蜜产品以蜜源植物命名的有几十种之多。近来又出现了许多以地理标志为特点的蜂蜜产品，如东北黑蜂蜂蜜、新疆黑蜂蜂蜜、京西白蜜、中蜂土蜂蜜等。此外，以蜂蜜为原料的日化用品、化妆品、酒类产品、保健品也层出不穷。这不仅丰富了蜂产品市场，也为广大消费者提供了更多的选择空间。

7.5.1.2　质量溯源管理体系能够使蜂产品质量得到保证

随着国家对食品安全和产品质量管理力度的加大，食品生产溯源体系逐步建立健全。蜂产品生产溯源管理工作，就是从蜂产品生产的源头养蜂生产开始到产品进入消费者手中，实现全过程可追溯管理。通过利用现代化手段及市场化方式对蜂蜜原料、生产加工及市场流通各环节的关键信息加强管理及时披露，引导并帮助企业进一步完善质量控制机制，优化内部管理和完善供应链流程，推进全行业实现标准化生产、品牌化经营与可持续发展，使蜂蜜的生产、流通做到“可管、可防、可控、可查”。符合要求的溯源产品还将使用中国蜂产品协会颁发的优质溯源产品证明标志，使消费者可以更加放心地享用优质的蜂蜜产品。

7.5.2　劣势（Weaknesses）分析

7.5.2.1　蜂产品市场运行不规范

蜂产品市场上存在以蔗糖、果葡糖浆、饴糖等冒充的假蜂蜜，以及用树胶冒充的假蜂胶。假冒伪劣蜂产品严重破坏蜂产品的市场秩序，损害广大消费者的权益，危害蜂产业的健康发展。

7.5.2.2 科技创新有待进一步加强

近几年我国蜂产业的科技和研发工作取得了长足的进展。一年一度的全国蜂产品信息交流大会每年都有一大批研究论文发表。其中对蜂蜜的生产方式、加工技术、储存环境、营销手段、营养分析、品质鉴定以及检测方法等诸多领域都进行了比较深入的研究并取得了阶段性成果。但应该看到，目前我国蜂蜜产品的科技研发还存在着比较严重的同质化问题，缺乏创新。从总体上看，蜂产品的附加值还没有突破性提高。我国蜂蜜生产加工企业应该充分重视科技研发工作，引进人才，创造条件，鼓励科研人员大胆创新，走出一条科技创新的企业发展之路。

7.5.3 机会（Opportunities）分析

7.5.3.1 人们保健意识的增强将会促进蜂蜜的销售

随着人们生活水平的不断提高，养生保健意识的不断增强，蜂蜜作为大自然赐予人类的营养佳品，以其纯天然、营养丰富的特性，满足不同消费人群的需求，已经被越来越多的人接受和认可。具有保健作用的蜂蜜迎来了市场发展的机遇，许多消费者都把药食两用的蜂蜜作为养生保健食品服用，蜂蜜消费人群不断扩大，蜂蜜的消费量不断上升。高端产品——天然成熟蜜的产量和销量的不断增加，预示着人们的消费观念、生活习惯已经开始改变。蜂蜜与其他保健产品相比，具有很强的市场生命力和巨大的市场潜力。按照前 10 年蜂产品消费年均增长的速度推算，未来 10 年我国年人均蜂蜜消费量有可能再实现翻一番。

中国已经步入老龄化社会的行列，也将会促使蜂蜜消费呈增长趋势。老年人群体是蜂产品专卖店的主要服务对象。国家统计局数据显示，截至 2019 年末，我国 60 岁及以上人口约有 2.54 亿人，占总人口的 18.1%。根据国家应对人口老龄化战略研究预测数据，我国人口老龄化程度将持续加深，到 21 世纪中叶，60 岁及以上人口将达到 4.87 亿人，约占总人口的 35%，老年人口数量和占总人口比例双双达到峰值。

7.5.3.2 蜂蜜的营销模式将更加多样化

随着市场经济的快速发展，目前我国蜂蜜的营销方式已经发生了很大变化。蜂蜜产品的销售已经从传统的商超、店铺销售发展到专卖店销售、会议营销、团购和电子商务等。未来的蜂蜜销售方式还会进一步拓展，互动营销、体验式营销、个性化的健康管理、一对一的服务等新的营销方式，将会更大范围地满足我国不同人群的消费习惯和消费需求。

7.5.4　威胁（Threats）分析

7.5.4.1　蜂产品同质化现象严重

我国蜂产品生产加工企业有 1000 多家，这些企业生产的蜂产品同质化现象严重，很多企业生产的蜂蜜蜜源种类与波美度等指标均相同，差异化小，企业的创新能力较弱。

7.5.4.2　蜂产品缺乏价格优势

与进口蜂蜜价格相比，国产普通蜂蜜的平均售价普遍偏低。进口的新西兰麦卢卡蜂蜜单价是国产蜂蜜平均单价的 9 倍左右。此外，国产蜂蜜产品以蜂蜜原浆为主，蜂产品的附加值较低，利润空间较小，产业结构亟待转型升级，拉长产品生产链条，增加产品附加值。

7.5.4.3　消费者对蜂蜜的消费观念传统落后

在中国蜂产品消费群体中，老年人占比非常高，年轻消费群体中购买消费蜂产品的人数较少，人们的传统观念是：蜂蜜是一种营养品，适合用于老年人滋补身体，而年轻人身强力壮不需要消费蜂产品。这种传统观念严重影响了蜂产品的销售群体范围。

7.5.5　顺利实现蜂产品销售的建议

基于以上对蜂产品市场销售的 SWOT 分析，为实现蜂产品的顺利销售，蜂产品生产加工企业及相关管理部门应充分发挥中国蜂产品的优势，保证为市场供给质量上乘的蜂产品系列，同时要针对中国蜂产品的劣势，着手将不足之处予以纠正，为此相关监督部门要对蜂产品市场实施严厉监管，加大科研力度，不断开发新产品，提高蜂产品的附加值。同时，蜂产品生产加工企业要抓住机会，生产出优质的蜂产品满足人们对保健食品不断增长的需求，突破传统的营销模式与思路，利用多渠道、多种新颖的营销方式扩大蜂产品的市场销路。解决蜂产品同质化问题，实现蜂产品的优质优价。

7.6 本章小结

本章以蜂蜜为例，分析了目前蜂产品的销售模式并提出了优化策略。首先，列出了蜂蜜具有种类繁多、价格悬殊、质量难以标准化的特点。其次，研究了蜂农销售蜂产品的四种传统渠道，即“蜂农+消费者”的零售模式、“蜂农+合作社+消费者”的合作社模式、“蜂农+企业+消费者”的龙头企业带动模式与“蜂农+商贩”模式，蜂农选择不同销售渠道受养殖规模、蜂蜜种类与产量、销售价格与付款方式、地理位置、风险态度等因素的影响。研究认为目前蜂蜜销售渠道存在的主要问题是销售渠道落后、蜂农组织化程度低、缺乏市场监管、缺乏营销人才，据此提出了优化蜂蜜销售渠道的策略建议。然后，基于目前新冠肺炎及其他流行性疾病防控的背景，研究了蜂产品的电商销售模式与路径选择。结果发现分散式小规模生产方式、生产区域地理位置偏僻、营销观念落后、假冒伪劣商品充斥市场是导致蜂产品销售陷入困境的主要原因，提出了农户网上自行开店、社交商务销售、短视频或直播带货、借助专业合作社线上销售等四种电商销售模式，每种模式都有不同的优缺点和适用范围。不同的养蜂农户应针对自身特点与实际情况，选择合适的发展路径，以顺利实现蜂产品的电商销售。最后，基于2019年郑州市蜂产品市场蜂蜜销售的调查数据，对市场上蜂蜜的种类、价格、质量、销量等情况进行了分析，并运用SWOT分析方法，对蜂产品的市场销售前景进行了分析与展望。

第8章　蜂产业扶贫项目运作模式分析

帮助贫困人口脱贫是一项政治性任务，也是我国全面实现小康社会的历史使命。习近平总书记于2013年11月在湖南湘西考察时，首次提出了“精准扶贫”的重要思想，成为党、政府和全社会扶贫攻坚的指针。党的十八大以来，党中央把扶贫开发摆到治国理政的重要位置，把脱贫攻坚工作纳入“五位一体”总体布局和“四个全面”战略布局之中，作为实现第一个百年奋斗目标的重点任务，做出一系列重大部署和安排，全面打响了脱贫攻坚战。国务院《“十三五”脱贫攻坚规划》中明确提出了“十三五”时期脱贫攻坚的总体目标，加大扶贫投入，创新扶贫方式，精准扶贫，精准脱贫。党的十九大进一步明确把精准脱贫作为决胜全面建成小康社会必须打好的三大攻坚战之一，做出了新的部署。特色产业扶贫是贫困农民长期脱贫致富的重要途径，2016年5月，在国家九部委联合印发的《贫困地区发展特色产业促进精准脱贫指导意见》中明确提出了发展特色产业是提高贫困地区自我发展能力的根本举措。2018年中央一号文件也提出要强化产业和就业扶持，实现稳定脱贫。

从全国各地精准扶贫工作的统计数据来看，养蜂业已成为山区、林区精准扶贫的重要项目，有不少学者对不同地区蜂产业扶贫的实例进行了研究。蜂产业作为一种特色养殖产业，具有不占耕地、不占水肥、不污染环境、投资少见效快等优势，而且蜂产业广泛分布于中国各个省份，尤其适合在植被自然资源条件优良的山区发展，而山区多是贫困地区，发展养蜂产业是乡村振兴战略中不可缺少的致富产业、健康产业、创汇产业和生态产业，在生态安全可持续发展和精准脱贫、就业富民中具有不可替代的作用，大力发展蜂产业对调整农业结构、增加农民收入、促进生态文明建设、打赢脱贫攻坚战具有重要意义。截至目前，我国有20多个省份的部分地区通过发展蜂产业（尤其是中蜂养殖产业，因为发展中蜂养殖产业劳动强度低，见效快）项目来实现脱贫，这些扶贫形式多种多样，本章通过对发展蜂产业项目实现脱贫成效显著的几个具有代表性的典型案例进行研究，分析实践中发展蜂产业脱贫的几种常见模式及其成效，探索总结蜂产业扶贫经验成果，为将蜂产业扶贫项目的成功模式与做法在其他地区大范围推广、探索精准扶贫新思路、巩固脱贫成果、防止重新返贫提供参考。

8.1 湖北省五峰县“龙头企业+合作社+贫困户”模式①

湖北省有大别山、武夷山、秦巴山、幕阜山4个集中连片特困地区，37个贫困县（其中28个国家级贫困县、9个省级贫困县）和9个深度贫困县。这些贫困人口所处地理位置大多为山区，丰富的蜜粉源植物资源和悠久的养蜂历史奠定了该地方扶持养蜂业发展的良好基础。湖北省农业农村厅积极响应国家扶贫攻坚战号召，于2017—2018年连续两年，每年单列200万元用于中蜂养殖助推精准扶贫项目资金，鼓励和扶持各地贫困群众大力发展养蜂产业。

五峰县委、县政府高度重视中蜂产业，牢固树立“生态立县”战略，提出了“以中蜂产业发展推进精准扶贫”的发展思路，把中蜂产业作为特色优势产业，予以重点扶持和培育。历经三年发展，全县中蜂养殖由5000多群发展到7.1万群，养殖户数达到8914户，其中贫困户2725户，蜂蜜产量近40万公斤，养蜂综合产值1亿元，获得了“全国养蜂精准扶贫试点示范县”“全国中蜂产业发展贡献奖”“全国蜂业优秀成熟蜜基地”等荣誉。2019年底，五峰县中蜂扶贫被联合国作为世界减贫案例在全世界范围内推广。

8.1.1 五峰县发展蜂产业的优势条件

湖北省五峰县地处湖北省西南部，位于湖南、湖北两省六县的交界之地，属于武陵山集中连片特困地区，西边紧靠武陵山腹地，东临江汉平

① 此部分参考了郭亚惠、杨华、叶军发表在《蜜蜂杂志》2020年第9期的文章《湖北省中蜂产业助推精准扶贫》一文的部分内容，还参考了湖北省人民政府扶贫开发办公室网站及其他新闻网站公布的相关资料。

原。从地理位置上看，处于东经110°与北纬30°交会处，是我国战略性生物资源基因库之一，也是联合国自然和生物多样性保护机构重点关注区域，是我国具有全球保护意义的17个生物多样性关键地区之一。五峰县同时也是享誉中外的动植物基因库和自然地质博物馆，全县森林覆盖率达81%，列全省县域之首。境内有植物3000多种，占湖北省总数的50%以上，占全国10%。据第三次植物中药资源普查记载，境内生长的中药材达195科812种，其中植物类中药材达749种。绝大多数植物中药材都是具有药用保健价值的优质蜜源植物，全县中药材总面积20万亩以上。近几年随着退耕还林和生态农业的发展，山林植被得到进一步保护并不断增加，有五倍子、漆树、七叶树、栾树、椴树、刺槐、拐枣、乌桕、枇杷、荆条等优质木本蜜源植物，还有油菜、紫云英、荞麦等辅助蜜源植物，全县拥有蜜源植物面积50万亩以上，仅五倍子面积就达20万亩以上，非常适合中蜂产业规模化发展。根据现有蜜源植物面积和每年80天的花期估算，全县可承载的蜂群数量为30万群以上，蕴藏着巨大的发展空间。

五峰县养蜂历史悠久。当地村民居住相对分散，有利于小群蜜蜂采集花蜜、花粉，房前屋后养几群蜜蜂，代代相传，形成了良好的养蜂基础，另外还有通过拜师学艺、自学和参加培训等多种方式，熟练掌握收蜂、并群、育王、分蜂以及病虫害防治等技术的专业人才，他们不仅专注于自己养蜂，还向周边养蜂户提供技术指导，促进当地及周边蜂业发展，带动大家养蜂增收。五峰县东临江汉平原，北靠神农架自然保护区，西南背靠武陵山腹地，一直保存着繁衍了7000万年的中华蜜蜂。全县多年饲养中蜂，为保护我国的中蜂物种也发挥着积极作用，大力发展中蜂养殖具有良好的种质资源基础。

8.1.2　五峰县蜂产业扶贫模式的主要做法

8.1.2.1　政府高度重视，科学制定中蜂产业发展规划

五峰县委县政府高度重视中蜂产业发展，成立以县政协主席为组长的中蜂产业领导小组，统筹协调中蜂产业发展工作。五峰县委、县政府牵头与华中农业大学等科研院所合作，在全面开展中蜂产业资源环境调查的基础上，立足五峰，依托武陵山区，面向华中地区，借鉴国内外先进经验，

科学制定《全县中蜂产业综合发展规划》，划定并建立中蜂保护区。根据中蜂生物学特性和全县蜜源植物分布情况，科学划定适养区和限养区，合理进行中蜂保种、育种、生产、加工等科学布局，同时优化蜜源基地建设规划，以科学规划统领中蜂产业发展。五峰县还探索并推行了中蜂产业“1211”模式。即帮助一个贫困户培育 2 亩高标准蜜源植物基地，饲养 10 群以上中蜂，年增收 1 万元以上。

8.1.2.2 成立养蜂专业合作社，辐射带动贫困户发展养蜂

为帮助分散的农户掌握养蜂技术并解决蜂产品销路问题，五峰县成立了养蜂专业合作社，如农联惠民专业合作社、绿之源中蜂养殖专业合作社、乐源中蜂专业合作社等。以绿之源合作社为例，合作社可提供三种签约帮扶方式：共同出资合作养殖，共担风险；贫困户出资养殖，自担风险，合作社提供技术指导；帮贫困户代为养殖，风险由合作社承担。贫困户可根据自身条件选择，无论哪种方式，合作社都保证产品销售。此外，合作社还给蜂农分发合作社印发的《养蜂技术指南》，并随时可以上门提供技术服务，合作社带领贫困户种植枇杷、伏麻等蜜源植物，方便蜜蜂近距离采蜜。

8.1.2.3 引进蜂产业龙头企业，大力培育市场主体

五峰县积极开拓市场，培育主体，形成了一条完整的产业链条。市场主体形成规模。通过出台中蜂产业发展奖补政策，先后培育了 11 家中蜂种蜂繁育场，20 家 80 群以上的标准化中蜂养殖示范场，近 200 家 30 群以上的家庭养殖示范户，培育建成一家产值过千万元的蜂机具生产企业（五峰顺山蜂业）和蜂产品线上线下营销龙头企业（五峰万绿电子商务有限责任公司），引进重庆德惠达智能蜂业公司，产业联盟形成合力。成立中蜂产业协会，制定中蜂产业协会章程，建立健全中蜂产业发展的组织保障体系。注册“五峰蜂蜜”品牌，设立蜂蜜检测实验室严把蜂蜜品质关，让产业联盟抱团发展，利益共享。同时推进蜂旅融合发展，大力培育中蜂养殖观光产业园，栽培特色蜜源植物，打造特色农旅线路，全面推进蜂旅融合发展。同时，在全县游客服务中心、重点旅游企业、重点旅游景区、酒店和旅游宣传推介平台等设置蜂产品展示柜，宣传推介“五峰蜂蜜”，产品推介形成效应。

8.1.2.4　整合各类技术资源，强化中蜂养殖技术培训

五峰县根据中蜂养殖产业发展需要，进一步加大人才培育力度，成立专家组，在全县范围内推广先进适用的中蜂养殖技术，开展技术培训班。两年来，累计开展养蜂技术培训 54 场次，培训人数近 5000 人次，发放技术指导手册近 2000 份，帮助蜂农通过理论学习和实地学习，掌握技术，实现科学养蜂。在培养技术带头人方面，共培育 50 多名专家型技术人才，100 名中蜂养殖经营管理人才，150 多个中蜂养殖示范户，成为带领群众致富和产业发展的“领头雁”，推广先进技术，开发中蜂产品，进基地、进协会、进企业开展技术指导，辐射带动蜂农。在召开“中国农民丰收节——蜂收节暨全国中蜂产业扶贫高峰论坛”之际，邀请国内 300 多名业内顶级专家会聚五峰，为五峰中蜂产业发展把脉问诊，传授顶尖养殖技术。

8.1.2.5　出台分类扶持政策，不断加大奖扶力度

五峰县政府推行贫困户中蜂扶贫奖补政策，及时制定全县在册贫困户中蜂产业普惠政策，对在册贫困户全面实行以奖代补，从 5 群起补，每群奖补 200 元，最高奖补 10 群共计 2000 元。第一次享受奖补政策后，次年依然按其增量进行奖补。2016 年全县共有 1211 个在册贫困户，发展中蜂 9246 群，政府兑现奖扶资金 184 万元；对于既无人力又无资金的极贫户，政府出台专项扶持政策，按每户 10 群、每群 600 元的标准给予蜂种扶持，一次性投入中蜂养殖市场主体，由当地村委会监督中蜂养殖市场主体与贫困户签订委托代管或合作分成协议，明确中蜂产权属贫困户，经营管理风险由养殖市场主体承担，实行保底并按比例分成，确保极贫户每年有稳定的产业收入；同时，推行普通中蜂养殖户产业扶贫模式。在往年中蜂产业扶贫的基础上，进一步扩大中蜂产业扶贫战果，将中蜂产业奖补政策向非贫困户延伸，对过去未享受过中蜂产业扶贫政策的普通农户，只要养殖中蜂一律实行以奖代补，5 群起补，每群奖补 100 元，最多奖补 15 群（1500 元）。三年来，政府累计发放中蜂产业到户奖补资金 787.63 万元，其中贫困户 560.98 万元，非贫困户 226.65 万元。

8.1.3 五峰县蜂产业扶贫模式的主要成效

8.1.3.1 合作社发挥辐射带动作用，养蜂规模逐年扩大

相关资料显示，五峰县自 2016 年开展实施中蜂产业脱贫战略以来，历经三年发展，全县中蜂养殖由 5000 多群发展到 7.1 万群，养殖户数达到 8914 户，养蜂规模逐年扩大。其中，合作社发挥了极大的辐射带动作用。如绿之源中蜂养殖专业合作社已带动仁和坪镇发展中蜂 3000 多群，五峰农联惠民专业合作社共计发展中蜂 2780 群，带动 198 户社员养蜂，其中贫困户 165 户。这些贫困户的养蜂行为同时带动了当地及周边居民参与养蜂产业的积极性，促进了养蜂业的进一步发展壮大。

8.1.3.2 建立发展蜜源植物种植基地，确保蜜源丰富充足

五峰县加大优质蜜源植物选育力度，以优质木本蜜源为主，以优质草本蜜源植物为辅，以优质药本蜜源植物为特色，根据气候和季节的不同，优化时间空间区域布局，确保全县一年四季蜜源丰富充足，切实提高全县蜜源基地承载量。“十三五”期间，五峰县全县新增优质蜜源基地 10 万亩以上。

8.1.3.3 蜜蜂授粉带动种植业增收

中蜂养殖助推精准扶贫项目的开展，不仅带动了养蜂业的发展，更显著提升了植物授粉作用，促进了种植业的增收。另外，蜜蜂授粉对于植物多样性的保护和良好生态环境的改善有着极其重要的作用。

8.1.3.4 实现了脱贫预期目标

截至 2018 年，已有 2008 个贫困户通过养殖中蜂逐步脱贫。截至 2019 年，五峰县脱贫攻坚工作实现了预期目标，累计脱贫 19923 户 58787 人，综合贫困发生率从 2014 年的 35.1%降至 2019 年的 0.16%。从合作社主体视角来看，2017 年的数据显示，绿之源中蜂养殖专业合作社通过带动社员养殖中蜂，同时加上蜜源植物产业，辐射带动 200 多户贫困户脱贫致富。五峰农联惠民专业合作社共计发展中蜂 2780 群，带动 198 户社员养蜂，其中贫困户 165 户，在发展中蜂养殖的同时，还积极探索实体店、文化旅游产品与电商等多元化销售模式，带动蜂农年均增收 8000~10000 元。

8.1.4　五峰县蜂产业扶贫模式的经验总结

通过以上关于五峰县发展蜂产业扶贫的具体做法及成效，总结出如下四方面的经验，可供其他地方发展蜂产业扶贫项目学习和借鉴。

第一，政府支持在蜂产业脱贫中发挥着主导作用。五峰县发展中蜂产业扶贫取得的成效，离不开政府对扶贫工作的高度重视与大力支持，政府在蜂业扶贫工作中起到了主导作用。政府在统筹规划产业发展、与科研院所合作、成立养蜂专业合作社、积极引进龙头企业、制定并实施各种扶持政策方面均发挥了重要作用。

第二，合作社为发展贫困户养蜂提供了组织保障。养蜂专业合作社作为蜂农的合作组织，是连接分散的蜂农与大市场的重要纽带。合作社不仅在扶贫工作中提高了蜂农的组织化水平，同时也通过示范带动作用，带动更多的贫困户一起入社，对贫困农户养蜂提供技术指导，为蜂农提供各种服务，带动大家一起脱贫致富。此外，合作社还把蜂农社员生产的蜂蜜集中在一起，可以促进蜂蜜的销售，提高蜂农的收入水平。

第三，龙头企业是推动蜂产业高质量发展的关键。五峰县引进和培育了中蜂种蜂场、蜂机具加工生产企业、蜂产品线上线下销售企业以及蜂产品生产加工企业，并注册了“五峰蜂蜜”品牌，设立蜂蜜检测实验室严把蜂蜜品质关，形成产业联盟抱团发展，利益共享，对推动五峰县中蜂产业高质量发展起到了积极的推动作用。

第四，技术培训是开展贫困户养蜂的关键环节。很多贫困户初次接触养蜂，不懂如何进行蜂群管理，急需掌握养蜂生产技术。通过养蜂技术培训可以使蜂农掌握蜜蜂养殖方面的专业知识，提升养蜂的实际操作能力，提高蜂农科学养殖水平，为蜂农增收提供了有力保障，在助推产业扶贫方面也发挥了积极作用。

8.2　甘肃省岷县“政府+科技服务+贫困户”模式

8.2.1　岷县发展蜂产业的优势条件

岷县位于甘肃省南部，定西市西南部，洮河中游，地处青藏高原东麓与西秦岭陇南山地接壤区，海拔2040~3754米。境内气候复杂多样、生态环境良好、海拔落差较大、蜜源丰富多样。全县有390万亩草原、92万亩林地，四季分明、植被完好，岷县南部以红三叶草为代表的牧草资源较为丰富，岷县东部山区以大豆、晚油菜、草花、山花为主要蜜粉源植物；岷县西部和北部以黄芪、党参、油菜为主要的蜜粉源植物。岷县中蜂养殖历史悠久，在岷县的每一个乡镇几乎都有养蜂的人，还有世代相传养蜂人家，他们所养的蜜蜂均是土生土长的中华蜜蜂，加之良好的空气资源、水资源，为发展中蜂产业提供了得天独厚的条件。岷县享有“千年药乡”的美誉，是全国道地中药材主产区，境内盛产当归、黄芪、红芪、党参、丹参等238种名贵中药材，为蜜蜂养殖提供了优质丰富的蜜源。岷县黄芪蜂蜜以中蜂所产蜂蜜为特色，以道地中药材为蜜源，具有酶值高、波美度高、羟甲基糠醛含量低的特点。

近年来，岷县县委、县政府充分发挥地理位置独特、生态环境良好、蜜源植物丰富多样、蜜蜂养殖历史悠久的优势，把发展中蜂产业作为培育壮大新兴产业的重要抓手，扶贫成效明显。通过对蜂产业的培育与发展，岷县蜂产业发展势头强劲，已成为岷县助农增收的新兴产业。在2020年“全国蜂业大会暨中国特色蜂蜜供需对接会”上，中国蜂产品协会授予岷县“全国蜂业扶贫先进县”荣誉称号。

8.2.2 岷县蜂产业扶贫模式的主要做法

8.2.2.1 政府高度重视，各级领导亲自负责落实

岷县政府部门把脱贫攻坚作为最大的政治任务和第一民生工程，坚持目标标准，贯彻精准方略，全面夯实精准帮扶、产业扶贫、各方责任、基层队伍和工作作风，脱贫攻坚责任、政策、工作得到有效落实。为了扎实推进中蜂产业，助推脱贫攻坚，拓宽贫困群众增收渠道，岷县县委、县政府把中蜂养殖作为培育壮大新兴产业的重要抓手，把技术培训作为发展中蜂产业的关键环节，主要领导亲自谋划，党政分管领导具体负责，主管部门牵头抓总，乡镇和合作社参与组织，其他相关部门配合落实。政府多措并举，以保证通过发展中蜂产业实现贫困户顺利脱贫。

第一，制定高标准引导政策。为了大力发展岷县中蜂养殖业，按照

“政府大力支持，专家深入指导，培养技术能手，逐步推广发展”的思路，县政府成立了“岷县中华蜜蜂养殖业开发领导小组”，率先在秦许、寺沟、蒲麻、茶埠、西江五个乡镇33个村划定了中蜂保护区。岷县不断加大中蜂养殖扶持力度，把中蜂养殖纳入项目扶持范围，争取产业发展资金580万元，对西江镇、秦许乡、麻子川乡、清水乡、蒲麻镇等5个乡镇12个村的贫困户养蜂给予重点扶持，为蜂农免费提供技术指导和蜂箱、巢框、摇蜜机等蜂机具，并对贫困中蜂养殖户投放蜂箱、引进蜂群进行补助。初步确定在秦许、麻子川、清水、茶埠、维新、蒲麻、闾井、马坞等乡镇建立12个中蜂规模化养殖示范基地，带动贫困户120户，户均补助资金6000元。

第二，建章立制并完善组织机构。通过能人牵头，县乡两级畜牧兽医专业技术人员参与，合作社和养蜂大户积极参加，组建了“岷县中华蜜蜂养殖协会”，岷县县委人才办在中蜂养殖协会加挂了“岷县中蜂养殖人才培训基地”的牌子，出台了《岷县中蜂养殖产业人才开发工程实施意见》，形成了一个上承国家养蜂适用技术推广和试验研究，下接广大农村贫困户的中蜂养殖服务、技术推广和产品营销的团体组织。同时，县上立足精准扶贫，制定了各项扶持中蜂养殖的机制和制度，从产业的各个环节入手，加强监督管理，形成以人才办、扶贫、农牧、工信、工商、食药、金融等有关部门齐抓共管的工作局面，加强了岷县中蜂产业化发展的保障力量。

第三，对蜂种及蜜源地实施严格管理。岷县植物品种复杂，豆科牧草丰富，草原野花贯穿春夏秋三季。为了扩大岷县中蜂保护区范围，按照中蜂养殖重点分布，在原有划入蒲麻等5个乡镇33个村的基础上，将维新、禾驮、清水、麻子川、马坞等5个乡镇28个村纳入保护区范围，进一步加强中蜂保护区管理，实行意蜂等外国蜂进入岷县中蜂重点分布区放养备案制度，确保养殖安全，保障了中蜂养殖产业健康良好发展。

第四，推出三种贫困户发展养蜂的模式。一是农户自养，用社会捐赠的蜂箱自学自养，适合热爱养蜂、爱钻研也勤快的贫困者；二是合作共养，贫困户有了社会捐赠的蜂箱，由养蜂大户低价扶持蜂群，再以帮工换技术的方式饲养，互利互赢，适合有一定劳动能力和智力的贫困者；三是大户代养，也就是贫困户以蜂箱入股，由养蜂大户代理饲养，盈利部分以股分红，供贫困户获利，适合完全没有养蜂能力的贫困者。截至2017年，已建成规模化养殖示范基地8个，中蜂养殖农户4510户，养殖中蜂4.5万群，蜂产业年收入达到5000万元以上，养殖规模初步形成。

第五，打造蜂产品特色品牌。岷县以成功申报“中国黄芪蜜之乡”和“岷县蜂蜜”地理标志认证为契机，在蜂产品品牌化建设方面，注册了“花之灵”“百草药乡”“花仙子”“岷花门”等20多个自主品牌商标。大力发展电子商务、网上直销、连锁经营等新型营销方式，极大地提高了蜂产品的市场竞争力，有效地促进了蜂产业发展。

8.2.2.2 强化与科研院所合作，为蜂产业发展提供技术支撑

“十三五”期间，甘肃省养蜂研究所将岷县列为蜂养殖全省重点推广县和国家蜂产业技术体系天水试验站五个示范县之一。岷县依托甘肃省国家蜂产业技术体系天水综合试验站的技术优势，深入实施天水综合试验站岷县示范县项目，通过采取“定期组织培训，专家蹲点指导，建立示范基地，全县逐步推广”的方式，建立新法养殖示范点，培养村级中蜂新法养殖技术能手，以点带面，逐步推广。截至2017年8月，已举办了7期乡村级贫困户中蜂养殖培训班，培训贫困户700人，现场帮助蜂农开展过箱12次，检查处理蜂群60群。通过项目支持、资金扶持等措施，培育中蜂养殖、土蜂蜜加工合作社98个，组建了岷县中蜂养殖协会，带动了中蜂养殖户相互学习、交流经验、打造品牌、共同发展。同时，部分养蜂大户依托合作社，重品牌、搞包装、发展电子商务，全县已经形成了“领导高度重视、专家深入指导、合作社带动发展、养蜂能人发展电商经营”的蜂业潮流。

同时，还通过聘请省中蜂养殖研究所高级畜牧师等专业团队为中蜂养殖科技顾问、整合县内外技术骨干组建中蜂养殖义务服务队，着力构建全县中蜂养殖技术服务体系。通过专家授课、现场实地指导等多种方式对贫困群众、养殖户、合作社和企业负责人进行养蜂技术培训。截至2019年，全县共组建中蜂养殖义务服务队8支，举办养蜂技术培训班45期，培训蜂农3340人次，邀请省养蜂研究所、福建农林大学等专家举办培训班5次。仅2019年至2020年间，累计开展培训142期10580人次。通过培训，进一步提升了合作社和养蜂大户的饲养技术水平和职业素养，增强了贫困群众、合作社和养蜂大户坚持依靠科学技术实现脱贫致富的信心，为全县中蜂产业进一步发展壮大、助力脱贫攻坚奠定了良好基础。

2020年11月，岷县县政府与甘肃省农业农村厅、中国农业科学院蜜

蜂研究所举行了“岷县蜂产业发展座谈暨科技合作协议签约仪式”，签订了《岷县蜂产业发展科技合作协议》。中国农业科学院蜜蜂研究所作为世界蜂业规模最大的专业性研究所，具有最专业的技术团队和最先进完备的技术体系，承担着国家蜂业科学的科技支撑计划、国家自然科学基金、科技成果转化及国际合作等国家科研项目，多次主持全国性的蜂业科技攻关计划，为推动中国蜂业科学研究和技术发展做出了巨大贡献，有力地促进了我国蜂产业快速高质量发展。中国农科院蜜蜂研究所与定西展开合作，将对岷县转化科技创新成果、实现蜂产业更好更快发展起到重要推动作用，也将为岷县蜂产业在巩固脱贫成果、助农稳定增收、推动乡村振兴等方面奠定更加坚实的基础。甘肃省农业农村厅也将进一步加大资金政策支持力度，努力把岷县打造成全省蜂产业发展的样板和典范，示范带动全省蜂产业快速高质量发展。

8.2.2.3　不断加大政府财政支持力度

为了破解产业发展难题，岷县政府在资金投入方面加大了支持力度。在产业扶贫方面，岷县统筹整合财政涉农资金 3.96 亿元，安排到户项目资金 3.77 亿元，其中到户产业项目资金 2.71 亿元，用于贫困户种养业补助和入股配股分红等。县级财政增列扶贫资金 5365 万元，指导金融机构发放特色产业贷款 5810 万元；投入农业保险保费 1341.05 万元，完成了农业政策性保险收缴；开展理赔 859 起，赔付金额 659.24 万元。为了鼓励养蜂事业的发展，岷县将标准化养殖中蜂 60 群以上的蜂农，列入畜牧养殖奖励对象，奖励 10000 元，鼓励规模化养蜂，推动岷县养蜂业向着规模化、标准化、专业化、科学化方向可持续发展。

8.2.3　岷县蜂产业扶贫模式的主要成效

8.2.3.1　蜂产业规模大幅增加

截至 2020 年底，岷县全县 18 个乡镇已建成养蜂合作社（企业）280 多个，蜂蜜生产“扶贫车间”6 个，全县养蜂农户达 1.2 万户，蜂存栏 10 万箱，年产蜂蜜 1250 吨，产值 1.5 亿元，已带动 10571 户贫困户通过发展蜂产业稳定增收。

8.2.3.2 标准化绿色养殖方式得以推广实施

岷县采取“定期组织培训，专家蹲点指导，建立示范基地，标准化绿色养殖”的方式，普及新法养殖，引进优质蜜蜂品种，推进绿色养殖，制定了《岷县蜂蜜生产技术规范》等地方标准，推行标准化养殖和规范生产，统一技术指导，统一生产，建成标准化养蜂基地42个，推动标准化养殖上水平上台阶。

8.2.3.3 同步发展蜂产业与中药材产业，产业融合发展实现双赢

岷县的三大产业为中药材、中蜂和牧草，境内盛产当归、红芪、黄芪、党参等238种中药材。近年来，岷县各类中药材年种植面积稳定在60万亩，这些中药材同时也是优质的蜜源植物，中药材产业的稳定发展为中蜂养殖提供了优质丰富的蜜源。中药材产业与蜂产业相互融合，吸引了企业来岷县投资开发，2019年5月，甘肃岷县永辉农业发展有限公司年产1000吨中蜂药蜜项目正式开工奠基，该项目总投资2000万元，年产成熟中蜂药蜜1000吨，可带动当地10000多名蜂农增收致富。中药材与中蜂两种产业在发展中实现了双赢。

8.2.3.4 有效完成了脱贫攻坚任务

在岷县政府提出的“养好十箱蜂，增收一万元”口号鼓励下，中蜂产业脱贫工作取得了预期的效果。在蜂产业、中药材、牧草三大产业的引导带动下，岷县有效完成了脱贫攻坚任务。2013年时，岷县建档立卡时贫困人口为4.15万户、17.31万人，农民人均纯收入3803元，贫困发生率39.64%，到2017年底，全县有建档立卡贫困人口1.95万户、7.39万人，贫困发生率降至16.56%，农民人均纯收入提高到6457元，2017年农民人均纯收入增长率达8.9%。2019年岷县进一步减贫3.82万人，贫困发生率下降到2.95%，贫困人口下降至1.32万人，群众生产生活条件明显改善，脱贫攻坚工作如期顺利完成。

8.2.4 岷县蜂产业扶贫模式的经验总结

通过以上关于岷县发展蜂产业扶贫的具体做法及成效，可以看出，该县发展蜂产业扶贫获得成功主要取决于以下两个方面。

首先，岷县政府的支持在蜂产业脱贫中发挥着主导作用。岷县政府把

脱贫攻坚作为最大的政治任务和第一民生工程，成立了“岷县中华蜜蜂养殖业开发领导小组”，主要领导亲自谋划，党政分管领导具体负责，主管部门牵头抓总，乡镇和合作社参与组织，其他相关部门配合落实。政府不断加大对中蜂养殖的扶持力度，政府的高度重视及相关领导的亲自参与为实现蜂产业扶贫成功在管理机制、运行机制方面提供了重要保障。

其次，技能培训是开展贫困户养蜂的关键措施。岷县依托国家蜂产业技术体系天水综合试验站的技术优势，深入实施天水综合试验站岷县示范县项目，通过采取“定期组织培训，专家蹲点指导，建立示范基地，全县逐步推广”的方式，建立新法养殖示范点，培养村级中蜂新法养殖技术能手，以点带面，逐步推广。成立的岷县中蜂养殖协会带动了中蜂养殖户相互学习、交流经验。多次邀请省养蜂研究所、福建农林大学等专家对蜂农进行技术培训。又与中国农业科学院蜜蜂研究所签订了《岷县蜂产业发展科技合作协议》，对岷县蜂产业更好更快发展起到重要推动作用。

8.3　西安市“政府支持引导+企业全面参与+合作社组织管理+贫困户主动配合”模式[①]

西安市秦岭北麓环境优良，蜜源植物种类丰富，从 4 月到 8 月，拥有 5 个月的盛花期，非常适合中蜂养殖。而且秦岭北麓的农民中蜂养殖历史悠久，养蜂人数比较多，为发展中蜂养殖产业奠定了良好的蜜源基础和技术基础。2015 年，西安市结合秦岭北麓情况和贫困群众的实际，进行了中蜂养殖扶贫产业的试点工作。2017 年初，中蜂产业扶贫工程被确定为西安市十大扶贫工程之一，并在秦岭北麓 5 个区（县）进行试点推广。截至 2019 年 9 月底，中蜂产业扶贫工程实施范围覆盖秦岭北麓 5 区（县）以及阎良、灞桥的 30 个街镇 210 个行政村。经过几年的探索实践，建立了“政府支持引导+企业全面参与+合作社组织管理+贫困户主动配合”的中蜂养殖产业长效运营模式，脱贫效果明显。

① 内容来自西安市人大常委会网站上公布的内容，见 http：//www.china-xa.gov.cn/rdztbd/9264.jhtml。

8.3.1 西安市秦岭北麓蜂产业扶贫模式的主要做法

8.3.1.1 政府从政策、资金、管理等方面进行大力支持和引导

西安市政府各个部门从政策制定、资金支持、监督管理等多个方面对发展中蜂产业扶贫工程进行了大力支持和引导。

第一，西安市政府出台文件，成立了中蜂保护区，防止意蜂侵入和农药喷洒，指定部门和专人层层落实责任到位，切实保护中蜂养殖环境，为中蜂产业扶贫工作提质增效、贫困养殖户的增收脱贫打下坚实的政策基础。

第二，西安市财政列出专项资金支持中蜂产业扶贫工程。以蓝田县为重点，全力打造中蜂产业扶贫示范县，给予全面支持，尤其是种王繁育场建设、示范蜂场建设、示范合作社建设、生产基地建设和品牌建设。

第三，市农林委列出专项资金和项目支持蓝田县做好种王繁育场、示范蜂场、示范合作社建设；市扶贫办列出专项资金和项目支持蓝田中蜂蜂蜜生产加工基地建设和中蜂养殖技术培训基地及技术研究中心建设；市商务部门列出专项资金支持蓝田做好秦岭蜂蜜品牌宣传、渠道建设和电商平台建设。

第四，对秦岭中蜂蜂蜜品牌加大宣传力度。通过电视台、报刊等市级媒体定期、免费宣传中蜂产业扶贫过程中的亮点和优势，在西安全市做到家喻户晓。开辟绿色销售渠道，由市人劳局牵头，将秦岭中蜂蜂蜜列入医保卡唯一可以刷卡消费的蜂蜜，以支持西安中蜂产业扶贫工作的顺利进行。

第五，加大镇、村两级政府对中蜂产业扶贫项目的监督管理力度。设立专人配合龙头企业进行管理，尤其是对部分贫困户进行思想教育，让他们放弃等、靠、要思想和急功近利思想，树立科学规范、长远发展思路，做好扶志工作，让中蜂产业扶贫工作产生长远和最大的效益。

第六，市农林委、扶贫办和龙头企业、行业协会合作，拨出专项经费，共同聘请行业内专家，印制统一培训教材。由行业协会、西安市野生动物保护站、各县畜牧中心、养蜂服务队共同合作，形成合力，加大对中蜂养殖户统一技术培训和服务，全面提高贫困户养殖技术水平，为中蜂养

殖户提高收入打好了技术基础。

8.3.1.2　蜂业企业全面参与

在西安市农林委、西安市扶贫办的大力支持下，西安众天食品有限责任公司承担了西安市中蜂产业扶贫项目。企业通过发放蜂群、免费培训、技术指导、产品收购等途径全面参与了中蜂产业扶贫项目。2020年，中国蜂产品协会授予西安众天食品有限责任公司“蜂业脱贫攻坚之星”的荣誉称号。西安众天食品有限责任公司参与中蜂产业扶贫项目的主要做法如下：

（1）免费发放蜂群

2014—2016年，企业为户县西河村、纸房村、三桥村97户贫困户发放蜂群490群；为周至厚畛子镇20户贫困户发放蜂群200箱。每箱蜂年增收700~800元，尤其是户县三桥村，17户贫困户每户得到蜂群10箱，共170箱，在领导的带领下，积极学习养蜂技术、严格自律，保证中蜂蜂蜜质量，每公斤中蜂蜂蜜售价100~120元。2017年蜂群规模已发展到500箱，扩大了三倍，每个养蜂户年增收2万余元，全村贫困户年增收30余万元，到2016年底，通过养蜂致富摘掉了贫困村的帽子。

从2017年3月初开始至2017年底，共帮扶贫困户328户，发放蜂群总数4851群，其中，为蓝田县10个乡镇38个行政村198户贫困户发放蜂群2996群；为临潼区3个街办5个行政村62户贫困户发放蜂群1075群；为户县2个乡镇4个行政村68户贫困户发放蜂群780群。同时，企业还为宁强县发放中蜂240箱，2017年10月17日企业给周至县四屯镇北辛庄村扶贫捐款2万元。

（2）对贫困养蜂户进行技术帮扶

2017年4—10月，企业组织相关专家对临潼区、户县及蓝田县的10个镇38个村进行了现场技术指导300余次；企业派技术人员对328户贫困户每户都进行了现场摇蜜及蜂群病虫害防治的指导，合计600人次。免费发放培训资料《中蜂饲养技术》2500余册，免费发放各种养蜂器具500余套。

（3）上门收购蜂产品并发放分红

企业通过直接上门收购帮扶贫困蜂农生产的蜂蜜，解决了蜂农的产品销路问题。2018年，企业又为每户20箱蜂保底分红4000元，参与学习的贫困户每年另外可增加劳务学习收入8000元以上，年计总收入12000元，企业争取让参与中蜂养殖的每户都能完全达到脱贫增收的目标。企业已完成500户帮扶任务，其中为318户贫困户发放分红127.20万元。

8.3.1.3 合作社组织管理

截至目前，西安市秦岭北麓区域共成立养蜂专业合作社将近30个，其中包括示范合作社10个，合作社作为分散蜂农的合作组织，主要负责合作社成员日常养蜂的管理工作。如在西安市的中蜂养殖模式中，会饲养的贫困群众主要靠自己饲养，技术不熟练的贫困群众由养蜂能手和合作社代养。合作社还帮助蜂农与企业或其他政府部门联络，解决蜂农的产品收购以及遇到的技术难题等。

8.3.2 西安市秦岭北麓蜂产业扶贫模式的主要成效

经过几年的探索实践，西安市通过“政府引导支持+企业全面参与+合作社组织管理+贫困户主动配合”的中蜂养殖产业长效运营模式，形成了一批规模化、标准化、产业化的本土龙头企业和合作社。截至2019年底，西安市已建立中蜂养殖合作社25家，示范合作社10个，全市培养养蜂能手60余名，建立示范蜂场30余个，种王繁育场1个，生产加工基地1个，蜂产品电子商务销售企业1家，培育龙头企业4家。建立了集养殖、加工、营销等为一体的产业链，涌现出“众天”“融氏王”“秦周”“颐蜂堂”等本土品牌。目前，中蜂产业已经辐射到5个区县、30个镇街、200多个行政村、3000余户贫困户。通过发展中蜂产业实现脱贫，蜂农户均收入达到7500元以上，脱贫效果显著。截至2018年7月底，众天蜂业共帮扶秦岭北麓长安、周至、鄠邑、临潼和阎良22个镇街、165个行政村、1500余户贫困户走上了养蜂脱贫致富之路，户均养殖量20箱以上，户均实现年增收7500元以上。

8.3.3 西安市秦岭北麓蜂产业扶贫模式的经验总结

通过以上对西安市秦岭北麓发展蜂产业扶贫的具体做法及成效，总结出如下三方面的经验，可供其他地方发展蜂产业扶贫项目学习和借鉴。

第一，政府的支持在蜂产业脱贫中发挥着主导作用。在政策制定方面，西安市政府出台文件成立了中蜂保护区，并指定部门和专人层层落实责任到位，同时加大镇、村两级政府对中蜂产业扶贫项目的监督管理力度。在财政支持方面，西安市财政列出专项资金支持中蜂产业扶贫工程，市农林委、扶贫办、商务部门均列出专项资金用于中蜂产品扶贫工程。政府对秦岭中蜂蜂蜜品牌加大宣传力度，多方面入手支持蜂产业脱贫工程。

第二，企业帮扶发挥着重要作用。引入了众天食品企业，企业通过发放蜂群、免费培训、技术指导、产品收购等途径全面参与了中蜂产业扶贫项目。在帮扶工作中，企业依据自身的业务范围为贫困户制订切实可行的帮扶计划，通过技术服务、产品销售等多种方式来落实帮扶工作，从而帮助贫困户达到增收的目的。

第三，合作社是联系蜂农与企业、政府的纽带。合作社不仅发挥了示范带动作用，还负责社员的日常养蜂管理工作，对贫困农户养蜂提供技术指导，或者为个别贫困户代养蜜蜂。合作社在扶贫工作中提高了蜂农的组织化水平，同时也是联系蜂农与企业、政府的纽带，解决了个体蜂农与大市场对接的难题。

8.4　蜂产业“一二三产业融合”精准扶贫模式

将养蜂业与加工制造业、旅游业等产业结合，形成“一二三产业融合”的产业发展模式，也是部分地区发展蜂产业精准扶贫的一种新的做法。常见的蜂产业“一二三产业融合”模式有：养蜂业与蜂产品加工制造业的融合，进一步拉长了原始蜂产品的生产链条。养蜂业与旅游业的融合（如建设蜜蜂小镇、蜜蜂谷、蜂情小镇等蜂旅结合项目），不仅提升了生态资源的附加值，同时也为养蜂业的发展提供一个良好的资源平台（陈桂平，2011），能够实现养蜂业与旅游业的双赢。目前，通过发展蜂产业“一二三产业融合”模式实现贫困山区精准脱贫的案例为数不多，有的地方发展得较好，实现了预期的脱贫目标，有的地方只是刚刚起步，处于探索尝试阶段，还有的地方正在准备推出这种模式。

8.4.1　“旅游+消费+中蜂认养”扶贫模式

为进一步调动社会各界参与消费扶贫，建立消费扶贫协作机制，鼓励各级机关和国有企事业单位、民营企业等积极参与消费扶贫，推进麦积区贫困户农特产品进西青区党政机关、企事业单位、高校医院食堂餐厅。甘肃天水市麦积区与天津市西青区采取搭建交流平台、加强招商引资、畅通供销渠道、强化交流培训、加强宣传推介等帮扶措施，签订了《消费扶贫合作意向书》，合作建立了从产地到消费的全产业链扶贫合作模式。由西青区旅行社组织旅游团队赴麦积区观光旅游、认购蜂产品等农特产品，促进消费扶贫，带动经济发展，探索创新了一种消费扶贫营销模式，有力地夯实了脱贫攻坚基础。

2019 年 5 月，天津市西青区委领导带队组织西青区有关部门单位负责人、西青区企业家代表近 50 余人组成了首批旅游消费扶贫示范团，赴麦积区考察旅游资源、扶贫产业发展等情况，先期开展旅游消费扶贫，启动了“西青・麦积一家亲”旅游消费扶贫绿色通道项目，现场开展蜂蜜、木耳、大樱桃等农特产品认购活动，活动当天，天津西青区代表团爱心人士、企业家代表、代表团成员首先实地观摩东岔镇桃花坪村中蜂养殖基地，对麦积区中蜂养殖产业发展情况进行了解，品尝麦积区名优农特产品。认购仪式上，天津西青区代表团爱心人士、企业家代表、代表团成员与 8 名桃花坪村贫困户代表、麦积区部分中蜂养殖合作社签订了“认养协议”和“大礼包认购协议”。这次认购活动对于宣传推介麦积蜂产品，拓展麦积蜂蜜营销渠道，发展壮大麦积养蜂产业，助推麦积区脱贫攻坚进程具有十分重要的意义。天津西青区代表团成员通过现场购买，预订了贫困村农民专业合作社和贫困户的农特产品，认养中蜂 530 箱，价值 53 万元；购买大礼包 660 个，价值 66 万元，有效解决了贫困户农特产品销售难题，增加了贫困群众收入，扶贫济困，助推了麦积区脱贫攻坚进程。两区将进一步拓展旅游组团范围，优化旅游线路，实现两区组团旅游消费扶贫合作常态化。

8.4.2 蜂业龙头企业带动产业融合模式

近年来，蜂业的一些龙头企业通过产业延伸、产业融合，打造完整的产业链条，在促进蜂产业升级的同时，带动蜂农致富，实现了精准脱贫目标。北京百花蜂业科技发展股份公司就是该种模式的实践者。百花蜂业创立了“龙头企业+养蜂专业合作社+蜂农”的产业模式，百花蜂业与湖北蜂之宝蜂业有限公司和北京奥金达蜂产品专业合作社之间的合作，就是“一二三产融合”，促进蜂产业升级，实施养蜂精准扶贫战略的成功案例。

百花蜂业通过扶持养蜂专业合作社的发展，引导当地有经验的养蜂人带头，拉动周边贫困户参与到养蜂扶贫体系中，成立产业精准扶贫经济合作社，组织养蜂专家进行定期指导和帮扶培训。一方面，培训蜂农标准化生产，满足蜂产品的标准要求；另一方面，培训蜂农学会科学养蜂，选育优良蜂种，抵御病害，提高产量。百花蜂业再收购合作社的蜂产品原料，加工成产品销售。截至2019年，百花蜂业在北京郊区扶持了3个合作社，收购蜂蜜总量达7000多吨，带动蜂农8000户左右。以位于北京密云的奥金达蜂产品专业合作社为例，奥金达创建于2004年，百花蜂业长期为其提供技术和标准帮扶，收购蜂农的蜂蜜原料。在地方政府与百花蜂业共同扶持下，奥金达从组织养蜂购销原料的合作社，发展成为有加工能力的蜂产品企业，担负起百花蜂业部分产品的加工任务，直接将当地的蜂蜜原料转化为蜂蜜产品。合作社的强大进一步增强了其带动能力，目前入社蜂农有561户，其中71户为低收入养蜂户，养蜂存栏6.1万群，蜂群数量占密云区蜂群总量的60%，成功带动了密云区9个乡镇、91个自然村、1500余人就业。百花蜂业和奥金达还在河北承德地区成立了两个合作社分社，把承德地区的优质蜂蜜原料也纳入进来。自身发展起来之后，奥金达还与位于丹江口水库上游竹溪县的顺达农业合作社结成了对口帮扶。奥金达帮助顺达规范养蜂合作社发展建设，帮助引进优良蜜蜂种王、培养人才，对蜂农进行养蜂技术培训，免费赠送蜂箱、光盘、书籍等，还与顺达签订了年收购加工、销售蜂蜜的协议。

2016年5月，百花蜂业助推湖北鹤峰精准扶贫项目（中蜂产业发展）启动，受到当地政府高度重视。随后，该项目在鹤峰县进行了广泛推广，并总结了“1528”扶贫模式：由扩繁场、示范场、大户给一户贫困户投放5群种蜂、两亩蜜粉源种子或种苗，贫困户保质保量种好这2亩地，蜂蜜以每市斤60元回收，确保每户每年收入不低于8000元。在鹤峰扶贫项目中，百花蜂业发挥中华老字号的影响力，利用电商平台打造了通向市场的快捷通道；湖北蜂之宝蜂业利用优良的加工条件和技术，将来自鹤峰的优质蜂蜜资源就地转化为高端蜂蜜产品；奥金达依托在合作社营运方面的丰富经验，为当地的养蜂生产提供管理、技术指导和服务以及养蜂物资方面的帮助。在各方通力合作下，产于鹤峰深山中的优质蜂蜜成了市场上的抢手货。

除了鹤峰，百花蜂业还深入陕西安康大巴山脉、湖北神农架、陕西汉中秦巴山区、云南的多山地区等地推动中蜂养殖，引领中蜂产业向“规模化、生态化、网络化、可持续化”方向转型升级，形成有利于增加农民收入，有利于社会稳定，有利于促进“三农”的生产模式。同时，百花蜂业利用这些地区出产的优质蜂蜜原料，开发了高端系列产品。据百花负责人讲，“几年的摸索，百花蜂业已经有了比较成熟的中蜂扶贫经验，带动全国五个贫困地区的养蜂体系发展，受益蜂农将近400户，带动市场销售500万元”。

8.4.3 以“蜂产业+文化+旅游”为主的蜂业生态园扶贫模式

湖南省郴州市神农蜂蜂业有限责任公司投资成立的神农蜂生态园，地处桂阳县正和镇全义村，主要发扬中国传统蜜蜂养殖文化和蜂疗疗养文化，是一个集文化、生态、旅游、蜂疗保健、疗养养老于一体的生态项目，重点建设康养中心、蜂产品加工中心、生态作坊及展览区、蜂疗医院以及湘蒙文化区。生态园内拥有从蜂蜜、蜂王浆、蜂花粉生产及果蔬种植的第一产业到蜂酒、蜂蜡、蜂蛹的深加工的第二产业，再到蜂疗医院、养生中心、特色餐饮、休闲娱乐及特色种植体验的第三产业，各产业之间衔接融合良好，打造了一条“生产+加工+销售”的服务链，让产区变景区、田园变公园、产品变礼品，促进一二三产业相互联动、深度融合。生态园自营业以来，年平均接待游客6万人次，年均营业收入2000万元以上，且连续两年递增10%。吸纳当地农村劳动力占职工总人数的80%以上，项目所在地的落家山村，除自主创业就业的以外，全部吸纳到庄园就业，发放农民工工资总额每年递增10%以上，与周边群众关系非常融洽。周边农户40%以上参与生态园合作社项目，为当地农民人均年增收2500元。

与湖南省郴州市神农蜂生态园的做法类似，云南省罗平县打造了“中国蜜蜂文化第一村”，建立了集科普文化、教育培训、产业孵化、休闲观光、农事体验为一体的“芭蕉箐蜜蜂文化园”。成功举办“2017中国·云南·罗平国际蜜蜂文化暨蜂产业高峰论坛”和全国十六个分会场之一“520”国际蜜蜂日活动，有力地提升了罗平蜂产业的产品知名度、大众认知度，为实施蜂产业脱贫搭建了一个高端平台。四川省邻水县山水众观种植专业合作社按照“蜜蜂养殖+蜜源种植+旅游观光”模式建设蜂业产业园，构建农旅结合蜂业生产园区，推动实施品牌战略，加快一二三产业融合发展，也取得了显著成效。甘肃省清水县秦亭镇全庄村建成集观光旅游、养蜂体验、示范培训为一体的生态养蜂体验园，探索发展“互联网+养蜂+旅游”模式，延长中蜂产业链条，助推产业发展。被农业部命名为“中国蜜蜂之乡”的浙江省江山市推出的“互联网+文化+旅游”为主的蜂业博览园项目，也已于 2021 年伊始发表了招商公告，该项目建成后将会通过休闲、观光、文化、养老等商业行为带来可观的直接经济效益，同时通过现代化蜂业的展示和不断交流，集聚全球蜂业科技力量和技术力量，以点辐射，带动全国蜂业现代化的快速发展。

8.5　蜂产业扶贫的其他模式

中国很多地区都采用了通过发展养蜂产业助力脱贫的做法，并取得了显著的效果，比如重庆市南川区、甘肃省天水市麦积区、陕西省山阳县、山西省陵川县与石楼县、宁夏泾源县、甘肃舟曲县、重庆市万源县、河南省卢氏县与西峡县、江西省井冈山市与武宁县、广西桂林阳朔县、广东省恩平市等。各个地区依托当地的资源优势，形成了多种形式的蜂产业扶贫模式。如重庆市南川区采用了“公司或专业合作社+中蜂资源保种场+示范家庭蜂场”的模式，云南罗平县采用了“支部+企业+合作社+基地+贫困户”的模式，陕西省山阳县采用了“政府+产业合作组织+农户”产业发展模式，甘肃舟曲县采用了“政府+项目+公司+蜂农”的扶贫模式。这些模式都是在前面所分析的 4 类基本模式基础上形成的，在实现蜂产业脱贫环节中更换了个别参与主体，其发展模式大同小异，故本章不再对其他模式逐一进行分析。

8.6　研究结论与对策建议

综合以上对中国蜂产业扶贫项目典型运作模式的分析，发现依托山区的蜜粉源植物资源发展养蜂产业是解决贫困山区农户脱贫的一项良好扶贫项目，在生态安全可持续发展和精准脱贫中发挥着重要的作用。湖北省五峰县“龙头企业+合作社+贫困户”模式、甘肃省岷县“政府+科技服务+贫困户”模式、西安市秦岭北麓地区“政府支持引导+企业全面参与+合作社组织管理+贫困户主动配合”模式、蜂产业“一二三产业融合”精准扶贫模式等模式均取得了显著的成效。今后对脱贫地区的产业帮扶还要继续，以防止后续返贫。作为发展养蜂产业实现脱贫的典型代表，其成功做法及经验值得国内其他地区学习和推广。概而言之，政府主导、龙头企业带动、合作社管理、加大科技培训与服务、实现“一二三产业融合”是保障蜂产业扶贫项目顺利进行的关键。

在以上研究的基础上，为促进中国蜂产业扶贫项目进一步顺利运作，提出如下对策建议：第一，要强化政策支持，推进产业规模化。只有在政府政策的指引下，作为畜牧业中小产业的蜜蜂养殖业才能实现规模化，获得规模经济效益。第二，强化科技培训，推进蜂业生产标准化，对蜂种培育、蜜蜂饲喂、取蜜等全部生产环节进行技术培训，实现生产过程全程标准化，最终保证获得优质的蜂产品。第三，强化经营主体培育，推进产业链条化。要将贫困山区分散的养蜂户聚集起来，形成脱贫致富的地区支柱产业，必须培育种蜂场、养蜂专业合作社、龙头企业等经营主体，实现产业项目从“小散弱”向“专精深”转变，推进产业链条化。第四，强化“一二三产业融合”，将蜂产业从最初的养殖蜜蜂单纯为了获取蜂产业，融入休闲旅游、文化、教育、娱乐等元素，为实现蜂产业脱贫搭建高端平台，同时也能够推进蜂产品的品牌化，实现小产业大突破。

8.7 本章小结

发展特色产业是提高贫困地区自我发展能力的根本举措，发展蜂产业对于打赢脱贫攻坚战、促进生态文明建设、实现乡村振兴具有重要的现实意义。本章对中国发展蜂产业项目实现脱贫成效显著的几个具有代表性的典型案例进行了研究，分析了发展蜂产业脱贫的几种常见模式及其成效。这些典型案例及其发展模式有湖北省五峰县的“龙头企业+合作社+贫困户”模式、甘肃省岷县的“政府+科技服务+贫困户”模式、西安市秦岭北麓地区“政府支持引导+企业全面参与+合作社组织管理+贫困户主动配合”模式、蜂产业“一二三产业融合”精准扶贫模式等。这些典型案例取

得成功的共性在于政府主导、龙头企业带动、合作社管理、重视科技培训与服务以及拉长产业链条实现“一二三产业融合”。这些案例的成功经验值得国内其他地区推广和学习。最后提出了促进蜂产业扶贫项目进一步顺利运作的对策建议。

第 9 章　研究结论与政策建议

9.1　主要研究结论

（1）中国蜂产业历史悠久，从原始社会时期蜂产品的原始采集开始，至今已有3000多年的历史。中国是世界养蜂大国，蜜源植物资源丰富，蜂群数量与蜂产品产量均位居世界前列。中国养殖的蜜蜂品种以意蜂为主，中蜂为辅，最近几年，中蜂养殖数量呈上升趋势。蜂产品以蜂蜜为主，蜂胶、蜂王浆、蜂花粉、蜂蜡等产品为辅，蜂产品产量总体呈现波动中递增趋势。国内蜂产品市场规模逐渐增大，蜂产品市场需求空间有较大潜力。蜂产业属于出口外向型产业，2000年以来我国天然蜂蜜进出口贸易市场一直呈顺差状态，为我国出口创汇做出了巨大贡献，天然蜂蜜出口额呈现波动中上升趋势。然而，最近几年，中国天然蜂蜜的国际竞争力有所下降，这与技术贸易壁垒、生产成本的增加有很大关系，中国蜂产业唯有走高质量发展道路，才能提高并持续保持其国际竞争力优势地位，蜂产业才能得以持续健康发展。

（2）农户生产行为理论、公共产品与外部性理论、可持续农业理论、生态农业理论是研究中国蜂产业经济发展的理论基础。目前中国养蜂生产采用的是以家庭经营为主的分散式小农生产经营模式，蜂农在生产过程中的要素投入、技术选择、风险规避等行为均与普通农户的生产行为保持一致。蜂产业通过蜜蜂为植物（农作物）授粉做出了显著的生态贡献、社会贡献和经济贡献，蜂产业具有准公共产品属性和正外部性。蜂产业通过蜜蜂授粉对维持生物多样性同样也做出了重要贡献，是农业可持续发展的物质前提。蜜蜂授粉替代激素授粉和人工授粉是生产绿色无公害农产品的重要技术保障之一，也是推进生态农业建设的重要途径。

（3）目前，中国蜂农养殖蜜蜂主要是为了获取蜂产品，蜂产品销售收入是蜂农养蜂收入的主要部分。最近几年，随着蜜蜂授粉技术的推广应

用，养殖蜜蜂蜂群用于作物授粉的蜂农户数逐渐增多，授粉的作物对象主要有草莓、苹果、樱桃、油桃、梨、西瓜、甜瓜等。随着设施农业与生态农业的发展导向，农业生产对蜜蜂授粉的需求将会越来越大，蜜蜂授粉在未来将会得到进一步推广和普及。中国的养蜂生产方式还比较落后，表现为蜂农老龄化程度极为严重、专业化程度低、养殖规模偏小、养蜂技术老化、机械化与组织化水平偏低。同时，蜂产业又是一个风险较大的产业，存在自然灾害、农药中毒、蜂病疫情、偷盗、交通事故以及其他风险。落后的生产方式与较大的产业风险均对蜂产业的可持续发展造成不利的影响，国内有部分地区对蜂产业风险补偿做了尝试和探索，主要有浙江省实施的养蜂业风险救助、浙江省江山市实施的养蜂综合保险以及北京市实施的蜂业气象指数保险，实施效果较好。蜂农参加养蜂保险的意愿比较强烈。

（4）蜜蜂授粉产生的经济效益、社会效益和生态效益已得到了广泛的认可，国际上至今尚未形成统一的估算方法，评估理论与方法仍然需要进一步探索和完善。使用蜜蜂授粉依存度估算方法，基于 2017—2019 年中国农作物产值数据，估算出了这三年平均每年中国蜜蜂授粉的经济价值为 4951. 81 亿元，由此可见，蜜蜂授粉对农业生产做出了较大的贡献。以河南省为例，依据原农业部 2010 年颁发的《蜜蜂授粉技术规程（试行）》规定的授粉蜂群数量配置标准，对河南省农作物关于蜜蜂授粉的潜在需求量进行了预测，研究结果表明，农作物生产对授粉蜂群的潜在需求较大，2017—2022 年潜在需求量均大于 285 万群，需求缺口较大，蜜蜂授粉产业具有巨大的发展潜力和市场空间。

（5）运用成本收益分析方法对蜂农的成本、收益及其构成比例进行分析发现，蜂农平均养殖每群蜂的总成本为 1039. 65 元，人工成本所占比例最大，其次是蜂饲料与运输费用，因此，提高养蜂生产机械化水平、减少劳动力投入将是未来蜂产业生产的发展方向。从蜂产品的平均收益构成来看，蜂蜜是养蜂生产的主产品，其销售收入约占蜂产品总销售收入的 70%，其次是蜂王浆，授粉收入占比最小，原因是出租蜂群或销售蜂群用于作物授粉的蜂农较少。通过对比发现，转地放蜂、大规模养蜂、养殖中蜂的养蜂户成本利润率相对较高。实证研究结果显示，扩大养蜂规模、进行技术培训、加入合作社、减少灾害的发生率能够显著提高蜂农的养蜂收入，这4个因素与授粉行为、蜂农的文化程度、产品价格是导致蜂农收入存在差距的主要影响因素。

（6）蜂产品具有种类繁多、价格悬殊、质量标准不统一的特点，蜂农销售蜂产品基本都是采用传统的销售模式，即直接零售，或者通过卖给合作社、卖给蜂产品加工企业、卖给商贩（收购商）间接销售共4种方式进行销售。影响蜂农选择销售渠道的因素有养殖规模、蜂蜜的种类与产量、销售价格与付款方式、地理位置与风险态度。蜂产品电商销售的基本模式有蜂农网上自行开店、社交商务销售、短视频平台或直播带货、借助专业合作社间接线上销售共4种模式。通过对郑州市蜂产品市场价格信息数据统计分析发现，国内蜂产品加工企业呈现“小而多”的状况，蜂产品生产企业较多，但缺乏有影响力的品牌，多半是民营企业，且产品大多雷同，低水平重复。产品价格差别极大，质量标准不统一，而蜂产品质量是影响销量的重要因素。为实现蜂产品的顺利销售，蜂产品生产加工企业及相关管理部门应充分发挥中国蜂产品的优势，为市场供给质量上乘的蜂产品系列，同时要针对中国蜂产品的劣势，将不足之处予以纠正，突破传统的营销模式与思路，利用多渠道、多种新颖的营销方式扩大蜂产品的市场销路。

（7）蜂产业是在山区、林区等贫困地区实施精准扶贫的重要项目，大力发展蜂产业对于打赢脱贫攻坚战、增加农民收入、促进生态文明建设、实现乡村振兴具有重要的现实意义。发展蜂产业实现脱贫的省份和地区较多，其中典型的案例及其发展模式有湖北省五峰县的“龙头企业+合作社+贫困户”模式、甘肃省岷县的“政府+科技服务+贫困户”模式、西安市秦岭北麓地区“政府支持引导+企业全面参与+合作社组织管理+贫困户主动配合”模式、蜂产业“一二三产业融合”精准扶贫模式。这些地区取得成功的共性在于政府主导、龙头企业带动、合作社管理、重视科技培训与服务以及拉长产业链条实现“一二三产业融合”。这些案例的成功经验值得国内其他地区推广和学习。

9.2 政策建议

（1）积极发挥政府引导作用，加快发展现代养蜂业。传统落后的农户家庭养蜂生产方式是制约中国蜂产业高质量快速发展的主要障碍性因素，政府应积极发挥引导作用，从规模化养殖、标准化生产、提高生产机械化水平、研发并积极推广蜜蜂良种、研发病虫害防治技术、提高蜂农的组织化水平等方面对蜂产业的发展进行宏观调控与引导，从根本上改变蜂产业落后的小农生产模式，实现传统养蜂方式向现代养蜂方式的快速转型。针对蜂业生产的高风险性，在部分地区已经实施的风险补偿做法基础上，总结经验，完善蜂业保险制度和风险防范机制，确保蜂农的利益不受损害。

（2）对蜂产业的发展道路予以正确引导，使其由获取蜂产品转向为农作物授粉。蜂产业通过蜜蜂为农作物授粉，提高了农作物的产量，改进了农产品的品质，同时对维持生物多样性做出了重要贡献，是农业可持续发展的物质前提。蜜蜂授粉替代激素授粉和人工授粉，是生产绿色无公害农产品的重要技术保障之一，也是今后生态农业发展的方向。因此，政府应大力宣传蜜蜂授粉的重要作用，提高全社会对蜂产业的关注与重视程度，对发展蜜蜂授粉产业进行政策上的大力支持，同时，逐步示范推广实施蜜蜂授粉技术，加快推进蜜蜂授粉产业化的发展步伐。

（3）培育蜂产业新型经营主体，构建蜂产品质量安全控制体系。为使蜂产业加快转变落后的生产方式，必须因地制宜，向大农业学习，发展培养蜂产业的新型经营主体。如鼓励发展养蜂大户，或发展养蜂专业合作社将分散的蜂农组织起来形成联合经营体，提高蜂农的组织化程度；将蜂产品加工企业与养蜂专业合作社、蜂农三方通过契约紧密联合起来，充分发挥蜂业企业的龙头带动作用。另外，为保证蜂产品质量获得消费者的认可，必须对蜂产品产业链中的每个环节严格把控，指导蜂农按照标准化操作规程生产，建立蜂产品质量溯源体系。一旦出现质量问题，依据生产链条能够快速溯源查找原因，同时也能够保证不给假冒伪劣产品制造者留下生存空间。

（4）加大科研投入力度，建立产学研结合的技术研发体系。目前，我国的蜂业生产技术较为落后，蜂产品品种较为单一，急需国家加大对蜂业研究方面的科研投入力度。加强对蜜蜂病虫害防治技术、育种技术、规模化饲养技术、高效授粉技术、蜂产品检验检疫技术、多样化蜂产品生产技术等的研究，满足蜂农的生产技术需求及消费者对优质多样化蜂产品的需求。并积极促进各科研院校与地方政府及蜂业企业、蜂业合作组织的合作，鼓励企业在技术创新中的参与度，推进蜂产业技术的推广与应用。

（5）与电商快速发展相契合，创新蜂产品销售新模式。随着网络销售的快速发展，应将电商销售理念移植到蜂产品销售中。一方面，要对蜂农进行蜂产品信息技术和电子商务的培训，教会蜂农掌握网上交易的技能及防范风险的方法；另一方面，要加大电商人才引进力度，通过发展蜂产品电商业务解决蜂产品销售难题，提高蜂农收入水平。要突破传统的营销模式与思路，利用多渠道、多种新颖的营销方式扩大蜂产品的市场销路。

（6）总结不同地区发展蜂业脱贫项目的经验，探索精准扶贫新思路。依托山区的蜜粉源植物资源发展养蜂产业是解决贫困山区农户脱贫的良好扶贫项目，在生态安全可持续发展和精准脱贫中发挥着重要的作用。本研究中所分析的几类典型蜂产业精准扶贫模式均取得了显著的成效，今后对脱贫地区的产业帮扶还要继续，以防止后续返贫。同时，作为发展养蜂产业实现脱贫的典型案例，其成功做法及经验值得国内其他地区学习和推广。其中，政府主导、龙头企业带动、合作社管理、加大科技培训与服务、实现“一二三产业融合”是保障蜂产业扶贫项目顺利进行的关键。今后要继续补上生产技术、设施及蜂产品营销等短板，促进蜂产业提档升级，实现小产业大突破。

附录　问卷调查

本问卷是中国蜂业经济发展研究的基础，属公益性研究，请如实填写，勿漏填。非常感谢您！

________省________年固定观察蜂农调查问卷

蜂农代码（调查员填写）________

蜂农姓名________

手机________

住址：________县________乡（镇）________村

（注：有选项的问题在前面的□或○画“√”即可，○为单选问题，□为多选问题）

一、家庭基本情况

（1）性别：○1. 男；○2. 女，您是____年出生，您上过____年学，从____年开始养蜂。

（2）家里共____口人（经济独立），其中有____人养蜂，全家今年养蜂投工合计____天。

（3）您养蜂最初受什么影响？○1. 祖传；○2. 师傅传授；○3. 自学；○4. 其他（注明）____________

（4）今年养蜂雇人合计____人（包括徒弟、长工和临时工），雇人合计投工共____天。

（5）除养蜂外，您家还有哪些收入来源？□0. 无□1. 种植业（含土地流转收入）□2. 其他养殖业□3. 非农业

（6）今年养蜂纯收入（纯收入=毛收入-生产成本）约为____元，占家庭全部纯收入的____%。

（7）您家收入水平与本地其他农户相比属于○1. 上等；○2. 中上等；○3. 中等；○4. 中下等；○5. 下等

（8）今年饲养蜂群数量变化情况

中蜂：春繁（出窖）时____群，群势平均____脾（框），其中生产

蜂____群，繁殖群____群，双王群____群；

采蜜期间____群，群势平均____脾（框），其中生产蜂____群，繁殖群____群，双王群____群；

越冬（入窖）时____群，群势平均____脾（框），其中越冬蜂____群，繁殖群____群，双王群____群。

意蜂：春繁（出窖）时____群，群势平均____脾（框），其中生产蜂____群，繁殖群____群，双王群____群；

采蜜期间____群，群势平均____脾（框），其中生产蜂____群，繁殖群____群，双王群____群；

越冬（入窖）时____群，群势平均____脾（框），其中越冬蜂____群，繁殖群____群，双王群____群。

二、养蜂支出情况（没有支出的项目填“0”）

（1）今年固定成本支出

蜂王和蜂群：买蜂王____只，共____元，可使用____年；

买蜂群____群，共____元，可使用____年；

蜂箱及配件：买蜂箱____个，共____元，可使用____年；

买巢础____张，共____元，用老巢脾、蜂蜡等换巢础____张，可使用____年；

买巢框____个，共____元，可使用____年；

买其他工具/配件（隔王、脱粉、取浆等工具）共____元，可使用____年；

机器和存储容器：买摇蜜机________台，共____元，可使用____年；

买储蜜桶（蜂蜜桶）____个，共____元，可使用____年；

其他：购买其他蜂机具（注明）____个，共____元，可使用____年。

（2）今年可变成本支出

买零售包装瓶花费____元。

（计算总数参考：____斤装的____包/个，共____元；

____斤装的____包/个，共____元；

____斤装的____包/个，共____元）

买蜂药花费____元；买白糖花费____元（计算总数参考：____袋，____元/袋）；

买其他蜂饲料（如花粉、豆粉、果糖等）____斤，花了____元；

喂自产蜂蜜____斤，折合现金____元；

喂自产（自采）花粉____斤，折合现金____元；

雇人花费____元；运输费____元；检验检疫费____元；

占地费____元（实物折合成现金）；其他费用（注明）____元。

三、今年蜂产品生产销售情况（没有的填“0”）

（1）今年蜂蜜生产和销售情况［如未销售完，填写预计全部销售完的情况，如生产了3000斤洋槐蜜，销售量填写“1000（已售）+2000（预计销售）”］

第1种蜂蜜在____月生产，蜜源是____，平均浓度为____波美度，总产量____斤；

销售流向：合作社/协会____斤，卖____元；加工企业____斤，卖____元；

（含实际和计划）收购商/小贩____斤，卖____元；零售____斤，卖____元。

第2种蜂蜜在____月生产，蜜源是____，平均浓度为____波美度，总产量____斤；

销售流向：合作社/协会____斤，卖____元；加工企业____斤，卖____元；

（含实际和计划）收购商/小贩____斤，卖____元；零售____斤，卖____元。

第3种蜂蜜在____月生产，蜜源是____，平均浓度为____波美度，总产量____斤；

销售流向：合作社/协会____斤，卖____元；加工企业____斤，卖____元；

（含实际和计划）收购商/小贩____斤，卖____元；零售____斤，卖____元。

第4种蜂蜜在____月生产，蜜源是____，平均浓度为____波美度，总产量____斤；

销售流向：合作社/协会____斤，卖____元；加工企业____斤，卖____元；

（含实际和计划）收购商/小贩____斤，卖____元；零售____斤，卖____元。

第5种蜂蜜在____月生产，蜜源是____，平均浓度为____波美度，总产量____斤；

销售流向：合作社/协会____斤，卖____元；加工企业____斤，卖____元；

（含实际和计划）收购商/小贩____斤，卖____元；零售____斤，卖____元。

今年合计生产各种蜂蜜____斤，已售____斤，送礼和自己家吃了____斤，库存____斤。

（2）今年花粉生产销售情况（如未销售完，填写预计全部销售完的情况，同蜂蜜）

第1种花粉是在____月生产，粉源是____，总产量为____斤；

销售流向：合作社/协会____斤，卖____元；加工企业____斤，卖____元；

（含实际和计划）收购商/小贩____斤，卖____元；零售____斤，卖____元。

第2种花粉是在____月生产，粉源是____，总产量为____斤；

销售流向：合作社/协会____斤，卖____元；加工企业____斤，卖____元；

（含实际和计划）收购商/小贩____斤，卖____元；零售____斤，卖____元。

第3种花粉是在____月生产，粉源是____，总产量为____斤；

销售流向：合作社/协会____斤，卖____元；加工企业____斤，卖____元；

（含实际和计划）收购商/小贩____斤，卖____元；零售____斤，卖____元。

今年合计生产各种花粉____斤，已售____斤，自己吃/送人/喂蜂____

斤，库存____斤。

（3）今年蜂王浆、蜂胶、蜂蜡生产销售情况（如果还没销售，填写预计或计划的销售情况）

生产蜂王浆____斤。

销售流向：合作社/协会____斤，卖____元；加工企业____斤，卖____元；

（含实际和计划）收购商/小贩____斤，卖____元；零售____斤，卖____元。

生产蜂胶____斤。

销售流向：合作社/协会____斤，卖____元；加工企业____斤，卖____元；

（含实际和计划）收购商/小贩____斤，卖____元；零售____斤，卖____元。

生产蜂蜡____斤。

销售流向：合作社/协会____斤，卖____元；加工企业____斤，卖____元；

（含实际和计划）收购商/小贩____斤，卖____元；零售____斤，卖____元。

（4）除以上蜂产品外，今年其他蜂产品收入（卖老巢脾、蜂蛹、蜂毒、死蜂等）____元

（5）今年卖蜂王和蜂群共收入____元。（其中卖蜂王____只，卖蜂群____群）

四、今年养蜂技术和信息获取情况

（1）学习新养蜂技术的渠道是____，获取蜂蜜价格信息渠道是____，掌握蜜源信息渠道是____。

⓪没获得或没学习；①凭以往经验；②合作社；③蜂农交流；④培训班；⑤书报杂志媒介；⑥蜜源地的熟人；⑦网络和手机等；⑧市场价；⑨实地考察；⑩其他（注明）____。

（2）您是否加入了养蜂专业合作社或协会？（○0. 没加入；○1. 加入了）

（3）今年转地前有没有去实地考察蜜源情况？（○0. 没去；○1. 去了）

（4）今年蜜源属于：□0. 小年蜜源，是____；□1. 大年蜜源，是

____；□2. 中等年蜜源，是____。

五、放蜂路线、蜜源植物及重大灾害事故的发生情况

（1）今年养蜂的主要方式：○1. 定地；○2. 大转地；○3. 小转地

如果是大转地或小转地，今年共外出放蜂（包括繁蜂和采蜜，小转地住自己家和不住自己家的情况均填写）____天，辗转全国____个蜜源点放（繁）蜂。路线是：

____月____日至____月____日，到________繁蜂/采集________；
____月____日至____月____日，到________繁蜂/采集________；
____月____日至____月____日，到________繁蜂/采集________；
____月____日至____月____日，到________繁蜂/采集________；
____月____日至____月____日，到________繁蜂/采集________；
____月____日至____月____日，到________繁蜂/采集________。

（2）今年遇到过哪些重大灾害或事故及其损失情况，损失包括受灾蜂群本身的价值及其可能为您生产的蜂产品的价值。

□0. 没遇到；□1. 自然灾害（冻/雨/雪/旱等），损失估计____元；　□2. 药害，损失估计____元；□3. 重大蜂病，损失估计____元；　□4. 重大疫情，损失估计____元；□5. 偷盗，损失估计____元；　□6. 交通事故，损失估计____元；□7. 敌害，损失估计____元；　□8. 工业污染，损失估计____元；□9. 其他（注明）________，损失估计____元。

六、蜜蜂有偿授粉情况

（1）您了解蜜蜂授粉技术吗？○1. 完全了解；○2. 比较了解；○3. 了解一点；○4. 完全不了解

（2）今年，是否曾出租或销售蜂群给种植户为作物有偿授粉？

○0. 没有。

○1. 有。□出租授粉蜂群____次，共出租____群，用于给（□1. 大田；□0. 温室大棚）（□1. 本县；□2. 本省外县；□3. 外省）的____作物授粉，出租授粉蜂群收入共计____元。

□销售授粉蜂群____次，共销售____群，用于给（□1. 大田；□0. 温室大棚）（□1. 本县；□2. 本省外县；□3. 外省）

的____作物授粉，销售授粉蜂群收入共计____元。

（3）如果种植户有授粉需求，您是否愿意为其提供有偿授粉蜂群（出租或出售）？

○0. 出租出售都不愿意，原因是____

①影响蜂群生产能力；②不知道谁有授粉需求；③不懂授粉技术；④运输太麻烦；⑤怕产生纠纷拿不回钱；⑥租金或卖价太低；⑦怕打农药；⑧其他________

○1. 只出售，原因是____

①租金低；②影响蜂群生产能力；③卖的是小群势蜂群，不影响生产；④其他________

○2. 只出租，原因是____

①增加收入；②不影响生产；③蜂农和种植户双赢；④其他____________

○3. 出租或者出售都愿意，原因是____

①增加收入；②蜂农和种植户双赢；③其他____________

七、其他补充资料

（1）今年是否生产巢蜜？

○0. 否；○1. 有。生产巢蜜类型：

500 克以下的________块，单价____元，销售收入____元；

500 克及以上的____________块，单价____元，销售收入____元；

整张巢蜜________张，单价____元，销售收入____元

其他类型巢蜜（请注明）____块，单价____元，销售收入____元。

（2）今年是否参加蜂业气象指数保险？

○0. 否；○1. 是。投保了____群蜂，投保价格为____元/群，共支出____元。

（3）今年是否获得过政府或合作社的扶持？

○0. 否；

○1. 是。获得□政府□合作社扶持资金____元，用于：□1. 新发展蜂群；□2. 标准化蜂场建设；□3. 生产自动化、机械化补贴；□4. 公路沿线蜂场；□5. 授粉扶持；□6. 灾害救助；7. 其他（请说明）__________

参考文献

[1] Abebe Ejigu Alemu, Miet Maertens, Jozef Deckers. Impact of Supply Chain Coordination on Honey Farmers' Income in Tigray, Northern Ethiopia [J]. Agricultural and Food Economics, 2016 (4): 9.

[2] Abdulai Abdul-Malik and Abubakarı Mohammed. Journal of Development and Agricultural Economics [J]. 2012, 4 (11): 304-310.

[3] Abel Kebede. Analysis of Competitiveness and Comparative Advantage in Honey and Bees Wax Production, the Case of Meskan and Mareko Woreda, SNNPR [EB/OL]. http://www.beesfordevelopment.org/uploads/Abel%20Kebede%20Ethiopia.

[4] A. Champetier, D. A. Sumner, J. E. Wilen. The Bioeconomics of Honey Bees and Pollination [J]. Environment Resource Economics, 2014 (5).

[5] Adriano Soares Koshiyama, Maria Cristina Affonso Lorenzon, Wagner de Souza Tassinari. Spatial Econometrics Applied to Study the Influencing Factors of Honey Prices in Brazil [J]. Brazilian Journal of Operations & Production Management, 2011, 8 (1): 121-132.

[6] Agatha Popescu. Research on Beekeepers Income Estimation based on Honey Production [J]. Bulletin UASVM Animal Science and Biotechnologies, 2012, 69 (1-2).

[7] Agatha Popescu. Study Concerning the Trends in Romania's Honey Market [Z]. Lucrări Ştiinţifice-Seria Zootehnie, 2013, 59 (vol).

[8] Alemayehu Weldearegay, Abera Anja. Assessment of Beekeeping Production System and Constraints in Sude Woreda, Arsi Zone Oromia Ethiopia [J]. Journal of Horticulture and Forestry, 2017, 9 (12): 109-114.

[9] Amanuel Bekuma. Review on Adoption of Modern Beehive Technology and Determinant Factors in Ethiopia Journal of Natural Sciences Research [J].

2018, 8 (3): 24–29.

[10] Amanuel Zewdie, Bikila Keno, Amsalu Mitiku. Analysis Market Efficiency of Honey in Case of Abay Chomen District, Oromia Regional State, Ethiopia [J]. Journal of Marketing and Consumer Research, 2017 (40): 1–12.

[11] Amir Mohamadi–Nejad, A. Lotfi, Ramin Radfar. Estimating the Qualitative Pricing Model of Honey in Iran [J]. Journal of Basic and Applied Scientific Research, 2013, 3 (1s): 483–487.

[12] Andony P. Melathopoulos, G. Christopher Cutler, Peter Tyedmers. Where Is the Value in Valuing Pollination Ecosystem Services to Agriculture [J]. Ecological Economics, 2015 (108): 59–70.

[13] Andresa Suana Argemiro Alves, Andre Luiz Borba do Nascimento, Ulysses Albuquerque et al. Optimal Foraging Theory Perspectives on the Strategies of Itinerant Beekeepers in Semiarid Northeast Brazil [J]. Human Ecology, 2017, 45 (3): 345–355.

[14] Andrew Byrne, Úna Fitzpatrick. Bee Conservation Policy at the Global, Regional and National Levels [J]. Apidologie, 2009 (40): 194–210.

[15] Andrew Potter, Gretchen Le Buhn. Pollination Service to Urban Agriculture in San Francisco, CA [J]. Urban Ecosystems, 2015 (18): 885–893.

[16] Anna Leigh Josephson. Agricultural Diversification and Beekeeping: A Study of Rural Ethiopian Farmers [Z]. Poster Prepared for Presentation at the Agricultural & Applied Economics Association's 2013 AAEA Annual Meeting, Washington D. C. , August 4–6.

[17] Antoine Champetier, Daniel A. Sumner, James E. Wilen. The Bioeconomics of Honey Bees and Pollination [J]. Environmental and Resource Econmics, 2015 (60): 143–164.

[18] Anu Joshi Shrestha, Uma Partap, Nurul Islam et al. Strengthening Horizontal and Vertical Linkages for Honey Value Chain Development in the Hindu Kush Himalayan Region [J]. Indian Journal of Labor Economics, 2015, 58 (2): 281–297.

[19] Asaminew Tassew, Getachew Alemayehu, Johann Sölkner et al. Future of beekeeping in Northwestern Ethiopia: Scenarios, Local Adaptation Measures

and its Implications for Farmers' Livelihoods [J]. Biodiversitas Journal of Biological Diversity, 2019, 20 (6).

[20] Ashley Barfield, John Bergstrom and Susana Ferreira. An Economic Valuation of Pollination Services in Georgia [Z]. Selected Paper Prepared for Presentation at the Southern Agricultural Economics Association Annual Meeting, Birmingham, AL, February 4-7, 2012.

[21] A. Zacepins, V. Brusbardis, J. Meitalovs. Challenges in the Development of Precision Beekeeping [J]. Biosystems Engineering, 2015, 130 (130): 60-71.

[22] Babatunde, R. O. 1, Olorunsanya, E. O. et al. Economics of Honey Production in Nigeria: Implications for Poverty Reduction and Rural Development [J]. Global Approaches to Extension Practice, 2007, 3 (2): 23-29.

[23] Berkani Mohamed Laïd, Ghalem Berkani Zohra, Hami Halima. Analysis of Bee Farming Systems in Western Algeria [J]. Journal of Renewable Agriculture, 2013, 1 (8): 132-140.

[24] Betela Beyene Barena. Honey Productivity and Marketing in Ethiopia: A Review [EB/OL]. https://iiste.org/Journals/index.php/DCS/article/view/47757.

[25] Brian Mazorodze. The Contribution of Apiculture towards Rural Income in Honde Valley Zimbabwe [EB/OL]. Conference Paper, April 2020, https://www.researchgate.net/publication/340940941.

[26] B. Tesfaye, D. Begna, M. Eshetu. Journal of Agricultural Extension and Rural Development Beekeeping Practices, Trends and Constraints in Bale [J]. South-eastern Ethiopia, 2017, 5 (1).

[27] Catherine Phillips. Following Beekeeping: More-than-human Practice in Agrifood [J]. Journal of Rural Studies, 2014 (36): 149-159.

[28] Chala Kinati, Taye Tolemariam, Kebede Debele. Assessment of Honey Production and Marketing System in Gomma District, South Western Ethiopia [J]. Greener Journal of Business and Management Studies, 2013, 3 (3): 99-107.

[29] Charlotte Lietaer. Impact of Beekeeping on Forest Conservation, Preservation of Forest Ecosystems and Poverty Reduction [EB/OL]. http: // community. eldis. org.

[30] Chian Jones Ritten, Dannele Peck, Marian Ehmke et al. Firm Efficiency and Returns-to-Scale in the Honey Bee Pollination Services Industry [J]. Journal of Economic Entomology, 2018, 111 (3): 1014–1022.

[31] Chian Jones Ritten, Linda Thunstr eom, Mariah Ehmke et al. International Honey laundering and Consumer Willingness to Pay a Premium for Local Honey: An Experimental Study [J]. Geo Journal. Australian Journal of Agricultural and Resource Economics, 2019 (63): 726–741.

[32] Christopher A. Thoms, Kristen C. Nelson, Andrew Kubas, Nathalie Steinhauer et al. Beekeeper Stewardship, Colony Loss, and Varroa Destructor Management [J]. Ambio, 2019 (48): 1209–1218.

[33] Cristina Bianca Pocol. Resources and Models of Beekeeping Exploitations in the North West [J]. Bulletin UASVM Horticulture, 2011, 68 (2): 180–187.

[34] Dan Bodescu, Gavril Stefan, Codrin Paveliuc Olariu. The Role of the State in Supporting the Apiarian Exploitations Pollination Services Providers [J]. Lucrări Ştiinţifice, 2009 (52): 179–182.

[35] Daniel Alan Sumner, Hyunok Lee, Antoine Champetier. Pollination Markets and the Coupled Futures of Almonds and Honey Bees: Simulating Impacts of Shifts in Demands and Costs [J]. American Journal of Agricultural Economics, 2018, 101 (1).

[36] David M. Lowenstein, Kevin C. Matteson, Iyan Xiao, et al. Humans, Bees, and Pollination Services in the City: The Case of Chicago, IL (USA) [J]. Biodiversity and Conservation, 2014 (23): 2857–2874.

[37] David M. Lowenstein, Kevin C. Matteson, Emily S. Minor. Diversity of Wild Bees Supports Pollination Services in an Urbanized Landscape [J]. Oecologia, 2015 (179): 811–821.

[38] Dawit Woubishet Mulatu. An Economic Valuation and Mapping of Pollination Services in Ethiopia [J]. Changing Ecosystems and their Services,

2019 (10).

[39] Deborah Ruth Amulen, Marijke D'Haese, Eline D'Haene, et al. Estimating the Potential of Beekeeping to Alleviate Household Poverty in Rural Uganda [Z]. PLoS One, 2019, 14 (3).

[40] Dereje Tulu, Melkam Aleme, Gezahegn Mengistu, et al. Improved beekeeping Technology in Southwestern Ethiopia: Focus on Beekeepers' Perception, Adoption Rate, and Adoption Determinants [J]. Cogent Food & Agriculture, 2020, 6 (1).

[41] Dharam P. Abrol. The Role of Pollination in Improving Food Security and Livelihoods [M]. Pollination Biology, 2012.

[42] D. P. Abrol, Uma Shankar, K. S. Nitin. Honeybees and Beekeeping: The Global Scenario [J]. Athropod Diversity and Conservation in the Tropics and Sub-tropics, 2016 (12): 345-372.

[43] Ebojei, G. O. , J. F. Alamu and O. B. Adeniji. Assessment of the Contributions of Bee-keeping Extension Society to the Income of Bee-Farmers in Kaduna State [EB/OL]. https://www.patnsukjournal.com/currentissue.

[44] Elias H. Bloom, David W. Crowder. Biological Control and Pollination Services on Organic Farms. Advances in Insect Control and Resistance Management, pp. 27-46, First Online: 27 August 2016.

[45] Eman T. Alropy, Noha E. Desouki, Mohamad A. Alnafissa. Economics of Technical Efficiency in White Honey Production: Using Stochastic Frontier Production Function [J]. Saudi Journal of Biological Sciences, 2019 (26): 1478-1484.

[46] Emmanuel Bintaayi Jeil, Alexander Yao Segbefia, Kabila Abass, et al. Live-lihood Security along Beekeeping Value Chain: Lessons from Ghana's Beekeeping Experience [EB/OL]. https://doi.org/10.1007/s10708-019-09982-4.

[47] Euclides Reuter de Oliveira and Elaine Barbosa Muniz and João Paulo Guimarães Soares, et al. Environmental Impacts of the Conversion to Organic Honey Production in Family Units of Small Farmers in Brazil [EB/

OL]. https://doi.org/10.1007/s13165-019-00256-4.

[48] F. Nazzi, D. Annoscia, S. Del Fabbro, F. Del Piccolo. Research and Education for Sustainability in a Beekeeping Project in Sub-Saharan Africa [J]. Environ Dev Sustain, 2014 (16): 619-632.

[49] Georgina Árváné Ványi, Zsolt Csapó & László Kárpáti. Externality Effects of Honey Production [J]. Applied Studies in Agribusiness and Commerce, 2012, 63-67.

[50] Hannah R. Gaines-Day, Claudio Gratton. Understanding Barriers to Participation in Cost-Share Programs for Pollinator Conservation by Wisconsin (USA) Cranberry Growers [J]. Insects, 2017 (8): 79.

[51] Hasan Vurall, Süleyman Karaman. Socio-economic Analysis of Beekeeping and the Effects of Beehive Types on Honey Production [J]. African Journal of Agricultural Research 2011, 6 (12): 2705-2710.

[52] I. L. Aburime, O. A. Omotesho, H. Ibrahim. An Analysis of Technical Efficiency of Beekeeping Farms in Oyo State, Nigeria [J]. European Journal of Social Sciences, 2006 (4): 1-8.

[53] Iwona Kowalczuk, Marzena Jeżewska-Zychowicz, Joanna Trafiałek. Condition of Honey Consumption in Selected Regions of Poland [J]. Acta Sci. Pol. Technol. Aliment., 2017, 16 (1): 101-112.

[54] James Ateker Okiria. Beekeeping for Restoration of Degraded Ecosystems and Improving Livelihoods in East Africa [Z]. Natural Resources Managment and Biodiversity Programme.

[55] Jason Andrew Seagle. Agricultural Certifications and Beekeeping: Lessons from an Apicultural Cooperative in Northeastern El Salvador, Central America [Z]. 2008.

[56] Jeroen P., van der Sluijs. Nora S. Vaage1, Pollinators and Global Food Security: The Need for Holistic Global Stewardship [J]. Food Ethics, 2016 (1): 75-91.

[57] J. M. Kasina, J. Mburu, M. Kraemer, and K. Holm-Mueller. Economic Benefit of Crop Pollination by Bees: A Case of Kakamega Small-holder Farming in Western Kenya [J]. Journal of Economic Entomology, 2009

(102): 467-473.

[58] Jony Girma, Cornelis Gardebroek. The Impact of Contracts on Organic Honey Producers' Incomes in Southwestern Ethiopia [J]. Forest Policy and Economics, 2015 (50): 259-268.

[59] Joseph S. Wilson, Matthew L. Forister, Olivia Messinger Carril. Interest Exceeds Understanding in Public Support of Bee Conservation [EB/OL]. https://digitalcommons.usu.edu/biology_facpub.

[60] Kassa Tarekegn, Jema Haji, Bosena Tegegne. Determinants of Honey Producer Market Outlet Choice in Chena District, Southern Ethiopia: A Multivariate Probit Regression Analysis [J]. Agricultural and Food Economics, 2017 (5): 20.

[61] Kata Wagnera, B., Henrik Meilbyb, Paul Crossa. Sticky Business-Why do Beekeepers Keep Bees and What Makes them Successful in Tanzania? [J]. Journal of Rural Studies, 2019 (66): 52-66.

[62] Kathrin Stenchly, Marc Victor Hansen, Katharina Stein. Income Vulnerability of West African Farming Households to Losses in Pollination Services: A Case Study from Ouagadougou, Burkina Faso [J]. Sustainability, 2018 (10): 4253.

[63] Kawan Sirwan, Khansa Hameed, Hemin Neima. The Constrains and Challenges of Beekeeping in Sulaymaniyah Governorate, Kurdistan Region, Iraq [J]. Journal of Agricultural Economics and Social Sciences, 2019, 10 (10): 569-572.

[64] Kedar Devkota, Shiva Chandra Dhakal and Resham Bahadur Thapa. Economics of Beekeeping as Pollination Management Practices Adopted by Farmers in Chitwan District of Nepal [J]. Agriculture and Security, 2016 (5): 6.

[65] K. Freerk Wiersum, Tefera Belay Endalamaw. Governing Forests for Provisioning Services: The Example of Honey Production in Southwest Ethiopia [J]. Governing the Provision of Ecosystem Services, 2012 (4): 303-318.

[66] Kristina Bršćić, Tina Šugar, Danijela Poljuha. An Empirical Examination of Consumer Preferences for Honey in Croatia [J]. Applied Economics,

2017, 49 (3): 1-13.

[67] Liam Pippinato, Giuseppe Di Vita, Filippo Brun. Trade and Comparative Advantage Analysis of the EU Honey Sector with a Focus on the Italian Market [J]. Quality-Access to Success, 2019, 20 (S2).

[68] Md Ruhul Amin. Apiculture for Sustainable Agriculture: Bangladesh Perspective [EB/OL]. https: //www. researchgate. net/publication/340248880.

[69] Meaza Gebreyohannes Berhane. Socio-Economic Analysis of Market Oriented Beekeeping in Atsbi Wemberta District of Eastern Zone [Z]. Tigray Region, 2010.

[70] Mekonnen, Jenberie, Mekuriaw, et al. Honey Marketing in Ada Berga District West Shoa Zone, Oromia. Regional State, Ethiopia [J]. Journal of Marketing and Consumer Research, 2018 (48) 40-43.

[71] Melaku Berhe, Girmay Mirutse, Bereket Gebremedhin. Identifying Beekeepers' Adaptation Strategies in Response to Climate Change in Tigray, Ethiopia [Z]. Wudpecker Journal of Agricultural Research, 2013, 2 (5): 155-159.

[72] Mogni, F., Palau, H. Tresoldi, et al. Marketing Strategy Planning and Management for Argentine Honey Traceability [Z]. International Food and Agribusiness Management Association 18th Annual World Forum and Symposium Monterey, 2007, California-June.

[73] M. P. D. Garratt, T. D. Breeze, N. Jenner, et al. Avoiding a Bad Apple: Insect Pollination Enhances Fruit Quality and Economic Value [J]. Agriculture, Ecosystems and Environment, 2014 (184): 34-40.

[74] M. P. D. Garratt, D. J. Coston, C. L. Truslove. The Identity of Crop Pollinators Helps Target Conservation for Improved Ecosystem Services [J]. Biological Conservation, 2014 (169): 128-135.

[75] Nicola Gallai, Jean-Michel Salles. Adaptation of Society Confronted with a Pollinator Decline: A Local Market Analysis [EB/OL]. https: // www. sfer. asso. fr.

[76] N. M. Kuboja, A. C. Isinika, F. T. M. Kilima. Determinants of Economic Efficiency among Small-Scale Beekeepers in Tabora and Katavi Regions, Tanzania: A Stochastic Profit Frontier Approach [J]. Development

Studies Research, 2017, 4 (1): 1-8.

[77] Olarinde, L. O., Ajao, A. O. and Okunola, S. O. Determinants of Technical Efficiency in Bee-Keeping Farms in Oyo State [J]. Nigeria: A Stochastic Production Frontier Approach, 2008, 4 (1): 65-69.

[78] Oluwatusin Ferni Michael. Cost and Returns in Modern Beekeeping for Honey Production in Nigeria [J]. Pakistan Journal of Social Sciences, 2008, 5 (4): 310-315.

[79] O. W. Kareem, K. D. Kokate, P. B. Kharde. Constraints to Adoption of Beekeeping Management Practices among Beekeepers in Osun State, Nigeria [J]. Indian Res. J. Ext. Edu, 2017, 17 (3): 113-116.

[80] Paul Mwebaze, Gay C., MarrisMike Brown, et al. Measuring Public Perception and Preferences for Ecosystem Services: A Case Study of bee Pollination in the UK [J]. Land Use Policy, 2018 (71): 355-362.

[81] Pilar De la Rual, Rodolfo Jaffe, Raffaele Dall'Olio, et al. Biodiversity, Conservation and Current Threats to European Honeybee [J]. Apidologie, 2009 (40): 263-284.

[82] Pocol Cristina Bianca, Ilea Marioara, Popa Anca Aurora. Economic Diagnosis of Beekeeping in the Northwest Region of Romania: A Case Study of Cluj County [J]. Analele Universităţii din Oradea, Fascicula: Ecotoxicologie, Zootehnie şi Tehnologii de Industrie Alimentară, 2001 (10): 279-286.

[83] Popa Anca Aurora, Mărghitas L. Al., Pocol Cristina Bianca. The Impact of the European Union Funds on Beekeeping Exploitations in the North-west Region of Romania [J]. Analele Universită Ńii din Oradea, Fascicula: Ecotoxicologie, Zootehnie si Tehnologii de Industrie Alimentară, 2011 (6): 297-304.

[84] Rakesh Kumar Gupta. Technological Innovations and Emerging Issues in Beekeeping [J]. Beekeeping for Poverty Alleviation and Livelihood Security, 2014 (8): 507-554.

[85] Ramesh Lal, S. D. Sharma, J. K. Sharma, Vinod Sharma and Dhanbir Singh. Impact of Beekeeping Training on Socio-economic Status of Farmers

and Rural Youths in Kullu and Mandi Districts of Himachal Pradesh [J]. J Hum Ecol, 2012, 39 (3): 205-208.

[86] Randal R. Rucker. An Empirical Analysis of Honeybee Pollination Markets [Z]. 2001.

[87] Randal R. Rucker. Internalizing Reciprocal Benefits: The Economics of Honeybee Pollination Markets [Z]. 2003.

[88] Ravinder Sharma, Ranjeet Bhatia. Economics of Stationary and Migratory Beekeeping in Himachal Pradesh [J]. Agric. Sci. Digest, 2001, 21 (3): 196-197.

[89] Robert Hearn, Rebekka Dossche. Apicultural Spaces as Biocultural Place; A Comparative Temporal and Spatial Examination of Beekeeping Practices and Their Contextual Landscapes in the Northwest Apennines [J]. Biocultural Diversity in Europe, 2016, 5 (3): 123-139.

[90] SFG Yusuf, E. Cishe, N. Skenjana. Beekeeping and Crop Farming Integration for Sustaining Beekeeping Cooperative Societies: A Case Study in Amathole District, South Africa [J]. Geojournal, 2017 (1): 1-17.

[91] Shelley E. R. Hoover, Trent M. Hoover. Impact of Environmental Change on Honeybees and Beekeeping [J]. Beekeeping for Poverty Alleviation and Livelihood Security, 2014 (8): 463-479.

[92] S. I. Mshelia, Y. Z. Dia. M. A. Ahmed. Profitability Analysis of Honey Marketing in Ganye and Toungo Local Government Areas of Adamawa State, Nigeria [J]. Middle-East Journal of Scientific Research, 2013, 13 (2): 207-212.

[93] Sudhanand Prasad Lal, Sujeet Kumar Jha. Benefit-cost and Constraints Analysis of Beekeeping in Green Revolution Province of India [Z]. 2018.

[94] Tessega Belie. Production and Marketing Systems, Constraints and Opportunities in Burie District of Amhara Region, Ethiopia [Z]. 2009.

[95] Tizazu Toma, Bosena Tegegn, Lemma Zemedu. Determinants of Honey Market Supply: The Case of Shebedino District, Sidama Zone, Snnpr, Ethiopia [J]. Journal of Economics and Sustainable Development, 2017, 8 (19): 7-10.

[96] Tizazu Toma, Bosena Tegegn, Lemma Zemedu. The Structure-Conduct-Performance Analysis of Honey Market in Shebedino District, Snnpr, Ethiopia [J]. Journal of Biology, 2017, 7 (17): 87-97.

[97] Tizazu Toma Dilebo. Opportunities and Constraints in Honey Production and Marketing: The Case of Shebedino District, Sidama Zone, SNNPR, Ethiopia [EB/OL]. https://iiste.org/Journals/index.php/JBAH/article/view/50667.

[98] Tolera Kumsa Gemeda. Integrating Improved Beekeeping as Economic Incentive to Community Watershed Management: The Case of Sasiga and Sagure Districts in Oromiya Region, Ethiopia [J]. Agriculture, Forestry and Fisheries, 2014, 3 (1): 52-57.

[99] Tom D. Breeze, Robin Dean, Simon G. Potts. The Costs of Beekeeping for Pollination Services in the UK-an Explorative Study [J]. Journal of Apicultural Research, 2017, 56 (3): 1-8.

[100] Tura Bareke, Admassu Addi. Effect of Honeybee Pollination on Seed and Fruit Yield of Agricultural Crops in Ethiopia [J]. MOJ Ecology & Environmental Sciences, 2019, 4 (5): 205-209.

[101] United States Department of Agriculture Apiculture Pilot Insurance Program [Z]. 2010.

[102] Verma, T. C., Meena, K. C., Aswal, Subhash, et al. Socio-personal and Economic Analysis of Apiculture Enterprise in Hadauoti Region of Rajasthan [J]. Economic Affairs, 2018, 63 (1): 261-268.

[103] Vidushi Patel, Natasha Pauli, Eloise Biggs, et al., Why Bees are Critical for Achieving Sustainable Development [J]. Ambio, 2021 (50): 49-59.

[104] Walellign Wotro, Asaminew Tassew, Amssalu Bezabeh, et al. Socio-Economic Determinants of Movable Frame Hive Technology Adoption in Gamo Gofa Zone of the Southern Ethiopia [J]. Journal of Economics and Sustainable Development, 2018, 9 (1): 62-73.

[105] W. Bosma, Stephen Suti, P. Deeks. Beekeeping as Pro-forest Income Diversification in Solomon Islands. Climate Change Adaptation in Pacific

Countries [EB/OL]. https://www.myresearchjournals.com/index.php/BKAP/article/view/12965/12176.

[106] Wim Reybroeck. Quality Control of Honey and Bee Products [J]. Beekeeping for Poverty Alleviation and Livelihood Security, 2014 (8): 481-506.

[107] Xiangyu Jia, Bin Bai, Jieqing Zhang, et al. The effects of IPBES Deliverables on Global Biodiversity Conservation Strategy—An Analysis based on the U. S. Pollinator Protection Policy [J]. Biodiversity Science, 2018, 26 (5): 527-534.

[108] 安建东，陈文锋．全球农作物蜜蜂授粉概况［J］．中国农学通报，2011，27（1）：374-382.

[109] 安建东，陈文锋．中国水果和蔬菜昆虫授粉的经济价值评估［J］．昆虫学报，2011，54（4）：443-450.

[110] 蔡琳雅，张社梅．四川省猕猴桃种植户对蜜蜂授粉技术的采用现状、问题及对策［J］．中国蜂业，2017（4）：55-58.

[111] 陈传波，丁士军．对农户风险及其处理策略的分析［J］．中国农村经济，2003（11）：66-71.

[112] 陈桂平，张串联，杨柳，等．景区发展旅游业值得探讨与推广［J］．中国蜂业，2011，62（10）：39-40.

[113] 陈丽，杨锦秀，张社梅．农户对蜜蜂授粉技术采用意愿及影响因素分析［J］．中国蜂业，2019（9）：63-67.

[114] 陈玛琳，赵芝俊，席桂萍．中国蜂产业发展现状及前景分析［J］．浙江农业学报，2014，26（3）：825-829.

[115] 陈锐，史宇微，张社梅．“平武中蜂+”产业扶贫模式制度特征及政策启示［J］．云南农业大学学报（社会科学版），2019，13（5）：20-26.

[116] 程浩，管磊．对公共产品理论的认识［J］．河北经贸大学学报，2002，23（6）：10-17.

[117] 刁青云，颜志立．暴涨的糖价给养蜂行业带来致命打击［J］．蜜蜂杂志，2010（12）：9.

[118] 刁青云，吴杰，姜秋玲，等．低碳经济与中国蜂业［J］．中国蜂

业，2010，61（2）：42-44.
[119] 刁青云，王勇，姜秋玲，等．论养蜂业在农业中的地位和作用[J]．中国蜂业，2007，58（11）：11-14.
[120] 杜彦坤．农业政策性保险体系构建的基本思路与模式选择[J]．农业经济问题，2006（1）：50-53.
[121] 冯强，何晋浙，孙培龙．我国蜂产品质量安全问题分析[J]．中国蜂业，2011，62（6）：28-31.
[122] 傅琳琳，毛小报，毛晓红，等．高质量发展背景下浙江江山蜂业全产业链实践模式探析[J]．浙江农业科学，2019，60（4）：659-663.
[123] 高鸿业．西方经济学[M]．北京：中国人民大学出版社，2007.
[124] 高芸．中国蜂蜜贸易研究与趋势预测[J]．中国蜂业，2012，63（4）：44-46.
[125] 高芸，赵芝俊．正外部性产业补贴政策模拟方案与效果预测——以养蜂车购置补贴为例[J]．农业经济问题，2014（3）：96-101.
[126] 高芸，赵芝俊．养蜂车购置补贴实施评价及问题解决途径研究[J]．农业工程学报，2018，34（11）：186-191.
[127] 高芸，赵芝俊．进口蜂蜜对我国蜂产品市场的影响[J]．浙江农业学报，2020，32（11）：2088-2093.
[128] 顾国达，张纯．我国蜂蜜出口竞争力的分析[J]．中国农村经济，2003（7）：60-64.
[129] 顾佩佩．丽水市发展中蜂产业助蜂农增收的思考[J]．浙江畜牧兽医，2020（1）：18-20.
[130] 龚文广，黄志强，赖长生．江西省赣州市发展养蜂产业助力精准扶贫[J]．中国蜂业，2018（1）：28-29.
[131] 郭亚惠，杨华，叶军．湖北省中蜂产业助推精准扶贫[J]．蜜蜂杂志，2020（9）：7-11.
[132] 胡元强．全国人大代表宋心仿到浙江调研[J]．蜜蜂杂志，2012（1）：38-39.
[133] 胡元强，胡福良．2005—2006年转地蜂场经济效益调查及分析[J]．蜜蜂杂志，2007（10）：37-40.
[134] 何智慧，逯彦果．林下蜂业经济助推全国精准扶贫工作[J]．中国

蜂业，2016，67（2）：57-59.

［135］慧兴辉．中国蜂蜜出口问题分析［J］．中国蜂业，2010，61（10）：50-52.

［136］蒋得德，蔡雪梅，卿秋萍．广西养蜂产业扶贫路径探析［J］．中国蜂业，2020（6）：44-46.

［137］江武军，席芳贵，夏晓翠，等．江西蜂产业发展趋势与建议［J］．中国蜂业，2020（8）：50-51.

［138］柯福艳，张社梅．中国家庭养蜂技术效率测量及其影响因素分析［J］．农业技术经济，2011（3）：67-73.

［139］李海燕，王勇，吴忠高，等．蜜蜂产业在国民经济中的作用和产业发展影响因素分析［J］．中国农业科技导报，2007（95）：58-62.

［140］李海燕，刘凤彦，郝运坡．北京市养蜂业发展研究——基于蜂农调查数据的分析［J］．农业经济问题，2011（8）：19-24.

［141］李海燕，董加云，吴磊，等．农户保护蜜蜂资源和租用蜜蜂授粉的行为研究——基于山东和福建的实证分析［J］．中国农学通报，2013（35）：113-119.

［142］刘剑，刁青云，颜志立．我国蜜蜂良种繁育与推广体系调查分析［J］．蜜蜂杂志，2013（4）：15-18.

［143］刘剑，赵芝俊．我国2012—2017年养蜂成本收益情况与产业展望［J］．蜜蜂杂志，2019（9）：10-14.

［144］刘剑，赵芝俊．养蜂业不同饲养规模的成本收益分析［J］．蜜蜂杂志，2015（10）：19-21.

［145］刘进祖，杨青山．蜂业产业化——中国蜂业做大做强的必由之路［J］．蜜蜂杂志，2005（4）：3-7.

［146］刘朋飞，李海燕．糖价上涨对养蜂业的影响——基于62户蜂农调查数据的实证分析［J］．中国蜂业，2011，62（1）：39-41.

［147］刘朋飞，吴杰，李海燕，等．中国农业蜜蜂授粉的经济价值评估［J］．中国农业科学，2011，44（24）：5117-5123.

［148］李瑞珍，刘朋飞，李海燕．我国蜜蜂产业效益研究与产业定位［J］．中国蜂业，2014，65（11）：47-50.

［149］李瑞珍，刘朋飞，李海燕．中国蜂业的SWOT分析及发展对策

[J]. 江苏农业科学，2015，43（10）：526-529.
[150] 李瑞珍，刘世丽，刘朋飞．蜂蜜“柠檬市场”问题的经济学分析[J]. 中国蜂业，2018（3）：66-69.
[151] 李瑞珍，刘朋飞，李海燕．中国蜂产品市场 SCP 分析与预警 [J]. 中国农学通报，2015，31（5）：36-44.
[152] 李瑞珍，刘朋飞，刘世丽，等．北京市蜂业支持政策研究 [J]. 安徽农业科学，2019，47（7）：251-254.
[153] 李赛男．蜂产品质量安全问题与对策研究 [J]. 内蒙古统计，2009（6）：58-59.
[154] 李位三，吴树生．蜜蜂授粉经济性的调查和研究 [J]. 蜜蜂杂志，2009（10）：12-14.
[155] 李志鹏．SWOT 模型下的甘肃养蜂产业发展探析 [J]. 市场周刊，2020（7）：39-40.
[156] 娄德龙，王士强，王帅．2019 年山东省蜂业发展现状及建议 [J]. 中国蜂业，2020，71（8）：47-49.
[157] 宁满秀，邢郦，钟甫宁．影响农户购买农业保险决策因素的实证分析——以新疆玛纳斯河流域为例 [J]. 农业经济问题，2005（6）：38-44.
[158] 农业部．农业部关于加快蜜蜂授粉技术推广促进养蜂业持续健康发展的意见 [Z].
[159] 戚亚梅，叶志华．中国蜂产品出口及受阻因素分析 [J]. 中国畜牧杂志，2012，48（12）：19-23.
[160] 秦希杰，王玉田．蜂产品质量问题、产生原因及解决对策 [J]. 现代畜牧兽医，2005（9）：26-27.
[161] 邵有全，祁海萍，张云毅．蜜蜂授粉效果评价的研究 [J]. 中国蜂业，2006，57（6）：10-11.
[162] 施金虎，杨金勇，李奎，等．浙江省蜂产业发展情况分析与建议 [J]. 中国蜂业，2019（12）：54-56.
[163] 石声萍．农业外部性问题思考 [J]. 宏观经济研究，2004（1）：41-43.
[164] 宋心仿．我国蜂业发展存在的问题与对策（一） [J]. 中国蜂业，2010，61（1）：44-47.
[165] 宋心仿．浅析蜜蜂文化内涵 [J]. 中国蜂业，2008，59（12）：50-51.

[166] 宋勇．突破蜂蜜出口技术性贸易壁垒的路径——以安徽蜂蜜出口贸易为例［J］．安庆师范学院学报（社会科学版），2011，30（11）：95-99.

[167] 孙翠清，赵芝俊，等．我国蜜蜂授粉经济价值测算［A］//农业经济与科技发展研究 2010［M］．北京：中国农业出版社，2011.

[168] 孙翠清，赵芝俊，刘剑．我国养蜂收益的影响因素分析［J］．中国蜂业，2013（21）：43-46.

[169] 孙翠清．蜜蜂运输“绿色通道”政策评价［J］．中国蜂业，2013（18）：37-41.

[170] 孙翠清，赵芝俊．美国蜂蜜价格支持政策评价及其对我国的启示［J］．农业技术经济，2012（11）：114-122.

[171] 孙翠清，赵芝俊．我国养蜂直接支持政策现状与对策［J］．蜜蜂杂志，2018（1）：1-4.

[172] 孙翠清，赵芝俊．美国蜂业支持政策及其对中国的启示［J］．中国农学通报，2014，30（29）：60-66.

[173] 孙翠清，赵芝俊，刘剑．梨树商业性蜜蜂授粉的成功案例分析——以山西省王川堡村为例［J］．中国蜂业，2017（1）：44-45+64.

[174] 孙玮琳，赵芝俊，等．我国蜂农专业合作社发展面临的困境及解决对策［A］//农业经济与科技发展研究 2009［M］．北京：中国农业出版社，2010.

[175] 覃淑杰，董杰，张社梅．蜂产业成本收益变动分析［J］．中国蜂业,2014（Z1）：65-71.

[176] 覃淑杰，董杰，张社梅．我国蜂产业生产率变动分析［J］．中国蜂业，2016，67（9）：57-60.

[177] 韦小平，贺兴江，向华，等．贵州蜂产业发展现状与趋势［J］．贵州农业科学，2020，48（10）：87-92.

[178] 王芳，李赛男，赵芝俊．蜂农质量安全生产行为实证研究［J］．中国蜂业，2010，61（9）：47-50.

[179] 王芳，李赛男，高茂林．蜂产品生产加工企业质量安全供给动因及影响因素分析［J］．农业经济问题，2011（9）：98-103.

[180] 王凤鹤，廖思米，耿金虎．蜜蜂授粉产业在农业中兴起［J］．中国蜂业，2007，58（4）：42-43.

［181］王加聪．蜜蜂良种是提高蜂产品产量和质量的关键［J］．蜜蜂杂志，2006（1）：26-27.
［182］王建梅，陈黎红，郑鑫，等．养蜂扶贫成效显著——中国养蜂学会扶贫纪实［J］．中国蜂业，2013，64（27）：29-31.
［183］王勇．养蜂业发展的重要使命在于为农业生产作贡献［J］．中国农业信息，2011（9）：13-14.
［184］王云峰，王秀清．中国蜂蜜在日本市场的需求弹性［J］．国际贸易问题，2006（1）：53-60.
［185］吴杰，郭军，黄家兴．蜜蜂授粉产业的发展现状［J］．中国蜂业，2014（12）：51-55.
［186］吴晓君．2011年美国东部养蜂者授粉调查［J］．中国蜂业，2012，12（63）：55-56.
［187］邢鹂．中国种植业生产风险与政策性农业保险研究［D］．南京：南京农业大学，2004.
［188］徐磊，张峭，宋淑婷，等．家禽产业风险认知及决策行为分析——基于北京市农户的调查［J］．中国农业大学学报，2012，17（3）：178-184.
［189］许丽灵，游良志，孙战利，等．蜂农对天气变化的感知及其影响因素——以四川省为例［J］．浙江农业学报，2018，30（6）：1089-1098.
［190］徐国钧，杨文军，赵芝俊．基于引力模型分析我国蜂蜜出口的影响因素［J］．中国蜂业，2016，67（10）：50-53.
［191］徐国钧，宋鑫．世界主要蜂蜡出口国的国际竞争力分析［J］．蜜蜂杂志，2020（4）：7-10.
［192］徐国钧，郭智勇，温佳豪．中国蜂蜜在国际市场的定价话语权［J］．世界农业，2019（3）：77-83+103.
［193］徐国钧，李建琴，刘浩天．消费者网购蜂蜜意愿的影响因素研究［J］．中国蜂业，2018（4）：63-68.
［194］徐国钧，顾国达，李建琴．基于CMS模型的中国蜂蜜出口贸易研究［J］．中国蜂业，2015，66（7）：13-19.
［195］闫继红，刁青云，吴杰，等．浅谈中国养蜂业的可持续发展［J］．农业技术经济，2005（1）：54-57.
［196］杨帆，周黎明，杨汉卿，等．陕西省蜂产业发展现状及对策［J］．

畜牧兽医杂志，2020（4）：32-35.
[197] 杨甫，王凤鹤．北京蜜蜂授粉产业亟待解决的问题［J］．中国蜂业，2008，59（8）：30.
[198] 杨慧芳．我国蜂产品出口贸易形势和对策［J］．中国蜂业，2009，60（4）：49-50.
[199] 尹成杰．农业多功能性与推进现代农业建设［J］．中国农村经济，2007（7）：4-9.
[200] 应瑞瑶，周力．我国蜂蜜出口美国的区域显示性对称比较优势分析［J］．国际贸易问题，2005（8）：41-46.
[201] 袁宝国，詹连生．中国养蜂业的地位及其发展［J］．中国养蜂，1997（1）：22.
[202] 赵静．关于中国蜂产品的质量安全问题［J］．中国养蜂，2002，53（1）：29-30.
[203] 赵静，李熠，黄京平．构建我国蜂产品质量可追溯体系［C］．全国农产品质量控制与溯源技术交流研讨会论文集，2010：120-124.
[204] 赵红霞，黄文忠，张学锋．广东省蜂产业的发展现状与趋势［J］．中国农业资源与区划，2017（12）：164-169.
[205] 赵芝俊，等．中国蜂业经济研究［M］．北京：中国农业科学技术出版社，2013.
[206] 张纯．世界蜂业生产与蜂蜜贸易的经济分析［D］．杭州：浙江大学，2002.
[207] 张柳，孙战利，张社梅．供给侧背景下推进特色农业转型发展的思考——以蜂产业为例［J］．农业现代化研究，2019，40（1）：63-71.
[208] 张社梅，柯福艳，毛小报．推进蜜蜂授粉与高效生态农业互促发展的对策研究——以浙江为例［J］．中国蜂业，2014（Z1）：40-44.
[209] 张社梅，毛小报，刘剑．浙江省种蜂场经营模式比较及经验启示［J］．农业科技管理，2013，32（6）：71-75.
[210] 张天琪，胡军珠，王金花．特色产业助力精准扶贫模式实证研究——以北京平谷海鲸花蜂产业为例［J］．中国市场，2017（2）：38-40.
[211] 张跃华．准公共品、外部性与农业保险的性质——对农业保险政策性补贴理论的探讨［J］．中国软科学，2004（9）：10-15.
[212] 张跃华，何文炯．市场失灵、政策性农业保险与本土化模式——基

于浙江、上海、苏州农业保险试点的比较研究［J］. 农业经济问题，2007（6）：49-55.

［213］朱俊波．我国蜂蜜出口贸易中的技术性贸易壁垒及其影响分析［D］. 无锡：江南大学，2008.

［214］曾蜜，席芳贵，曾志将．科技助力石城县养蜂产业扶贫［J］. 蜜蜂杂志，2020（9）：9-10.

后 记

2011—2014年，我在中国农业科学院农业经济与发展研究所攻读博士学位，有幸跟着我的博士生导师赵芝俊研究员参与了国家现代蜂产业技术体系课题研究项目。赵老师是国家现代农业产业技术体系（蜜蜂）的岗位科学家，承担蜂产业经济课题的研究工作，我的博士论文也是在该课题研究项目的支持下才得以完成的。赵老师在学术上给予我无私的教导，在生活上给予我无微不至的关怀和帮助，赵老师的言传身教都使我终身受益，让我铭记此生，永远感谢我的导师！

博士毕业后，我回到河南从事农业经济领域的教学、科研工作，非常荣幸能够跟着恩师赵芝俊研究员继续参与蜂产业技术体系研究工作，我主要负责蜂业经济方面的部分研究任务及河南省蜂农固定观察点的调研工作。在调研过程中，我亲身感受到了蜂农在养蜂生产中的苦与乐，认识到蜜蜂授粉在发展现代农业中的重要作用，同时也了解到中国授粉产业发展的滞后状况；认识到发展蜂产业的重要性，也深刻了解到中国蜂产业发展的困境。在多次参与课题组研讨会议、阅读国内外蜂业经济文献的基础上，自己也撰写并发表了一些蜂业经济方面的文章，在蜂业经济研究方面逐渐形成了一定的看法与思考，希望通过自己的努力为我国蜂业经济研究工作贡献一份力量。时至今日，我参与蜂业经济研究课题已将近10年，故将在蜂业经济方面的相关研究与观点整理成册并出版，于是，本书就此产生。

在蜂业经济研究课题的资料收集与数据处理过程中，得到了中国农业科学院农业经济与发展研究所课题组孙翠清老师、高芸老师和刘剑老师的大力帮助，在此深表感谢！本书的完成还要感谢我的同门好友陈玛琳、陈永朋、李敬锁，我们曾多次共同探讨课题研究问题。本书得到农业农村部国家现代蜂产业技术体系建设专项资金资助，并得到了各个岗位科学家和试验站站长的大力支持，在此谨向他们表示感谢！

本书的最终完成，还得到了我所在的工作单位河南财经政法大学领导和同事的鼎力支持，以及中国经济出版社叶亲忠编辑对本书出版所付出的心血和汗水。在此，一并深表谢意！

本书在研究过程中借鉴参考了国内外专家学者丰富、深厚的研究成果，但由于个人能力有限，难免出现许多疏漏。恳请各位专家与读者不吝赐教、批评指正，我将虚心学习，有不妥之处将及时改正。

席桂萍
2021 年 3 月